Terry Schaeven

Wege zum erfolgreichen Bogenschießen

Perfekte Schießtechnik, optimales Bogentuning

ANLEITUNG - THEORIE - PRAXIS - LEXIKA

Verlag und Vertrieb: Hermann Schaeven, Friedensring 35, 50171 Kerpen.
Tel.: 02237- 92 58 99. Fax.: 02237 – 92 58 98
E-mail: h.schaeven @t-online.de

Titelfoto: Terry Schaeven

Druck: Hundt Druck GmbH, 50937 Köln

1. Auflage Dezember 2000.

ISBN 3-00-006580-6

WIDMUNG

Ich widme dieses Buch all denen, von denen ich gelernt habe, was in diesem Buch steht.

Inhaltsverzeichnis **Seite**

Seite

Vorwort

Als ich vor mehr als 20 Jahren mit dem Bogensport begann, war es äußerst schwierig, fachkundige Hilfe und Anleitungen zu finden.

Es existierte kaum Literatur und nur wenige fachkundig ausgebildete Trainer standen in Deutschland zur Verfügung.

Die Hilfen und Hinweise, die man bekam waren extrem widersprüchlich. Deshalb investierte ich nach drei Jahren „wursteln“, mit mehr oder minder großen Erfolgen, in die damals erstmalig in Deutschland aufkommenden Seminare und Schulungen in Bogensportzentren.

An dieser Stelle meinen Dank an Heinz Röhser aus Duderstadt, bei dem ich die ersten fundierten Kenntnisse vermittelt bekam.

Diese Lehrgangsteilnahmen setzte ich konsequent fort und hatte das Vergnügen, damals schon mehrere Lehrgänge bei Mario Codespoti, seinerzeit Trainer der italienischen Nationalmannschaft und von Europameistern, später Trainer der französischen Nationalmannschaft und heute Trainer der erfolgreichen türkischen Nationalmannschaft , belegen zu können. Er war sicherlich der erste europäische Trainer, der sich wissenschaftlich mit dem spezifischen Bewegungsablauf und insbesondere mit dem Tuning befasste. Auch ihm gilt mein Dank.

Hier bekam ich das notwendige Grundwissen über den optimalen Bewegungsablauf des Schießens, als auch fundierte Materialkenntnise vermittelt.

In dieser Zeit konnte ich auch zwangsweise meine ersten Erfahrungen als Trainer sammeln.
Zusammen mit Gerd Schmitz trainierte ich die Schülermannschaft des BSC-Erftstadt, wo unsere Söhne mitschossen und führten diese in der Saison 1984/1985 zum Gewinn der deutschen Meisterschaft in München.

Berufliche Gegebenheiten ermöglichten es mir dann ab 1984 regelmäßig USA-Aufenthalte mit dem Bogensport zu verbinden und professionelle Bogensportschulen und Kaderlehrgänge des US-Teams zu besuchen und Lehrgänge dort zu buchen, wobei es dort schon damals selbstverständlich war, daß man alle zur Verfügung stehende Informationen auch Außenstehenden vermittelte.

Weltmeister und Olympiasieger wie John C. Williams, Darrell Pace, Rick Mc Kenney, Ed Eliason und viele mehr trainierten mit den Lehrgangsteilnehmern zusammen und gaben bereitwillig ihre Tips und Empfehlungen.

Ferner war es sehr interessant und aufschlußreich bei den Berufsbogenschützen in den USA Einblicke zu nehmen. Die in der PAA (Professional Archery Association) zusammengefassten professionellen Schützen, die von ihren Turnier- und Siegprämien ihren Lebensunterhalt verdienen, gehen das Schießtraining und das Tuning mit ganz anderen Maßstäben an, als wir es uns hier überhaupt vorstellen können. Wir können jedoch von deren Erkenntnissen und deren Einstellungen lernen. Wenn man als Zuschauer z.B. eines der professionellen Turniere in Las Vegas beobachtet, erkennt man wie weit die Kluft zwischen „olympischen“ Bogenschützen und professionellen Bogenschützen klafft. Auf der 18,3 m Distanz ist es ganz üblich, daß 5-6 Schützen die Ringzahl 600 von 600 möglichen erreichen und der Sieg nur mit den „X“ern entschieden wird.

Aufgrund des zusammengetragenen Materials und der vermittelten Erkenntnisse beschloß ich Ende der 80er Jahre, dieses Wissen in Form eines Buches umzusetzen. Leider zwangen mich berufliche Gründe dieses Projekt zu verschieben. Dafür habe ich Anfang der 90er Jahre Fachbücher über Filtertechnik geschrieben. 1999 fand ich wieder Zeit mich intensiv mit dem Bogensportthema zu befassen und habe jetzt dieses Buch geschrieben. Selbstverständlich sind darin die in den letzten 10 Jahren neu gewonnene Erkenntnisse eingeflossen.

Zum Glück ist heute auch der Informationsstand in Deutschland wesentlich besser und unsere Leistungsschützen haben den Anschluß an die Elite gefunden.

Mit diesem Buch möchte ich einen Beitrag dazu leisten Bogensport aus einer anderen Perspektive zu sehen, als dies in der derzeit verfügbaren deutschsprachigen Literatur geschieht.

Das Buch wendet sich sowohl an den interessierten Anfänger, den fortgeschrittenen Schützen als auch an den Leistungsschützen und an die Trainer.

Mir ist bewusst, daß einige von mir in diesem Buch dargestellte und empfohlene Bewegungsabläufe nicht immer mit den in Deutschland geläufigen Meinungen konform gehen. Ebenso werden einige meiner Materialempfehlungen nicht immer von allen Lesern geteilt werden. Ich bin jedoch von meinen Ausführungen überzeugt.

In diesem Sinne hoffe ich, daß dieses Buch den Zweck erfüllen wird, den es bezwecken soll, nämlich ein Leitfaden für ein professionelleres Bogenschießen zu sein und dazu anzuregen, über eingefahrene Methoden neu nachzudenken.

In diesem Sinne wünsche ich den Lesern:

Alle ins Gold

Terry Schaeven

Kapitel I Einführung/ Allgemeines

1.1 Bogensport, eine Herausforderung

Worin besteht die Herausforderung? Ist Bogensport nicht nur ein Spiel? -Oder eine Körperertüchtigung?- Oder eine neu ins Leben gerufene uralte Beschäftigung der Menschen mit einem Gerät, welches Körper und Geist beansprucht?

Nun, ich will versuchen zu erklären, warum Bogensport für mich und viele andere Schützen eine stete Herausforderung darstellt, eine unerschöpfliche Faszination und -in allem Ernst- eine Lebensart.

Im Grunde genommen mag Bogenschießen einfach aussehen. Du nimmst einen Bogen im Rahmen deiner Zugkraft, nockst ein Pfeil, der lang genug ist, ein und ziehst die Sehne zurück, zielst und läßt den Pfeil fliegen. Es hört sich so einfach an, aber es ist die Einfachheit, welche die Schwierigkeiten anwachsen läßt. Die kleinste Veränderung an der Schießtechnik, der geringste Zweifel sowie Unsicherheit bewirken, daß der Schütze Beklemmungen verspürt, frustriert werden kann und den Schießablauf mit einer gewissen Verzagtheit angeht, die zu Fehlschüssen führen kann. Die Gründe und Ursachen hierfür müssen beseitigt werden.

Gerade wenn alles gut läuft und die Technik stimmt, lösen die Schützen den Pfeil mit ruhiger Zufriedenheit und wissen mit absoluter Sicherheit vom Moment des Lösens an, daß der Pfeil das Zentrum trifft. Sogar schlechte Schützen kennen diese Augenblicke des Kontrollvermögens, bessere Schützen erleben diese Augenblicke nur häufiger, dies ist der Unterschied. Gute Unterweisung und konstante Aufmerksamkeit zu Details stellt sicher, daß du die „schlechten" Schüsse auf ein Minimum reduzierst mit dem Ziel, sie alle einmal zu eliminieren. Gerade ist die immer gegenwärtige Möglichkeit eines Mißschusses es, die das Bestreben nach Perfektion auslöst und somit das Bogenschießen seiner Mühe wert macht.

Wenn jemand sich sicher sein könnte, immer den gewünschten Punkt zu treffen, würde keine Herausforderung mehr bestehen, kein Sinn und kein Bestreben zur Leistungssteigerung, kein Spaß , ausgenommen beim echten Jagdschießen, wo die Herausforderung nicht primär alleine beim Bogenschießen, sondern in der Pirsch und dem persönlichen Risiko sowie den Jagdtrophäen liegt.

In physischer Hinsicht ist die Mühe und Anstrengung des Schützen nicht unbedeutend. Nach einem langen, fast den ganzen Tag dauerndem Turnier, wo z.B. 156 Pfeile verschossen wurden, oder einer Feldrunde, wo Kilometer unwegsamen Geländes bewältigt wurden, während 112 Pfeile abgeschossen wurden, wird der Schütze physisch müde sein, nicht so sehr jedoch von den zurückgelegten Wegstrecken (auch beim FITA-Platzturnier etwa 4 km) oder dem Zuggewicht des Bogens, all dies ist beachtlich, sondern von der kontrollierten Beherrschung und dem ständigem Bemühen, seinen Zielvorgang zu verfeinern und sich auf die Technik zu konzentrieren, während er einen Bogen entsprechend seiner Zugkraft bewältigt.

Trotz allem ist die physische Anstrengung nicht vergleichbar mit vielen anderen Sportarten, aber der Grad an nötiger mentaler Konzentration kann kaum von einer anderen Sportart aufgewiesen werden. Der Schütze steht unter höchstem physischem Streß, während er gleichzeitig seine Koordination und Entscheidungen kontrollieren muß. Er muß sich bemühen, ein Höchstmaß an Konzentration aufzubringen, ohne hierbei ängstlich oder verzagt zu werden. Er muß sich so stark konzentrieren, dass er alle Einflüsse, welche von außen auf ihn eindringen, verdrängen kann. Er muß ferner in der Lage sein, zu vergessen, was mit seinen letzten Pfeilen passierte (entweder schlecht oder gut plaziert), in der Absicht und mit dem Ziel , den nächsten Pfeil perfekt zu schießen.

Jedes Teil seiner Ausrüstung muß immerfort von ihm beobachtet werden und Veränderungen äußerer Einflussmöglichkeiten berücksichtigt werden (Wetter, Wind etc.). Er muss immer wachsam sein und zu keiner Zeit darf er nervös, verwirrt oder hektisch werden. Während eines Turniers wird der Stress des Schützen noch größer, zusätzlich zu den obigen Punkten kommt dann noch eventuell die Verantwortung für seine Mannschaft hinzu, sein Wunsch und sein Bestreben, so gut wie nur möglich zu schießen, mit jedem Schuß.

Ferner das Wissen, daß er Konkurrenten hat, die ihm dichtauf folgen (oft auch auf den Anzeigetafeln angezeigt). Aber auch wenn kein formaler Wettkampf vorliegt, kämpft der Schütze immer eine Schlacht, eine persönliche Schlacht mit sich selbst. Er kämpft darum, zu demonstrieren, daß er sich und seine Ausrüstung unter Kontrolle hat. Wenn er Fehler im Schießablauf macht -und er weiß, daß er hierzu fähig ist -, ist ihm bewußt, daß er die Schuld hierfür keinem Anderen zuschieben kann, nur sich selbst. Es ist seine eigene Ausrüstung, er wartet und überprüft sie selbst.

Seine Konkurrenten haben immer mit den gleichen Voraussetzungen und Gegebenheiten zu kämpfen.

Gleichfalls kann Bogensport zu einem Teamsport gemacht werden, jedoch im Augenblick des Schießens steht jeder Schütze alleine an der Schießlinie und es ist letztlich diese Einsamkeit während des Schießvorganges, welche ein Teil der Faszination des Bogensports ausmacht.

Bogensport findet einen breiten Zuspruch und Anklang bei Interessenten jeden Alters und jeden körperlichen Zustands. Die modernen Hochleistungsbogen sind in einem breiten Spektrum an Zuggewichten und Größen erhältlich, deshalb gibt es keinen Grund, warum jemand grundsätzlich benachteiligt sein sollte durch Jugend oder Alter. Es wird immer mehr für Schüler und Jugendliche in den Vereinen Aufbauarbeit geleistet und viele Junioren bringen Spitzenleistungen. Wie bei anderen Sportarten , z.B. Schwimmen, sieht es ähnlich beim Bogensport aus, daß ein hoher Grad an Fertigkeit bereits im frühen Alter angeeignet werden kann.

Zum anderen kann Bogenschießen erfolgreich auch im Alter erlernt werden, mit Reife und Beharrlichkeit.

Es gibt viele Beispiele an fähigen Bogenschützen, die ihren Platz als Spitzenschützen als 60-jährige behaupten und fortfahren bis in ihre 80er Jahre noch gut zu schießen.

Es gibt kaum physischen Handicaps, die jemanden davon ausschließen, Bogensport zu betreiben. Bogenschießen wurde für Behinderte eingeführt, um deren Armmuskulatur zu kräftigen und die Balance-Kontrolle zu verbessern. Bald wurde jedoch klar, daß sie nicht nur gegeneinander antreten konnten in speziellen Behindertenturnieren, sondern durchaus fähig sind, offen gegen Nichtbehinderte anzutreten.

Zwischenzeitlich sind Behinderte in allen Bogensportclubs herzlich willkommen. Ihre Behinderung ergibt zwar einige Probleme dahingehend, daß sie fürs Pfeilholen etc. oft Hilfe benötigen, was von den Sportkameraden jedoch gerne getan wird.

Eine Herausforderung, die allen Schützen begegnet, ist das Wetter, speziell hier in den mittel- und nordeuropäischen Ländern mit wechselndem Klima. Um seine Standardleistungen zu erhalten während der Hitze des Tages, wird Entschlossenheit benötigt; um Kälte und Regen zu ertragen sowie starken Wind, benötigt man Mut und Ruhe. Es gibt Turniere, die wegen schlechtem Wetter abgebrochen oder unterbrochen wurden, weil die Scheiben kaum noch zu sehen waren oder das Gelände hoch unter Wasser stand, aber es gibt viel mehr Turniere, die trotz diesen Umständen zu Ende geführt wurden. Wir sind alle keine Schönwetter-Schützen.

Es gibt sogar Schützen, die nicht die Möglichkeit haben, im Winter in Hallen zu trainieren und die deshalb draußen schießen. Dies ist alleine deshalb notwendig, um die Kontrolle über sich und seinen Bogen zu erhalten.

Die ideale Situation bzw. der ideale Zustand diesbezüglich ist dann erreicht, wenn der Schütze fühlt, daß der Bogen zu einem Teil seiner Anatomie geworden ist und daß er und sein Bogen perfekt miteinander harmonieren und reagieren. Hierbei sei anzumerken, daß viele Bogenschützen immer experimentieren, sie wechseln ihre Bogen gegen neuere Modelle aus, mit höheren oder niedrigeren Zuggewichten, entschließen sich längere oder kürzere Pfeile zu schießen, experimentieren mit verschiedenen Materialien herum und kaufen „den letzten Schrei“.

Zugestanden, die Ausrüstung muß richtig sein und jemand kann nicht gut schießen mit einem Bogen, der für ihn zu schwer zu kontrollieren ist, allzu oft liegt jedoch der Fehler am Schützen und nicht an seiner Ausrüstung. Ein guter Schütze kann mit jedem Bogen gut schießen, aber er wird besser mit dem Bogen schießen, der seinen Gegebenheiten entspricht. Die Suche nach dieser idealen Kombination ist eine konstante Herausforderung und Inspiration für gute Schützen. Diese fertigen auch einen Teil ihrer Ausrüstung selber, insbesondere Sehnen, Pfeilzuschnitte und Befiederung.

Grundsätzlich kann man jedoch sagen, daß die Bogenausrüstung nur etwa 10% der erforderlichen Gesamtleistung eines Schützen beeinflussen. Schließlich besteht die ernsteste Herausforderung eines Schützen darin, daß er damit konfrontiert wird, daß er entweder keinen sichtbaren Leistungszuwachs mehr hat oder sogar seine Form verliert. Zunächst wird der Anfänger stetige Fortschritte machen und wachsende Befriedigung wird kommen mit steigender Fertigkeit, aber es wird unausweichlich ein Punkt kommen, wo ein gewisses Niveau erreicht wird, welches keine Steigerung mehr erkennen läßt. Dann ist Beharrlichkeit und Ausdauer gefragt sowie die Hilfe eines guten Trainers nötig.

Dazu überzugehen, den Stil anderer erfolgreicher Schützen zu kopieren, wenn diese einen eigentümlichen oder seltsamen Schießstil praktizieren, ist nicht ratsam, was für einen Schützen paßt , muß nicht für andere Schützen gut sein.

Besser ist es, seine eigene Basis-Technik zu überprüfen, Punkt für Punkt, in der Absicht, herauszufinden, wo Unbeständigkeit sich eingeschlichen hat. Leider kann man selber dies oft nicht feststellen, deshalb ist es angebracht, hier auf die Hilfe eines Trainers oder eines Sportkameraden zurückzugreifen, der einen beobachtet.

Alle guten Schützen sind beständig, ohne Rücksicht darauf, wie ihr Stil anderen erscheinen mag. Die Herausforderung für jeden Schützen besteht darin, einen Stil zu finden, der ihm hilft seine Beständigkeit zu archivieren und zu konservieren.

1.2 Die sozialen und sportmedizinischen Aspekte des Bogensports

Es ist heute keine große Seltenheit mehr, daß Bogenschützen in kurzer Zeit zur nationalen Spitze vorstoßen können. Viele Bogenschützen, die sich dem Wettkampfstreß nicht voll aussetzen wollen, empfinden diesen Sport als angenehme Freizeitgestaltung. In der Regel sind die Bogensportplätze etwas abgelegen vom Alltagslärm, geradezu Oasen der Erholung. Meist ist ein kleines Vereinsheim mit einem Grillplatz vorhanden und auch die Möglichkeit, Ballspiele zu betreiben. Die ganze Familie hat hier Gelegenheit, sich sportlich zu betätigen und auszuspannen.

Bogenschießen ist auch ein sehr gesunder Sport, der Verletzungsrisiken kaum kennt. Ärzte, vor allem Orthopäden werden bestätigen, daß bei Bogenschützen kaum Probleme mit der Wirbelsäule auftreten, weil die stark ausgebildete Rückenmuskulatur Schäden entgegenwirkt.

Speziell für Behinderte stellt der Bogensport eine ideale Betätigungsmöglichkeit dar und wird heute schon oft als Therapie vorgeschlagen.

Neben den körperlichen Belastungen erfordert der Bogensport auch eine Notwendigkeit zu meditalen Übungen.

Deshalb ist Bogensport jedoch kein Publikumssport. Für Zuschauer ist es oft schwer sich über den Wettkampf auf dem Laufenden zu halten. Bogensportveranstaltungen fehlt jede Dramatik, die den Schausport so attraktiv macht.
Doch sollte man sich gerade jetzt, wo der „zweite Weg" , also der Gesundheitssport in der Bundesrepublik so propagiert wird, einmal ernsthafte Gedanken über diese vielleicht älteste Sportart der Welt machen. So haben bei uns jetzt auch asiatisch Bogen ein größere Anhängerschar gefunden. Diese lassen eine rhytmische und dosierte Belastung zu. Um hier den „Zweiten Weg" erfolgreich zu begehen, sollte man sich besonders mit der Yoga-Gymnastik und dem autogenem Training, sowie mit den zen-buddhistischen Übungen vertraut machen.

Bei einem FITA-Turnier im Freien, also einem normalen 144-Pfeile-Turnier, welches etwa 8 Stunden dauert, werden für die Pfeilholaktionen etwa 4.000 m zurückgelegt. Dies ist neben den eigentlichen Schießbelastungen eine sehr willkommene, nützliche, dem Gesamtorganismus nicht nur bekömmliche, sondern außerordentlich förderliche „Bewegung".

Wenn wir bedenken, daß der Bogenschütze bei jedem Pfeilschuß eine starke körperliche Belastung aushalten muß neben einer besonders tiefen Ein- und Ausatmung, die von fast sämtlichen Atemmuskeln volle Aktion erfordert, zudem mit der ergiebigen Marschstrecke gekoppelt ist, so ist es leicht zu bemessen, welch gewaltiger Wachstumsreiz nicht nur auf Herz und Lunge, sondern auch auf das gesamte Muskelsystem des Oberkörpers ausgeübt wird, ganz besonders beim Jugendlichen, dessen Körper im Wachstum nach derartigen Bewegungen geradezu hungert.
Bogensport ist Leibesübung, Konzentration und Leistungssport im besten Sinne des Wortes.

1.3 Die Klasseneinteilungen

Bei Meisterschaftswettbewerben und den meisten Turnieren erfolgt eine Einteilung der Bogenschützen in folgende Alters- und Geschlechtsklassen:

Klassenbezeichnung	Altersbereich
Schülerklasse A männlich	12-13 Jahre
Schülerklasse A weiblich	12-13 Jahre
Schülerklasse B männlich	10-11 Jahre
Schülerklasse B weiblich	10-11 Jahre
Schülerklasse C männlich	bis 10 Jahre **
Schülerklasse C weiblich	bis 10 Jahre **
Jugendklasse männlich	14-15 Jahre
Jugendklasse weiblich	14-15 Jahre
Juniorenklasse B	16-17 Jahre
Juniorinnenklasse B	16-17 Jahre
Juniorenklasse A	18-20 Jahre
Juniorinnenklasse A	18-20 Jahre
Schützenklasse	21-45 Jahre
Damenklasse	21-45 Jahre
Herren-Altersklasse	46-55 Jahre
Damen Altersklasse	46-55 Jahre
Senioren	ab 56 Jahre
Seniorinnen	ab 56 Jahre

**= Nur bei Wettbewerben unterhalb den Landesmeisterschaften
Ferner kann noch eine Einteilung der Seniorenklassen in B/A erfolgen, d.h., bis/über 65 Jahre.

Im internationalen Bereich (Olympiaden/Weltmeisterschaften) gibt es nur folgende Klassen:

Klassenbezeichnung	Altersbereich
Männer	über 21 Jahre
Damen	über 21 Jahre
Junioren A	18 - 20 Jahre
Juniorinnen A	18 - 20 Jahre

Für Behinderte, die natürlich voll bei obigen Wettbewerben teilnehmen können, gibt es zusätzlich noch parallele, gesonderte Weltmeisterschaften und Olympiaden.

1.4 Das Meisterschaftsprogramm

Für die FITA-Schützen gelten entsprechend der Alters- und Geschlechtsklassen folgende zu schießende Distanzen:

Meisterschaftsprogramm Halle

Klasse	Pfeile gesamt	18m
Schüler A m/w	60	60 cm Auflage
Schüler B m/w	60	60 cm Auflage
Schüler C m/w	30	80 cm Auflage
Alle anderen Klassen	60	40 cm (Ein- oder Dreifachauflage)

Bei einigen Turnieren werden auch noch zusätzlich zu den 18m-Distanzen 25m- Distanzen geschossen. Hierbei werden dann 60 cm Auflagen verwendet.

Meisterschaftsprogramm im Freien

Hier hat in der Bundesrepublik der DSB und der DBSV unterschiedliche Regelungen. Der DSB schießt nur auf eine Entfernung und der DBSV schießt ein komplettes FITA-Turnier. Entsprechend ergeben sich folgende Programme:

DSB-Meisterschaft im Freien

Klasse	**Anzahl Pfeile**	**Entfernung 25m Auflage**	**Entfernung 40m Auflage**	**Entfernung 60 m Auflage**	**Entfernung 70 m Auflage**
Schüler B m/w	**72**	**80 cm**			
Schüler A m/w	**72**		**122 cm**		
Jugend m/w	72			**122 cm**	
Alle anderen Klassen	**72**				**122 cm**

Die internationale FITA-Runde und die DBSV-Meisterschaften im Freien

Klasse	Anzahl Pfeile	90m Auflage	70m Auflage	60m Auflage	50m Auflage	30m Auflage	25m Auflage	18m Auflage
S,S-A, Jr., C-S, C-A	144	36/122	36/122		36/80	36/80		
D, D-A, Jr.-w., Jugend, C-D, C-Jugend, Senioren	144		36/122	36/122	36/80	36/80		
Schüler-A	72				36/122	36/80		
Schüler-B	72						36/80	36/60

S = Schützenklasse
S-A = Schützenaltersklasse
Jr. = Junioren
D = Damenklasse
D-A = Damenaltersklasse
C-S = Schützenklasse Compoundbogen
C-A = Schützenaltersklasse Compoundbogen
C-D = Damenklasse Compoundbogen
C-D-A = Damenaltersklasse Compoundbogen
Senioren = Senioren

Bei der 30m Distanz wird heute üblicherweise von den Schützen und Compoundschützen auf eine Mehrfachauflage geschossen.

Neben dem vorstehendem FITA-Scheibenschießen als einzige olympische Disziplin bisher, gibt es noch folgende Disziplinen und Arten des Bogensports:

Die FITA-Feldbogenrunde

Diese Meisterschaftsrunde besteht aus 72 Pfeilen, drei Pfeile pro Scheibe auf 24 Scheiben verteilt. Davon sind 12 Scheiben auf eine bekannte und 12 Scheiben auf eine unbekannte Entfernung verteilt. Dazu noch mit der zusätzlichen Schwierigkeit von unterschiedlichen Ebenen (Bergauf- und Bergabschießen). Die Scheiben sehen auf Distanzen zwischen mindestens 5m und maximal 60m Auflagegrößen zwischen 20 und 80 cm vor.

Daneben gibt es noch die „**Jagdrunde**“ bzw .„**3-D-Runde**“, eine Variante der Feldrunde, wo auf 3-D-Ziele (Tierfiguren) geschossen wird.

Insbesondere bei der Feldbogen und der 3-D-Runde wird auch nach Bogenartklassen unterschieden. Hierbei spielt die technische Ausrüstung des Bogens und seine Bauart eine Rolle. Entsprechend gibt es Klassen wie: **„Recurvebogen“, „Blankbogen“, „Langbogen“.**

International und auch national haben sich in den letzten Jahren zwei weitere Bogensportarten mit zunehmendem Erfolg etabliert:

Das SKI-ARCHERY und der ARCHERY RUN. Das SKI-Archery ist eine Kombination aus Ski-Langlauf und Bogenschießen. Der ARCHERY-RUN ist eine Kombination aus Langlauf und Bogenschießen.

International , kaum verbreitet bei uns, werden noch folgende Wettbewerbsarten praktiziert:

- Cloutschießen (36 Pfeile auf 165m Entfernung für Schützen und 125m Entfernung für Damen und Jugend.Geschossen wird auf ein 48 ft großes auf dem Boden liegendes Ziel.)

- Flightschießen (Weitschießen, speziell in den USA populär. Derzeitiger Weltrekord 1410,87 m)

- Archery-Golf. (Golf mit Pfeil und Bogen auf einem Golfplatz. Gezählt wird wie beim Golf. Meist mit Spezialpfeilen.)

- 900er Runde (In den USA verbreitete Turnierart, wo mit 90 Pfeilen auf die Entfernungen 55,45,35 m mit je 30 Pfeilen auf die 122cm Auflage geschossen wird)

- Chicago-Runde (4x24 Pfeile in 3er Passen auf 18,3m auf die 40er Auflage mit Ringen. Mit Punktwertung: 9/7/5/3/1 Punkten)

- PAA-Runde (Hallenturniere in den USA für Berufsbogenschützen . 60 Pfeile in 5er Passen auf 18,3m in der Halle auf schwarze Auflagen mit weißem oder goldenem Zentrum mit 5 Ringen. PAA= Professional Archery Association.)

Daneben gibt es noch verschiedene „Spiele“ der unterschiedlichsten Art für Bogenschützen.

Eine uralte, heute noch populäre Bogensportart ist das KYUDO, eine japanische Bogensportdisziplin mit Langbogen.
Eine ganz andere Art des Bogenschießens ist das japanische ZEN, eine mehr mentale Konzentrationsübung als ein eigentlicher Sport.

Ferner gibt es verschiedene Länder, wie z.B. die U.S.A., wo der Bogen als Jagdwaffe eingesetzt wird. Dies ist hier bei uns verboten. Ebenso wird dort auch der Bogen zum Fischen eingesetzt, wo der Pfeil dann an einer „Angelschnur" befestigt ist.

1.5 Organisationen des Bogensports

Die Bogensportvereine bzw. die Bogenschützen sind entweder dem deutschen Schützenbund **DSB** oder dem deutschen Bogensportverband **DBSV** angeschlossen. Der internationale Dachverband ist die FITA (Fédération de Tir à l'Arc).

Die Meisterschaftsprogramme finden auf verschiedenen Ebenen statt. Entsprechend werden folgende Meisterschaften ausgetragen:
- Vereinsmeisterschaften
- Kreismeisterschaften
- Bezirksmeisterschaften
- Landesmeisterschaften
- Deutsche Meisterschaften.

Zur Teilnahme an den höheren Meisterschaften sind entsprechende Qualifikationsringzahlen bei der vorherigen Meisterschaft zu erreichen. Dies gilt sowohl für die Meisterschaftsrunde im Freien als auch in der Wintersaison in der Halle.

1.6 Historischer Abriß, der Bogen von der Steinzeit bis zur Neuzeit

Der Pfeilbogen ist neben der Steinschleuder die älteste eigentliche Schußwaffe für Jagd und Krieg. Historiker siedeln die ersten Bogen in der frühen Steinzeit, d.h., etwa 2 Millionen bis 8000 Jahre vor Christus an.
Der Bogen ist seit jeher über die ganze Erde verbreitet .

Die gleichen Menschen, die vor Jahrtausenden die magischen Bilder auf die Wände der Höhlen von Altmaria oder Lacaux malten, jagten die dargestellten und auch modellierten Jagdtiere mit Pfeil und Bogen. Von den altägyptischen Bogenschützen wissen wir es genau. So ist auf einer steinernen Tafel in den Klauen der Sphinx von Gizeh ein Sportgedicht eingemeißelt, welches die Bogensportleistungen von Amenophis II rühmt.

Während man im Abendland den Bogen nur als Schußwaffe ansah, erkannte man im Fernen Osten schon in der Chou-Zeit, also vor zwei- bis dreitausend Jahren , daß ihm neben seiner todbringenden Kraft auch die Zartheit eines Musikinstrumentes innewohnt. Bei ihren Wettbewerben mußten die chinesischen Adeligen nicht nur richtig zielen und treffen, sondern den Akt der Spannung und Entspannung des Bogens mit dem Rhytmus der begleitenden Musik abstimmen. Ähnlich verhält es sich bis in die heutige Zeit hinein in Japan, wo das Kyudo-Schießen gepflegt wird, wobei der Geist auf die Atmung konzentriert wird. Insbesondere bei den ZEN-Übungen wird ein Höchstmaß an Entspannung dort erreicht.

In Europa war der Bogen bis ins 16. Jahrhundert als Kriegswaffe im Gebrauch und wurde von der Armbrust und Feuerwaffen abgelöst. Heute wird er von verschiedenen Indianerstämmen in Südamerika und in Australien sowohl als Kriegs- als auch als Jagdwaffe noch verwendet, z.T. auch mit vergifteten Pfeilen.

Bogen bildeten den Hauptbestandteil der asiatischen Heeresbewaffnung im Altertum und im Mittelalter. In Europa gab es Bogen besonders bei den Normannen und im englischen Heer.

Im Mittelalter wurden in Europa nachweisbar auch die ersten sportlichen Bogenveranstaltungen durchgeführt, meisten von Rittern und Höflingen. Schon früh wurde der Bogensport in allen Kulturkreisen nicht nur als reiner Männersport angesehen. Sowohl im asiatischen Bereich, speziell in Indien, als auch an unseren Höfen schossen viele Frauen. Siehe auch DIANA, Göttin der Jagd, die mit Bogen dargestellt wurde.

In der Neuzeit wurde der Bogensport als olympische Disziplin schon 1900, 1904, 1908 und 1920 geführt. Danach verschwand er wieder aus dem olympischen Programm und wurde erst wieder seit der Olympiade in München 1972 ins Programm genommen. Der Bogensport in Deutschland hat sich Ende der 50er Jahre organisiert.

1.7 Der Bogen

Bei den olympischen Bogendisziplinen sowie den Feld-/3-D-Turnieren werden heute überwiegen zwei Arten von Bogen verwendet, der sogenannte „Recurve“-Bogen und der „Compound“-Bogen. In diesem Buch wird in erster Linie der Sport mit dem Recurvebogen behandelt. Der Compoundbogen reduziert durch ein Rollenumlenksystem den Kraftaufwand des Schützen beim Zielen. Diese Sportart ist derzeit jedoch noch nicht olympisch.

Der Begriff „Recurve“ zeigt an, daß die Wurfarme dieses Bogentyps an den Enden eine gegenläufige Krümmung aufweisen, die ein schnelleres Vorschnellen der Sehne bewirken und somit den Wirkungsgrad des Bogens verbessern. Traditionelle „Langbogen“ weisen diese Wurfarmform nicht auf.

Die heute üblicherweise verwendeten „Recurve"-Bögen sind gleichzeitig meist sogenannte TD-Bogen (Take-Down), wo das Griffstück des Bogens und die Wurfarme keine feste Einheit bilden. Die Wurfarme sind entweder angeschraubt oder eingesteckt. Dies ermöglicht ein Wechsel des Zuggewichts bei Beibehaltung des Griffstücks und einen einfacheren Transport des Bogens.

Die Griffstücke der heutigen Bögen bestehen meist aus einer Aluminiumlegierung. Die Wurfarme aus mehrlagigem Laminat von Fiberglas/Carbonfasern/Holz.

Bögen insgesamt gibt es in Größen von etwa 0,8m Länge bis über 3m Länge. Die langen Bögen werden hauptsächlich im asiatischen Raum verwendet (ZEN-Übungen). Die bei den FITA-Turnieren verwendeten Recurvebögen sind etwa zwischen 1,65m und 1,80m lang. Die Zuggewichte hierfür liegen zwischen 25 und 48 lbs (1 lbs = 0,453 kg), in Abhängigkeit von Alter, Geschlecht und Trainingsleistung.

a) Langbogen

b) Statischer Recurvebogen

c) Reflex-Bogen

d) Deflex-Reflex-Bogen mit voller Recurve

e) Semirecurvebogen.

<u>Abbildungen: Die Grundbogentypen ungespannt, gespannt</u>

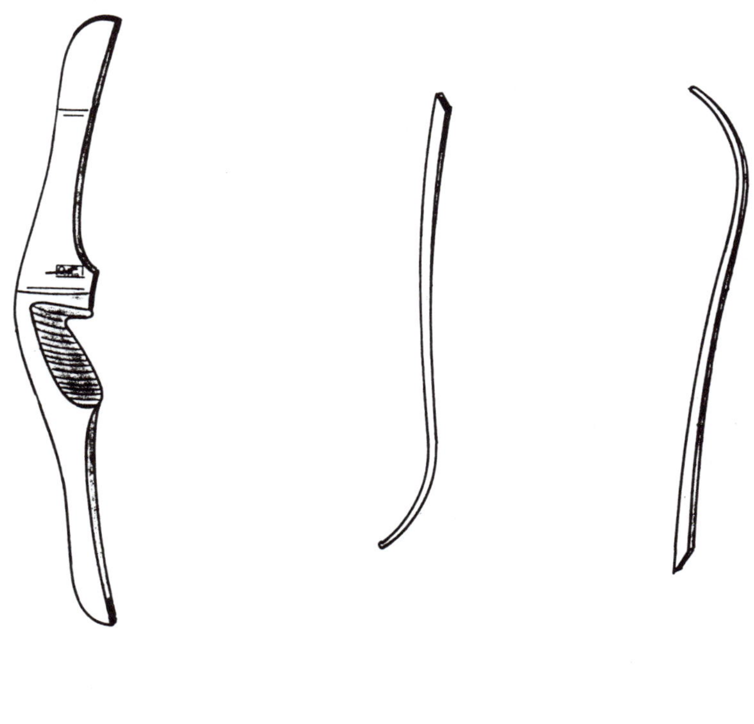

<u>Abbildung: Der zerlegbare „Take Down“ (TD) – Bogen</u>

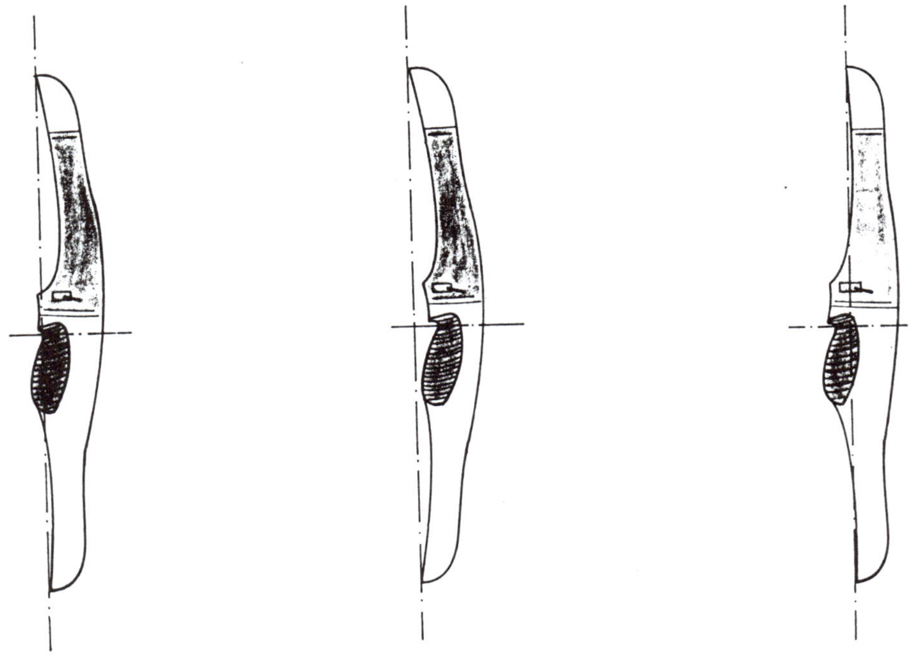

Abbildung: Unterschiede :„Deflexer –Bogen“, „Neutraler Bogen“ und „Reflexer Bogen“

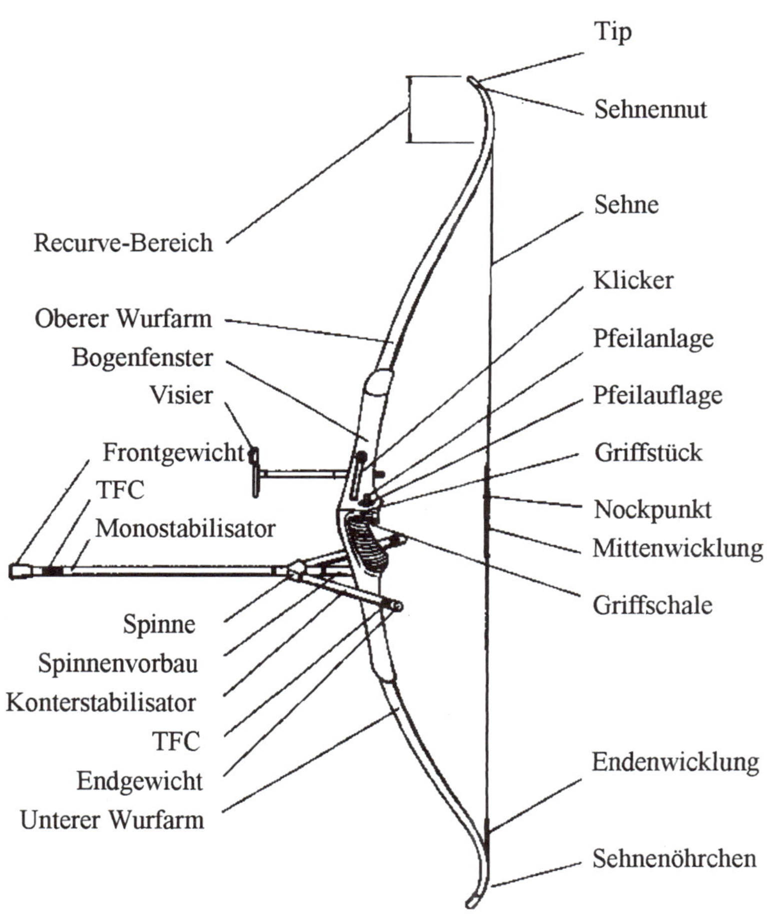

Abbildung: Ein Recurvebogen mit üblichem Zubehör

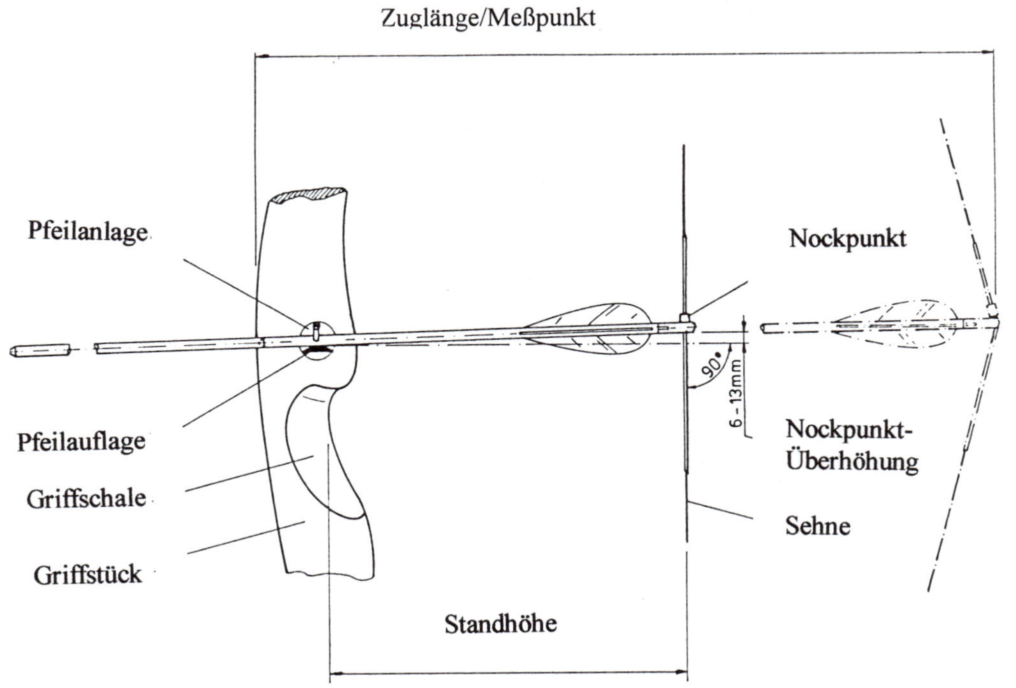

Abbildung: Bogen mit Pfeil / Bogen mit Pfeil ausgezogen

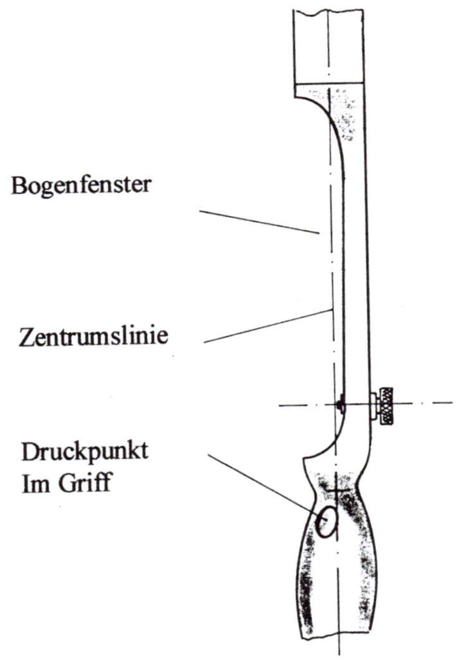

Abbildung: Darstellung des Bogenfensters mit Zentrumlinie sowie Lage des Druckpunktes der Bogenhand in der Griffschale

1.8 Das Grundzubehör des FITA-Recurvebogens

Um den Bogen erschütterungsfreier und korrekter halten zu können, werden sogenannte Stabilisatoren angebaut.

Ferner hochempfindliche Pfeilauflagen und Pfeilanlagen, die verhindern sollen, daß der Pfeil unerwünschte Reflexe bekommt.

Der Bogen wird mit einer Schlinge an der Hand oder an den Fingern gehalten, da er frei in der Hand liegen sollte, um unnötiges Verreißen zu vermeiden.

Um sowohl ein Einschneiden der Sehne in die Finger zu verhüten als auch einen besseren Gleiteffekt zu erzielen, wird mit einem Fingerschutz, einem sogenannten „Tab" geschossen.

Beim Recurvebogenschießen dient die Zughand praktisch gleichzeitig als „Kimme", deshalb ist es besonders wichtig, daß diese Hand immer 100%ig an der gleichen Stelle des Kinns oder des Kopfs sitzt. Als „Korn" ist ein Visier an den Bögen angebaut, welches den unterschiedlichen Schießdistanzen angepasst verstellt wird.

Die verwendeten Pfeile für das FITA-Schießen sind heute überwiegend aus 3 Materialien hergestellt: Aluminiumpfeile für die kurzen Distanzen (Halle), reine Carbonpfeile oder extrem dünne Aluminiumpfeile mit einer Carbonummantelung für die weiten Distanzen.

Für den Schützen gibt es seiner Zuglänge und seinem Zuggewicht angepasste Versionen dieser Pfeile, die entsprechende „Spine"-Werte (Steifigkeitswerte) haben. Entsprechend dieser Daten hat der individuelle Schütze einen Pfeil, der etwa zwischen 15 und 25 g schwer ist, eine bestimmte Länge hat - typischerweise zwischen 27 und 31 Zoll (1 Zoll bzw. 1 inch = 25,4 mm) lang ist-, eine bestimmte Wandstärke und einen bestimmten Durchmesser aufweist.

Je höher das Bogenzuggewicht ist, um so steifer muß der Pfeil sein, um nicht überstark beim Abschuß verformt zu werden. Die Pfeile sind mit Stahlspitzen unterschiedlicher Gewichte versehen sowie zum „Einnocken" auf der Sehne mit „Nocken". Um einen sauberen Flug zu gewährleisten, sind die Pfeile „befiedert", draußen üblicherweise mit PVC oder Mylar-Kunststoff-Fahnen, drinnen üblicherweise mit Truthahn-Naturfedern. Zu große Federn bremsen den Pfeil und machen ihn langsamer und windempfindlicher. Andererseits verzeihen zu kleine Befiederungen keinen unsauberen Abschuß. Je nach Einsatz, Präferenz des Schützen oder Pfeilsorte werden die Befiederungen gerade, schräg oder „im Drall" auf die Pfeilschäfte aufgeklebt.

Um den Pfeil immer gleich lang auszuziehen und damit Höhendifferenzen zu vermeiden, schießen die meisten Schützen heute mit „Klickern", welche ein Klickgeräusch beim Durchziehen des Pfeiles verursachen und dem Schützen sagen, daß er den optimalen Auszugspunkt erreicht hat.

Ferner gehört zur Ausrüstung eines Schützen noch:

- Ein Armschutz zur Vermeidung von schmerzhaften Streifschüssen am Unterarm
- Ein Brust- bzw. Streifschutz, um ein Hängenbleiben der Sehne in der Kleidung zu vermeiden
- Ein Köcher für die Pfeile
- Ein Bogenständer, um den Bogen sicher abstellen zu können.

Zum Bogen gehört natürlich eine Sehne, die heute meist aus einem hochfesten Kunststoffgarn besteht . In der Mitte ist ein „Nockpunkt" angebracht, wo der Pfeil „eingenockt" wird. An den Enden der Sehne sind Schutzwicklungen für die Bogenarme und für die Sehnenstränge vorhanden.

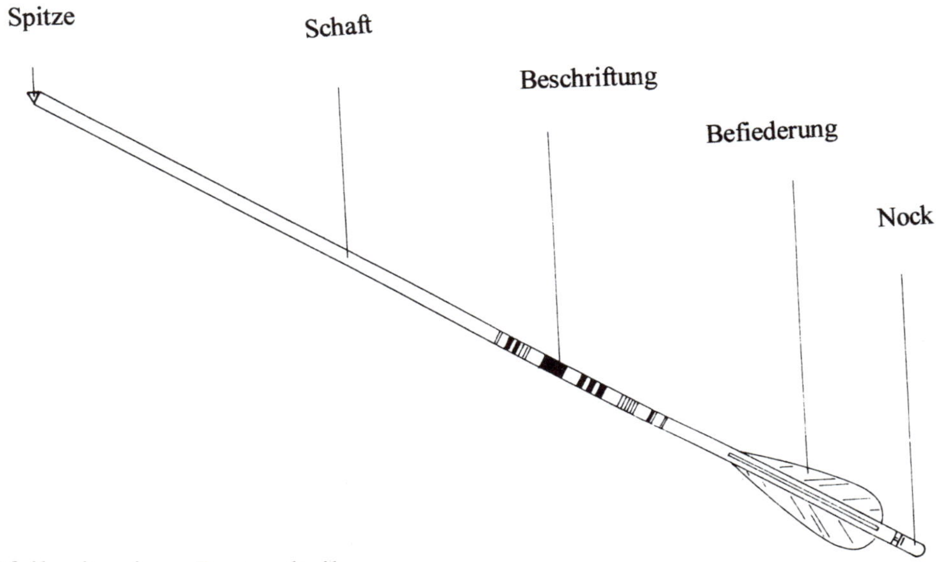

Abbildung: Der Pfeil mit seinen Bestandteilen

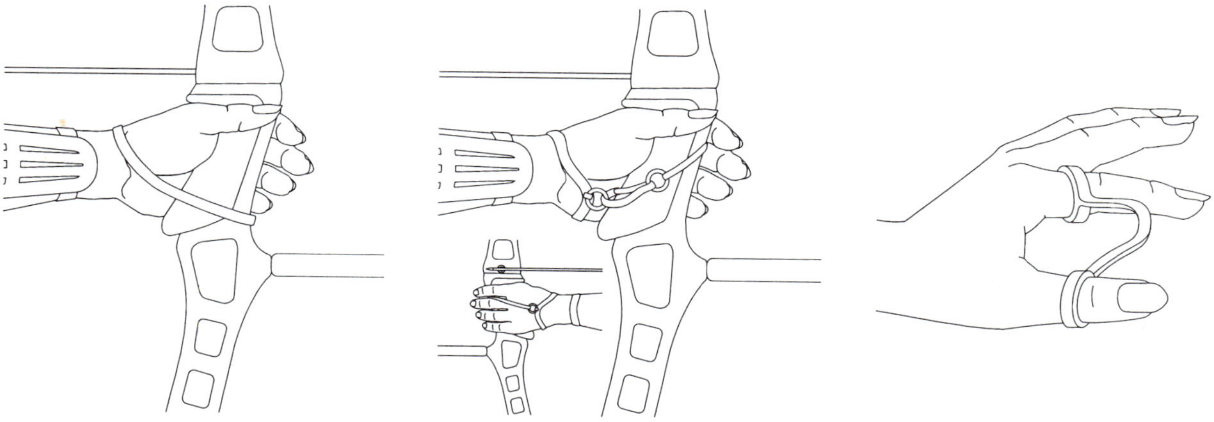

Abbildungen: Die Bogenschlinge , Die Handschlinge Die Fingerschlinge

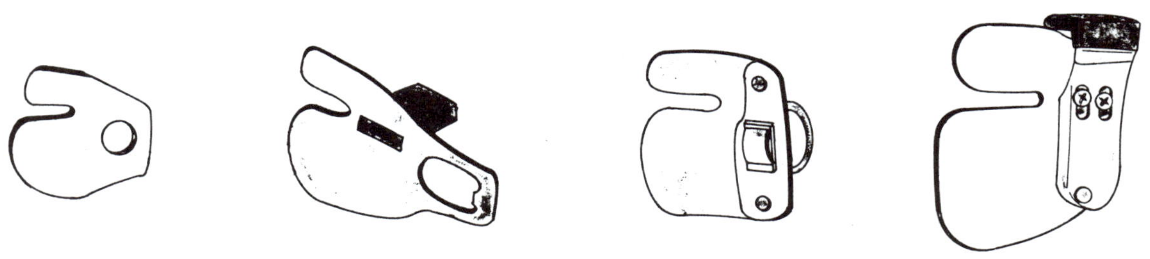

Abbildungen: Tab-Arten (Fingerschutz)

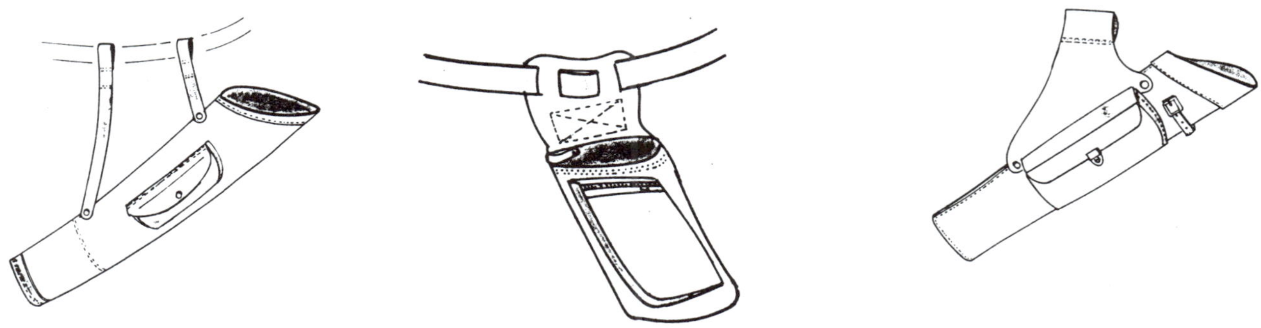

Abbildungen: Köcherarten

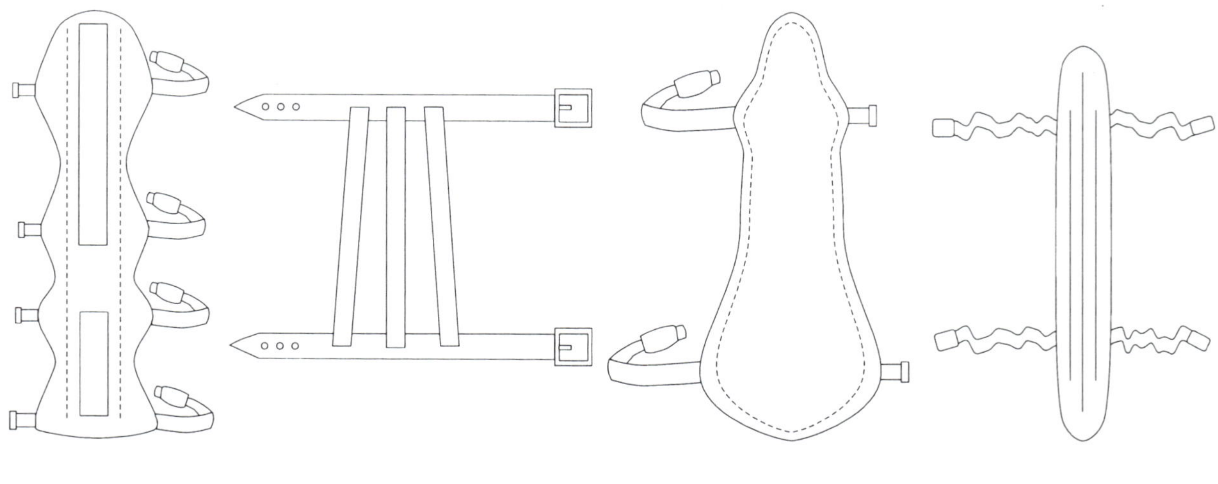

Abbildungen: Armschutzarten

1.9 Allgemeine Sicherheitsregeln

Neben den Schießregeln auf den Übungs- und Turnierplätzen sollte jeder Schütze zu seiner eigenen Sicherheit die nachfolgenden Grundsatzregeln verinnerlichen.

Bogenschießen macht Spaß und Freude, kann jedoch schnell zu tragischen Situationen führen, wenn nicht jeder Schütze die üblichen Sicherheitsregeln beachtet.

Das, was manche Leute als „Unfall" bezeichnen, ist üblicherweise das Resultat von Sorglosigkeit und Gedankenlosigkeit.

Befolge die Sicherheitsregeln um dich und andere zu schützen.

Sichere Ausrüstung

- Schieße immer mit Pfeilen der richtigen Länge, in keinem Fall mit zu kurzen Pfeilen.
- Benutze nie einen Bogen oder einen Pfeil, der beschädigt ist.
- Erneuere die Sehne, wenn sie die ersten Abnutzungserscheinungen zeigt.
- Bringe keinen kalten Bogen in einen geheizten Raum und beginne das Schießen nicht bevor der Bogen sich der Raumtemperatur angepasst hat.
- Benutze nie den Bogen eines Anderen, außer wenn er dir die ausdrückliche Erlaubnis erteilt hat.
- Schieße nie auf eine zu dünne Scheibe, wo der Pfeil durchschlagen kann.

Sicheres Schießen

- Schieße nie einen Pfeil einfach in die Luft.
- Schieße immer auf eine definierte Scheibe.
- Schieße nie einen Pfeil ziellos, es sei denn, daß du auf einem entsprechend gesichertem Gelände bist.
- Warne ggf. Leute, wenn du schießt und schieße in keinen Fall wenn die Gefahr besteht, daß der Pfeil irgend jemanden treffen könnte.
- Hole und ziehe deine Pfeile erst dann, wenn alle anderen aufgehört haben zu schießen. Warte bis das „Freizeichen" gegeben wird.
- Schieße nie, wenn die Gefahr besteht, daß dein Pfeil von der Scheibe abgelenkt wird und andere gefährden kann.
- Benutze nie jemanden als Zielscheibe oder lasse eine Person die Zielscheibe halten.
- Wenn du die geringsten Zweifel hast, schieße nicht!

Pfeilziehen aus den Scheiben

Die Pfeile aus den Scheiben/Auflagen zu ziehen ist eine sichere und einfache Sache, wenn sie richtig praktiziert wird.

Stütze mit der linken Hand die Scheibe ab. Positioniere den zu ziehenden Pfeil dabei möglichst zwischen deine Finger. Mit der rechten Hand greife den Pfeil so dicht wie möglich an deiner linken Hand an der Scheibe und ziehe den Pfeil im gleichen Winkel heraus, wie er eingeschlagen ist (ggf. mit einem Pfeilzieher, einem Gummilappen o.Ä.). Verfahre genau so, wenn der Pfeil woanders, z.B. im Boden eingeschlagen ist. (Linkshänder gebrauchen entsprechend umgekehrt ihre Hände).

Beim Pfeilziehen ist es wichtig, daß dein Körper seitlich von dem zu ziehenden Pfeil sich befindet, damit er an dir vorbei herausgezogen werden kann. Vor der Scheibe darf keiner stehen!

Im Gras befindliche Pfeile sollen immer in Richtung der Spitze herausgezogen werden, es sei denn, die Federn liegen frei.

Schußzettelbretter o.ä. sollten immer seitlich oder 2m vor den Scheiben abgelegt werden und nicht unterhalb der Auflage, um zu verhüten, daß man sich beim Bücken / Aufrichten an den in der Scheibe befindlichen Pfeilen verletzt.

Auf dem Weg von der Schießlinie zur Scheibe sollte auf im Boden steckende Pfeile geachtet werden, die ggf. Verletzungen verursachen können.

Schützenausrüstung

Um Blutergüsse zu vermeiden, sollte immer mit einem Armschutz geschossen werden. Man sollte immer einen Brust-/Streifschutz tragen.

Trage grundsätzlich immer eng anliegende Kleidung um zu verhüten, daß die Sehne sich darin verfangen kann. Binde lange Haare immer nach hinten.

Zumindest Anfänger sollten beim Schießen keine Kontaktlinsen tragen, da diese durch die Erschütterungen/Vibrationen herausfallen könnten.

Prüfe fortlaufend deine Pfeile und insbesondere deine Nocken und Federn auf Beschädigungen und tausche sie ggf. sofort aus.

Prüfe vor jedem Schießbeginn die Sehnenstandhöhe. Unterschiedliche und falsche Höhen können zu Arm-/ Handgelenkskontakt der Sehne führen.

Überprüfe während eines Turniers oder Trainings laufend deinen Bogen und deine Ausrüstung und ziehe Stabilisatorenstangen, Visierverschraubungen etc. sofort nach, wenn diese nicht fest sitzen.

Prüfe laufend deine Pfeile auf „Rundlauf" und Beulen.

Benutze nur passendes Equipment. Die Pfeilnocken müssen zum Durchmesser der Sehne bzw. des Nockpunktes passen und dürfen weder zu eng noch zu weit sein.

Wenn dir ein Pfeil auf der Schießlinie herunterfällt, mußt du auf der Schießlinie stehen bleiben und kannst den Pfeil nur mit deinem Equipment ggf. heranholen und aufheben. In keinem Fall darfst du die Schießlinie nach vorne verlassen! (Siehe hier auch die neue Sportordnung mit der 3m-Zone).

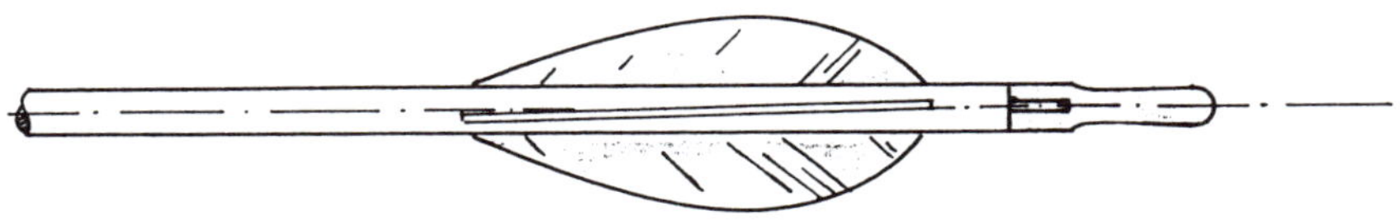

Abbildung: Überprüfe ob die Leitfeder mit der Indexerhebung des Nocks übereinstimmt!
(Bzw. bei BEITER-Nocks mit der asymetrischen Abschrägung des Nocks).

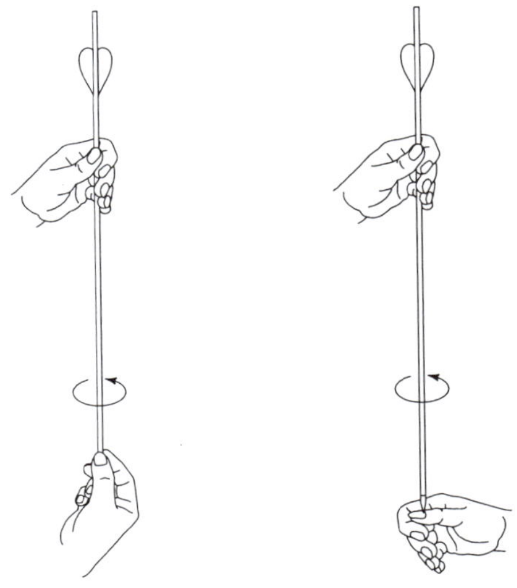

Abbildung: Überprüfe den Rundlauf des Pfeiles entweder in der Handfläche oder im Nagelbett

Abbildung: Schutzausrüstung: Armschutz, Brust-/Streifschutz, Fingerschutz

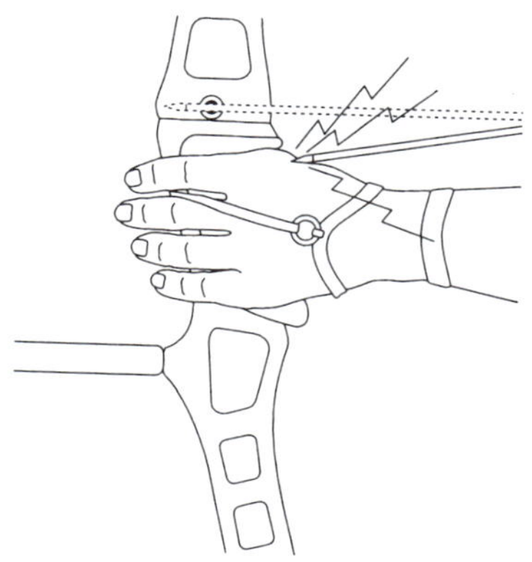

Abbildung: Zu kurzer Pfeil kann zu bösen Verletzungen führen

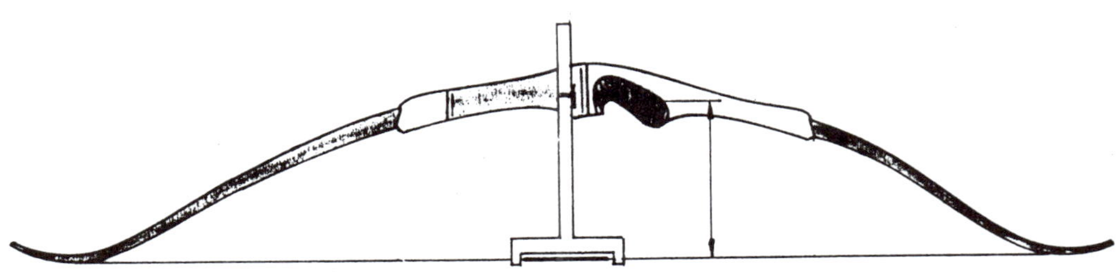

Abbildung: Sehenenstandhöhe und Nockpunkthöhe sollte nach jedem Spannen des Bogens überprüft werden.

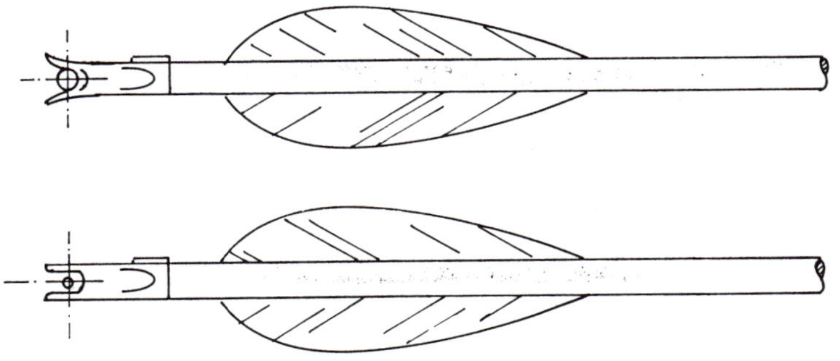

Abbildung: Zu kleiner Nock für die Sehne / Zu großer Nock für die Sehne

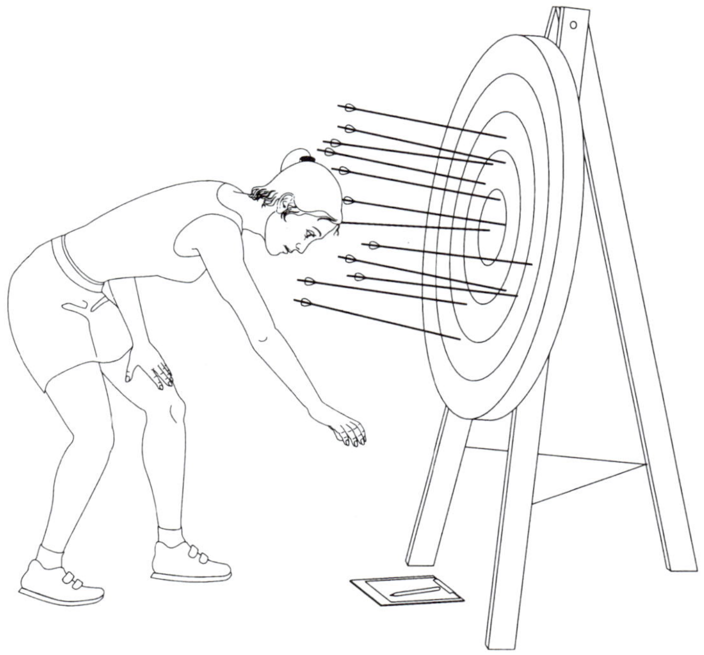

Abbildung: Trefferaufnahmebrett nie unterhalb der Scheibe ablegen

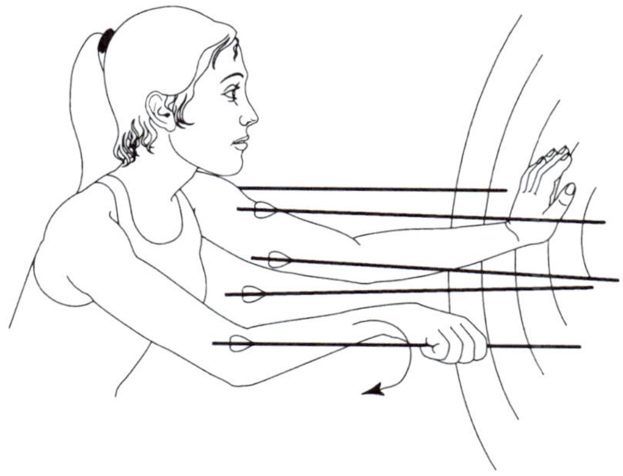

Abbildung: Richtiges Pfeilziehen durch Abstützung der Scheibe

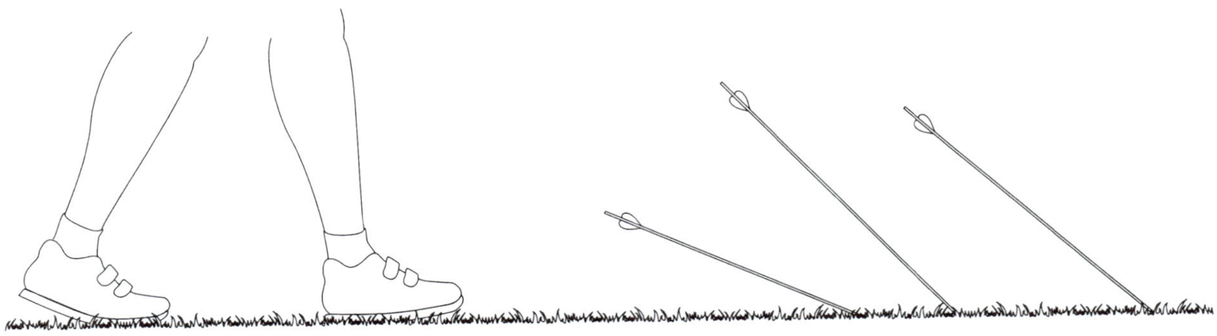

Abbildung: Achte auf Pfeile im Boden auf dem Weg zur Scheibe

1.10 Pflege und Wartung des Bogenequipments

Der Bogen

Die modernen, lackierten Metallgriffstücke der Bögen benötigen keine besondere Pflege. Naß gewordene Bögen sollten jedoch gründlichst getrocknet werden. Insbesondere die Gewinde, das Zubehör (Button, Visier etc.) sollten sorgfältigst abgetrocknet und gereinigt werden. Pflegewachs und antikorrosives Sprühöl (z.B. „WD40“) verhindern Korrosion.

Dauerhaft in Aluminium-/ Magnesiumgriffstücke eingedrehte Stahlschrauben bewirken materialbedingt Kontaktkorrosion. Um dies zu vermeiden, sollte als „Trennmittel“ entweder Schraubensicherungskleber oder Kupferpaste in die Gewindegänge gegeben werden.

Die Wurfarme, die üblicherweise außen eine Fiberglasschicht haben, sollten ebenfalls nur sauber gehalten werden.

Besonders wichtig ist die Lagerung des Bogens und der Wurfarme insbesondere. Es sollte keinerlei Druck während der Lagerung auf die Arme und dem Griffstück ausgeübt werden. Die Teile sollten immer horizontal und nicht vertikal gelagert werden.

Zum Transport sollten sowohl das Griffstück als auch die Arme in verkratzvermeidende Hüllen eingeschlagen werden, um Beschädigungen zu vermeiden. Tiefe Kratzer in Wurfarmen sollten „versiegelt“ werden, um das Eindringen von Feuchtigkeit zu vermeiden. Dies kann z.B. mit Nagellack erfolgen.

Die Sehne

Üblicherweise wird bei der Herstellung die Sehne ausreichend vorgewachst. Die Wachsung hält bei den modernen Sehnen normalerweise über lange Zeit an. Die sogenannten „DRACON“-Sehnen jedoch müssen häufig nachgewachst werden.

Jede Sehne sollte in einem eigenen „Behälter“ gelagert werden, worin dann auch ggf. Notizen für unterschiedliche Visiereinstellungen und Schußzahl beigelegt werden können. Die Sehnen sollten gegen ein Abwickeln der Aufdrehung hierbei gesichert werden. Am einfachsten erfolgt dies durch ein „doppeltes“ Ineinanderstecken der Sehnenöhrchen. Die geschlossenen Sehnenbehälter verhindern zudem ein Austrocknen des Sehnenwachses.

Die Pfeile

Pfeile sollten immer so gelagert und transportiert werden, daß keine Beschädigung oder Druck auf die Befiederung ausgeübt wird. Nasse Pfeile sollten immer sofort abgetrocknet werden. Nasse Naturfedern sollten in trockener Umgebungsluft trocknen, bevor sie gelagert werden.
Die Nocken sind regelmäßig auf gleichmäßigen Sitz auf der Sehne bzw. dem eingewickelten Nockpunkt zu überprüfen und ggf. auszuwechseln. Beim Austausch ist sowohl auf den richtigen Durchmesser, die richtige Farbe als auch auf den richtigen Sitz und Ausrichtung des Nocks gegenüber der Leitfeder des Pfeiles zu achten.

Zubehör

Kleinzubehör und Ersatzteile sollten in kleinen, verschlossenen Dosen oder Behälter aufbewahrt werden. Alle Lederzubehöre (z.B. Armschutz, Köcher etc.) sollten regelmäßig mit einem Lederpflegemittel gegen Austrocknen behandelt werden.

Kapitel II Die notwendige Einstellung und die Voraussetzungen um Leistungsschütze zu werden

2.1 Die psychologische Einstellung

Den guten Bogensportler zeichnet eine positive Einstellung aus, mit der er an den Start geht.

Dies fängt schon mit der Einstellung während der Vorbereitung auf einen bestimmten Wettkampf, sei es eine Vereinsmeisterschaft, ein Turnier oder aber eine Nationale- oder Weltmeisterschaft, an.

Die richtige Einstellung ist eine einfache Sache, die jedoch den großen Unterschied ausmacht!

Die Erfahrung hat gezeigt, daß man einen Schützen ganz gezielt so aufbauen kann, daß der eigentliche Wettkampf nur noch das Ausrufezeichen hinter einem langen und verschachtelten Satz ist, also ein ganz selbstverständlicher, fast schon logischer Abschluß.

Wie sieht nun aber dieser Aufbauprozess, besser: wie seine Komponenten aus?

Wir wissen, daß 70% des Erfolges bei einem Schießwettbewerb in der Psyche des Schützen liegen. Der Psycho-Stabilisierung kommt ein sehr hoher Stellenwert zu. Das darf uns aber nicht zu dem Fehlschluß verführen, daß ein Trainer mit Psychotricks und entsprechenden Mätzchen diese Stabilität erreichen oder herbeizaubern kann. Bei einem intelligenten und kritischen Sportler und Schützen -also einem Einzelkämpfer- verfängt dererlei nur in Ausnahmefällen. Psychostabilität läßt sich nicht herbeizaubern, sie muß aufgebaut werden und zwar so, daß sie von prüfbaren Fakten her gespeist und erzeugt wird.

Genau genommen beginnt dieser Aufbau bereits bei der Einführung in das Bogenschießen. Freilich gehört diese Phase in einem engeren Verständnis noch nicht zur direkten positiven Einstellung im Vorstart-Bereich, aber es werden in ihr bestimmte Grundeinstellungen erzeugt.

Siegertypen sehen, was sie wünschen, Verlierertypen sehen, was sie nicht wünschen!

Eine der wichtigsten pädagogischen Methoden um einen künftigen Leistungsschützen und Erfolgssportler heranzubilden ist:

Der positive Einstieg.

Diese Methode vermeidet peinlich eine Negativform in Ausdruck und Verhalten. Sie ist und erzeugt eine ganz bestimmte Einstellung sowohl bei dem Lehrenden wie bei dem Lernenden.

Am Beginn steht die volle Annahme des Lernenden und seiner eigenen Art bzw. Eigenart. Ihm wird nie gesagt, was er nicht tun, sondern ausschließlich, was er tun soll, um das gewünschte Ergebnis zu erzielen. Stilverbesserung z.B. ist also auch nicht etwa Fehlersuche, sondern Verbesserung von Details indem man mit Stärken arbeitet und von diesen ausgeht. Salopp gesagt: Man stellt fest, „Das kann noch besser werden" mit der Betonung auf „Noch".

Auf diese Weise entstehen in Verbindung mit dem Bogenschießen bei dem Schüler positive Denkmuster. Er durchläuft eine endlose Kette von kleinen Teilerfolgen. Lob ist die Begleitmusik. Er erlebt immer wieder, was er alles erreichen kann, auch wenn es vielleicht Mühe und Zeit kostet.

Der große Maßstab für die Leistung ist nicht irgendein reales oder angenommenes Vorbild, sondern der Vergleich der heutigen Leistung mit der Leistung von gestern. Und da der Mensch ohnehin geneigt ist, gute Erinnerungen zu behalten und schlechte zu vergessen -im schlechteren Fall zu verdrängen- kommt diese Methode natürlicher zu besseren Erfolgen als andere.

Freilich darf man dabei aber auch nicht vergessen, daß positiv hier zugleich im Sinne von „fest" benutzt wird, die Methode also nichts mit Weichheit oder ständigem Vergeben und schon gar nichts mit Unaufrichtigkeit zu tun hat.
Und letztlich werden bei der Methode alle von außen her eingeführten Ängste vermieden. Man redet sie nicht herbei. Am Ende steht die Sicherheit des Schützen, die Selbstsicherheit, die er mehr als alles andere braucht.

Die Selbstsicherheit und die Sicherheit (Gewißheit): Je weiter der Schütze in den Wettbewerbsbetrieb hineingerät, je höher sein Leistungsniveau liegt, je mehr er aus der Anonymität heraustritt und sich profiliert und bekannt wird, desto mehr gerät er in das Wirkungsfeld endogener (in sich selbst erzeugter) und exogener (von der Umwelt erzeugter) Störungen.

Dabei spielt es keine Rolle, ob solche Störungen objektive Tatsachen sind. Sie werden subjektiv so empfunden, vielleicht sogar nur eingebildet und wirken sich destabilisierend aus. Es entsteht ein Gefühl der Unsicherheit, der Angst vor Mißerfolgen, die geradezu einen Mißerfolg programmieren: Unruhe und Mißbehagen treten ein und verhindern ruhige und objektive Reaktionen. Gelegentliche Patzer werden zu Mißerfolgs-Erlebnissen, die sich ihrerseits aneinanderreihen und Unterwertigkeitsgefühle erzeugen.

Selbst ein ganz normaler Zustand wie der erhöhte Puls vor Beginn des Wettkampfes, also das sogenannte „Lampenfieber", wird nicht mehr als normal, vielleicht sogar begrüßenswert (als Anzeichen einer erhöhten Aufmerksamkeit und Bereitschaft im physischen Bereich) eingeordnet, sondern zur Quelle weiterer Unsicherheiten und Ängste.

Zur Verdeutlichung mögen hier einige der **häufigsten Störfaktoren** aufgeführt werden:

Am Schützen liegend:

- Mangelnde Kondition, frühzeitiger Kräfteabfall
- Stil-Schwankungen (bis zum Formverfall)
- Konzentrations-Schwankungen oder -Abfall
- Ablenkbarkeit
- Unvollständige oder nicht ausreichende Ausrüstung, neue Teile
- Mangelhafte Geräteabstimmung
- Überzogene Erwartungen
- Mangelnder Wille zur Leistung
- Angst vor Verlust der Position

Von der Umgebung ausgehend:

- Fremde Umgebung (Wohnen, Essen, Schlafen, Menschen)
- Turnierablauf (besonders bei Störungen)
- Klima, Wetter, Licht
- Beeindruckende „Stars" und fremde Erlebnisse
- Störungen durch Mitwettbewerber (ohne- und mit Absicht)
- Gefährliche Konkurrenten (besonders bei Titelverteidigungen)
- Störende oder hindernde Zwischenfälle
- Publikum
- Presse, Film, Fernsehen
- Überzogene Erwartungen der Umwelt
- Attraktive Ablenkungen aller Art.

Alle solche Störfaktoren sind geeignet, die Selbstsicherheit eines Sportlers ernsthaft zu gefährden und ihn zum Spielball der Umstände und Ereignisse zu machen.

Einige davon sind durch mittel- und kurzfristige Maßnahmen zu neutralisieren oder überhaupt abzuwenden. Will man die Selbstsicherheit aber auf eine ganz solide Basis stellen, dann muß man den -im allgemeinen zeitlich enger gemeinten Begriff- „Vorstart-Zustand" um langfristige Maßnahmen erweitern oder ergänzen.

Den Beweis für diese Behauptungen liefern die relativ jungen Spitzenschützen aus Korea oder den USA. Sie sind das Ergebnis, nicht nur einer spezifischen National-Mentalität, sondern eines methodischen Aufbaues, der die Immunisierung gegen die negativen Auswirkungen des Vorstartszustandes sozusagen vom ersten Pfeil ab, den er als Anfänger schießt, einleitet.

Wenn nachfolgend der Vorstartszustand und seine optimale Gestaltung in einen größeren, auch zeitlich umfangreicheren Zusammenhang gestellt wird, dann hat das seine guten, auf deutsche Verhältnisse bezogenen Gründe.

Der Vorstartszustand als psychische Befindlichkeit vor einer großen Bewährungsprobe kann als erhöhte Aktionsbereitschaft aber auch als wachsende Ungewißheit empfunden werden. Das hängt im wesentlichen von der Konditionierung des Schützen ab. Fehler und Mängel in dieser Konditionierung -sei es im psychischen, sei es im physischen Bereich- werden mit erhöhter Deutlichkeit als Defizite, als Schwachstellen empfunden.

Daher ist es von großer Wichtigkeit, daß schon der Anfänger in diesem Sport erfolgsgewohnt und erfolgssicher ist, also von Teilerfolg zu Teilerfolg geführt wird. ***Positiver Aufbau ist hier das Schlüsselwort.***

Genau so wichtig ist ein Schießstil, der die Mechanik des Sportgeräts mit der Arbeit des Körpers bei Bedienung des Gerätes zu einer harmonischen Einheit verbindet, die nicht alle Energien aufzehrt. Gemeint ist hier ein ökonomischer Stil mit fließendem Schußablauf der auf richtigem Muskeleinsatz, also auf dem richtigen Rückenzug (nicht der vorgetäuschten Variante) beruht.

Von entscheidender Bedeutung ist es, daß mit wachsenden Fertigkeiten auch die Schulung der Konzentration Hand in Hand geht. Hier sollte auf YOGA- und ZEN-Übungen zurückgegriffen werden. Hierzu steht eine ausgezeichnete Fachliteratur zur Verfügung.

2.2 Die richtige Ernährung

Sportliche Höchstleistungen sind das Produkt von Training, Ausdauer, Talent, Kraft, Stehvermögen, Schnelligkeit und - je nach Sportart - auch noch anderer Faktoren, nicht zuletzt aber auch der Leistungsbereitschaft.

Immer mehr setzt sich aber auch die Erkenntnis durch, daß der gezielten und zweckmäßigen Ernährung eine beachtliche Bedeutung nicht nur für die Leistungsfähigkeit des Wettkampfathleten, sondern auch des Hobby-Sportlers und des Menschen überhaupt zukommt.

Die Ernährung eines Spitzensportlers muß weitsichtig geplant werden. Mit kurzfristigen Umstellungen im Menüplan lassen sich keine Leistungssteigerungen erzielen.

Intensive körperliche Belastungen können nur über den Abbau von Kohlehydraten bewältigt werden, so daß eine kohlehydratreiche Kost zur Wiederauffüllung der Glykogenspeicher unbedingt erforderlich ist. Ernährungswissenschaftler weisen auf die Bedeutung der Glykogenspeicherung vor dem Wettkampf hin.

Vor allem Kalium, Natrium, Calcium, Magnesium und Phosphorsäure sind für den ungestörten Ablauf der Muskelkontraktion dringend erforderlich.

Neben der kohlehydratreichen Kost sind die vorgenannten Mineralien als Zusatzdosierung für einen Wettkampfsportler unerläßlich.

Gleichzeitig ist die Aufnahme von fett- und eiweissreicher Kost zu vermeiden.

Ein empfehlenswertes Buch mit Rezepten und Anleitungen ist „Die Dr. Haas Leistungsdiät für Sport, Beruf und Fitness", ISBN-Nr. 3-405-13063-8.

Während des Wettkampfes sollte neben der ***dosierten Zuführung*** von kohlehydratreicher Kost wie Obst und Vollkornnahrung auch der Flüssigkeitsspiegel oben gehalten werden. Hierfür ist z.B. „Stilles Wasser" mit einer kleinen Zugabe von nicht gezuckertem Apfelsaft oder frisch ausgepresstem Orangensaft eine empfehlenswerte Getränkevariation. Diesem Getränk sollte eine Prise Tafelsalz zugefügt werden (insbesondere im Sommer, wenn der Körper transpiriert).

Ein Wort zu Kohlenhydrate:

Kohlenhydrate sind aus Kohlenstoff, Wasserstoff und Sauerstoff aufgebaut, wobei letztere meist im gleichen Verhältnis wie im Wasser (Hydrat) enthalten sind. Der Name Kohlenhydrat bedeutet somit Hydrat des Kohlenstoffs. Je nach Anzahl der Zuckerbausteine unterscheidet man drei Gruppen:

1. „Monsaccaride“ (Einfachzucker): Neben Traubenzucker (Glucose)gehören dazu Fruchtzucker (Fructose), beides enthalten in Obst und Honig, sowie Schleimzucker (Galaktose), enthalten in Milch .

2. „Disaccharide“ (Doppelzucker): Sie entstehen durch die Zusammenlagerung von zwei Einfachzuckern. Wichtig für die menschliche Ernährung sind Rohr- und Rübenzucker (Saccarose), Malzzucker (Maltose) und Milchzucker (Lactose).

3. „Polysaccaride“ (Vielfachzucker): Sie bestehen aus sehr vielen Molekülen Einfachzucker, die in Form langer Ketten aneinandergereiht sind. <u>Stärke</u> ist das wichtigste pflanzliche Kohlenhydrat und hat die Struktur kleiner Körnchen. Jedes einzelne Körnchen besteht aus zwei Substanzen, die beide als Grundbaustein Traubenzucker aufweisen. <u>Glykogen</u> ist die Speicherform der Kohlenhydrate im menschlichen Organismus und besteht aus 5000 Traubenzuckerresten. <u>Inulin</u> ist das Polysaccharid des Fruchtzuckers. Es kommt hauptsächlich in Wurzelknollen von Topinambur vor. Aus Topinamburknollen wird reiner Fruchtzucker gewonnen. Inulin und Fruchtzucker haben für die Ernährung von Diabetikern eine besondere Bedeutung. (Inulin darf nicht mit Insulin verwechselt werden. Insulin ist ein Hormon der Bauchspeicheldrüse, welchen den Kohlenhydratstoffwechsel regelt).

Kohlenhydrate sind die besten Nährstoffe für Spitzenleistungen, weil sie die einzig sauber verbrennbare und jederzeit verfügbare Quelle für Blutzucker sind.
Polysaccharide (Vielfachzucker) , wie Naturreis und Teigwaren, sind für ambitionierte Sportler ihr Gewicht in Gold wert.

Der Unterzucker-Mythos

Unter bestimmten Umständen kann Training und Wettkampf den Blutzuckerspiegel so stark senken, daß man sich in einem Schwebezustand, schwindelig oder müde fühlt. Athleten nennen das „Überschnappen“. Dieser Zustand tritt ein, wenn die Zuckerkonzentration im Blut unter einen kritischen Wert absinkt (etwa 50 mg/100ml Blut). Das Gehirn, das hauptsächlich von Zucker abhängig ist, um Spitzenleistungen zu bringen, macht nicht mit, wenn es nicht angemessen versorgt wird.

Sportler, die eine ausgewogene Kohlenhydraternährung zu sich nehmen, haben dieses Problem kaum. Nahezu jede Nahrungszufuhr kann diesen Zustand der plötzlich auftretenden Müdigkeit oder des Schwindelgefühls oder der Unkonzentration sofort beheben.
Aber dein Ziel sollte nicht sein, Hypoglykämie zu beheben, sonder ihr vorzubeugen.

Als sehr wirkungsvoll gegen einen niedrigen Blutzuckerspiegel auf Grund körperlicher Anstrengung gelten die als Polysaccharide bekannten Nahrungsmittel: Naturreis, Teigwaren, Getreidekörner, Haferflocken, aus vollwertigem Mehl hergestellte Brote, Bohnen, Erbsen, fast jede Art von Gemüse und frisches Obst. Dies sind nur einige der Nahrungsmittel, die das Blut in kürzestes Zeit mit Zucker versorgen, **nicht zu schnell und nicht zu langsam**.

Die Einnahme von Monosaccharide, insbesondere Traubenzucker in reiner Form oder als Zugabe zu Getränken etc. ist gefährlich und kann zu einem Überschießen führen mit drastischem Leistungsabfall .

Wenn Getränke oder Speisen gesüßt werden sollen ist Fruchtzucker oder Süßstoff zu verwenden. Als gesundheitlich unbedenklich kann der Süßstoff „CANDEREL“ eingestuft werden, der aus zwei Aminosäuren hergestellt wird. (Aspartam).

Bogensport als Leistungssport erfordert eine besondere und erstklassige neuromuskuläre Koordination. Die Profis gewinnen oder verlieren, je nachdem, wieviel sie davon aufbringen. Dabei ist die mentale Konzentration nicht weniger wichtig. Die besten Bogenschützen verfügen über die gleichen mentalen Fähigkeiten der Aufmerksamkeit und der scharfen Konzentration wie die Stars unter den Schachspielern und den Golfern.

Unter Wettkampfstress kann der Blutzuckerspiegel eines Bogenschützen bis in hypoglykämische Bereiche absinken, Hand in Hand mit der Chance auf Sieg. Spezielle chemische Substanzen, welche die Konzentration und die Kommunikation zwischen Gehirn und Muskeln verbessern, müssen in optimalen Mengen vorhanden sein, um den Schützen bei internationalen Meisterschaften eine Chance zu geben. Bogensport verlangt somit die ständige optimale Konzentration dieser Neurotransmitter (z.B. Phenylalanin) genauso wie eine optimale Feinkoordination der Muskeln.

Ein bogensportspezifischer Speiseplan stellt einen Ernährungsplan dar, der den Blutzucker auf Spitzenleistungshöhe hält, selbst unter Wettkampfstress.

Geeignete Speisepläne können aus einschlägigen Fachbüchern entnommen werden.

Ich rate allen Bogensportlern, während des Turniers griffbereit Kohlenhydrate mit sich zu führen, um den Blutzuckerspiegel zu stabilisieren und die Konzentration auf Spitzenleistungsebene zu halten. ***Äpfel, Bananen und Schrotbrötchen sind ausgezeichnete Lieferanten für Polysaccharide und man kann sie leicht mitnehmen. Knabbere immer ein bißchen davon, wenn du dich müde fühlst oder merkst, daß deine Konzentration nachläßt.***

2.3 Anforderungen an Leistungsschützen

Die Wahl der Sportart beruht im allgemeinen mehr auf dem Temperament in Verbindung mit mehr oder minder zufälligen Faktoren als auf einer Analyse der psychischen und physischen Anforderungen des Sports.

Die Natur kann einem durchaus einige der notwendigen Eigenschaften mitgegeben haben, die man braucht, um ein guter Bogenschütze zu werden. Aber diese würden in einer anderen Sportart wahrscheinlich genau so nützlich sein. Untersuchungen haben erwiesen, daß Leute, die in einer Sportart hervorragende Leistungen erbracht haben, auch andere Sportarten hervorragend beherrschen können.

Welche Voraussetzungen muß nun aber ein Bogenschütze haben um ein potentielles Talent zu sein bzw. ein Spitzenschütze zu werden?

Aufgrund äußeren, d.h., formalen Kennzeichen ist das Bogenschießen eine technische Sportart. Dies hat Konsequenzen. Aufgrund inhaltlicher Kennzeichen laut sportpsychologischer Fachliteratur gehört das Bogenschießen zu der Gruppe von Sportarten, die ***sensomotorische Koordination*** erfordern. Außer dem Bogenschießen gehören hier noch das Gewehrschießen, das Kegeln, Bowling und Golf zu dieser Kategorie. Die gemeinsame Eigenheit ist, daß man einen gewissen Zielpunkt treffen muß. Auch das Bogenschießen erfordert die differenzierte Koordination der Sicht, der Haltung, sowie der Bewegung der beiden Arme. Außerdem werden auch noch mehrere, fast unzählbare psychische und psycho-physiologische Fähigkeiten benötigt, und dies –trotz bedeutender physischer Belastung-betont seinen ***psychischen Charakter.***

Außer den vorerwähnten Eigenschaften sind noch drei weitere Hautpunkte hervorzuheben.

Im Bewegungsprozeß des Bogenschießens sind die <u>statischen</u> Elemente entgegen den dynamischen überragend. Dies hat eine Bedeutung, nicht nur im physischen Training, in der Planung des Ausgleichssports, sondern auch in der psychischen Vorbereitung.

Ähnlich ist auch ein wesentlicher Zug, daß der Bogensport zur Gruppe der sogenannten <u>„Geschlossenen Fertigkeiten“</u> gehört, die Aktivität des Schützen ist gebunden und begrenzt. ***Eine der Voraussetzungen des Erfolges ist die genaue Wiederholung der Bewegungen mit den möglichst wenigsten Veränderungen, was eine ausgesprochene <u>Monotonie</u> bedeutet***. Aus dieser Feststellung können auch wichtige Folgerungen gezogen werden, vom Gesichtspunkt der Fähigkeitsentwicklung und der Organisation der Trainingsarbeit.

Und schließlich - im Bezug auf der geselligen Natur- ist das Bogenschießen eine individuelle Sportart, obwohl auch Mannschaftsveranstaltungen organisiert werden. Im wesentlichen löst der Schütze seine Aufgaben alleine und selbständig, ohne die Mitarbeit seiner Sportkameraden oder anderen Personen. Nach der Hervorhebung der charakteristischen Züge überblicken wir nun die wichtigsten psychischen Anforderungen:

Sensorische und psychomotorische Anforderungen

Das Sehen
Das fehlerlose Sehen ist eine günstige Voraussetzung, aber die mit Brille oder mit Kontaktlinsen korrigierte Sicht bedeutet kein Hindernis , Spitzenergebnisse zu erreichen.

Das Gehör
Ähnlich ist die Lage mit dem Gehörsinn: eine gewisse Gehörschwäche , die das Sehvermögen nicht korrigieren kann, kann beim Gebrauch des Klickers Probleme verursachen.

Kinesthese und kinesthetische Erinnerung
Die feindifferenzierte Empfindung der Haltung und der Bewegung sowie eine spezifische Erinnerungsfähigkeit an die Haltung, an das Verhältnis der Körperteile zueinander und an die Bewegung ist erforderlich.

Stabilität der Körperhaltung
Eine der wichtigsten Forderungen des erfolgreichen Bogenschießens ist die Stabilität der Haltung und des Zielens. Das heißt, ein möglichst minimales Tremorzittern, das teilweise eine angeborene Gegebenheit ist und teilweise von konditionellen Faktoren und von der zweckmäßigen Wahl der Bogenstärke abhängt.

Statisches Gleichgewichtsgefühl
Die Bewegung/ Schwankung/ Schwenkung des ganzen Körpers kann die Leistung bedeutend vermindern.

Sensomotorische Koordination
Die Koordination des Sehens, des Gehörs und der Haltung und Bewegung der beiden Arme, die differenzierte Wahrnehmung des Gleichgewichts in der Kraftverteilung der beiden Arme und der beiden Körperseiten.

Rhytmusgefühl
Die Einstellung auf unterschiedliche Rhytmen. Es müssen sowohl 3-er Passen als auch 6-er Passen geschossen werden und die Intervalle innerhalb dieser Passen sind unterschiedlich zu wählen.

Psychische Anforderungen

1.) Dauernde Konzentration der Aufmerksamkeit mit adäquater Intensität.

2.) Selbstvertrauen, Zielbewußtsein, Selbstsicherheit, Selbständigkeit.

3.) Selbstbeherrschung, Selbstdisziplin, Emotionelle Stabilität, Toleranz der Spannungen, Gelassenheit, Vertragen des Erfolges und Mißerfolges.

4.) Fähigkeit der gleichmäßigen Verteilung der psychischen Energie während des Wettkampfes.

5.) Erkennung und richtige Wertung der Situation , Wahrnehmung der Veränderungen der Windrichtung, Windstärke etc.

6.) Fleiß, Toleranz , Aufbäumen gegen Ermüdung und Monotonie.

7.) Technische Geschicklichkeit mit der Ausrüstung.

8.) Motivation zu Bogensport, Leistungsmotivation.

Aus den Darstellungen der psychomotorischen und psychischen Anforderungen möchte ich zwei wichtige Folgerungen ziehen:

Erstens:Die psychomotorischen Eigenschaften, die feindifferenzierte Haltungs- und Bewegungsempfindung, Haltungs- und Bewegungserinnerung, weiterhin die feine Bewegungskoordination und der haargenaue Bewegungsablauf erlaubt nur einen niedrigen Bereich in das Aktivationsniveau, d.h., verhältnismäßig niedrige psychische Spannung. Es gibt den bekannten Zusammenhang zwischen dem Aktivationsniveau und der Leistung. Dieser Zusammenhang kann auf einer einfachen Abbildung ganz deutlich demonstriert werden.

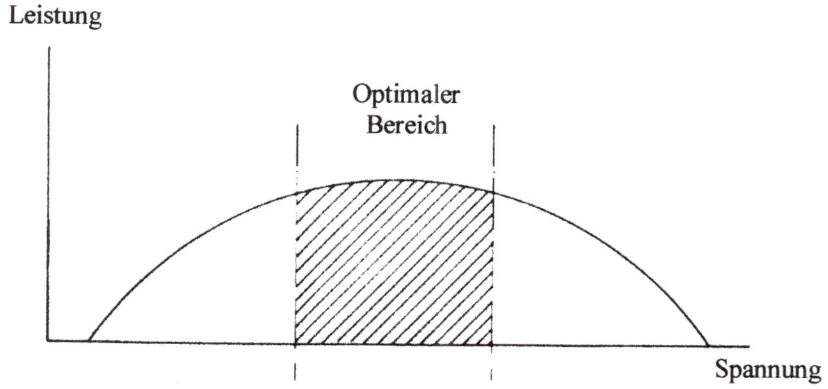

Abbildung: Aktivationsniveauzuordnung

Die vorstehende Abbildung zeigt klar, daß mit ganz niederiger Spannung, besser gesagt ohne Spannung, schwache Ergebnisse erreicht werden. Mit optimalem Aktivationsniveau kann man seine Bestleistung produzieren. Mit erhöhter Spannung fällt die Leistung immer stärker ab.

Wir müssen wissen, daß unsere Sportart je jener Gruppe gehört, die den niedrigsten Spannungsbereich erlaubt. Die nächste Abbildung zeigt diese Festlegung.

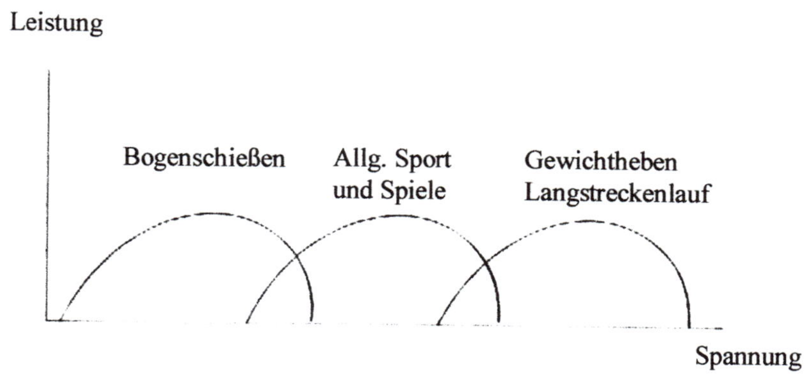

Abbildung: Aktivationsniveauanforderungen

Die zweite Gruppe erträgt mehr Spannung, hier gehören Tennis, Tischtennis, Fußball, Handball etc. dazu. Das höchste Aktivationsniveau wird in den energiemobilisierenden Sportarten, wie Langstreckenlauf, Gewichtheben etc. benötigt.
Die wichtigste Folgerung hieraus ist, daß wir zum Bogenschießen Sportler mit spezifischem Temperament und besonderen psychischen Fähigkeiten brauchen, weiterhin daß wir unsere Schützen darauf einstellen und vorbereiten müssen. Die emotionelle Spannung, der psychische Tonus ist beeinflußbar und trainierbar, leider halten viele Schützen dies nicht der Mühe wert.

Die zweite Folgerung ist nicht weniger wichtig. Die geschilderten psychischen Anforderungen demonstrieren eindeutig, wie beim Bogenschießen das zentrale Nervensystem extremster Belastung ausgesetzt ist. Aus diesem Gesichtspunkt besonders wichtige Rollen spielen die folgenden Punkte:

- die dauerhafte Konzentration
- die statische Art des Bogensports und die Monotonie.

Unser Nervensystem ist ähnlich einem Akkumulator. Die ausgeschöpfte nervliche und psychische Energie muß unbedingt ersetzt werden, d.h., der Akkumulator muß auch aufgeladen werden, nicht nur entladen.

Zum Leistungssport suchen wir Talente, Sportler mit Begabung. Die Selektion -im allgemeinen- ist ein langfristiger Prozeß. Während dieser Zeit nimmt ein guter Trainer die Merkmale der Begabung wahr. Nach der Schilderung der psychomotorischen und psychischen Anforderungen des Bogenschießens versuche ich die wichtigsten Merkmale eines Talentes zusammenzufassen. Das ist meine persönliche Folgerung aus der praktischen Erfahrung und insbesondere aus der Analyse der Forderungen.

Die Hauptmerkmale eines Talentes im Bogenschießen:

1. Gute Konzentrationsfähigkeit
2. Selbstbeherrschung, emotionelle Stabilität
3. Starke Motivation zum Bogensport
4. Fleiß
5. Schnelles Lernen der Bewegung
6. Wirksames Trainieren
7. Ertragen der erhöhten Belastung und Monotonie.

Eine vollkommene Beherrschung des Bogens und ein ökonomischer Schießstil sowie eine gute Körperhaltung sind bei einem Talent selbstverständlich.

Interessant ist der Vergleich dieser Hauptmerkmale eines Talentes mit einer Analyse der Eigenschaften von Meisterschützen (Siehe nächstes Kapitel).

2.4 Analyse der Eigenschaften von Meisterschützen

Folgende Eigenschaften findet man bei allen Champions wieder:

Während des Wettkampfes:

- Sie konzentrieren sich ausschließlich auf ihre aktuelle Aktivität. Beim Schießen gehen sie jedes Ablaufdetail durch, welches nicht automatisch reflexbedingt erfolgt.

- Sie denken immer positiv.

- Sie schirmen sich von ihrer Umgebung ab.

- Auch unter Turnierstreß sind sie locker und entspannt.
- Sie haben ein hohes Maß an physischer Kondition.
- Sie sind mental sehr stark und haben ein psychisches Durchhaltevermögen.
- Sie lieben die Herausforderung, den Wettkampf.
- Sie kennen ihre Leistungsgrenzen und sind hierauf eingestellt.

Beim Training:

- Sie trainieren systematisch und in Details
- Sie sind trainingswillig und bereit von ihrem Trainer Ratschläge anzunehmen.

Die „Geheimnisse" der Meister kann man in obigen Punkten zusammenfassen, die man wiederum von ihrem Inhalt her auf die Spitzensportler anderer technischer Sportarten anwenden kann. Natürlich ist es nur wenigen gegeben, so viele positive Eigenschaften zu haben und dazu den Willen, diese auszunutzen, um in einem Sport Meister zu werden.

Man bekommt nichts umsonst! Wenn es dein Ziel ist, Spitzenschütze zu werden, mußt du systematisch auf ein bestimmtes Ziel hinarbeiten und standhaft genug sein, auch weiterzuarbeiten, wenn sich das nicht als so leicht erweist. Auch wenn du dein Ziel nicht so ansetzt, kannst du von den „Geheimnissen" der Meister etwas lernen. Das kann dir über viele Probleme hinweghelfen. ***Nicht jeder kann der Beste werden, aber die meisten können mit den Geheimnissen der Meister bessere Bogenschützen werden!***

2.5 Der Einfluß des Tremors auf die Schießleistung

Unter dem Begriff „Tremor“ versteht man die feinen Zitterbewegungen der menschlichen Extremitäten, die nicht willentlich unterdrückt werden können.

Bei ausgestrecktem Arm und gespreizten Fingern läßt sich der Tremor im eigenen Körper gut beobachten. Man vermutet, daß mehrere Faktoren bei der Tremorentstehung beteiligt sind:

- Weitergeleitete mechanische Stöße durch Pulsschlag und Atmung.
- Kraftschwankungen der angespannten Muskeln infolge Zufallsüberlagerungen der einzelnen Muskelfaserzuckungen.
- Schwingungen im neuromuskulären Regelkreis auf der Rückenmarksebene.

Der Temor ist allen Bewegungen und Körperhaltungen als biologisches Rauschen überlagert und wirkt sich insbesondere bei Präzisionsarbeiten störend aus.

Es ist demnach zu vermuten, daß der Tremor auch die Leistung beim Bogenschießen beeinflußt.

Mit Hilfe des Strahlensatzes aus der Geometrie kann man den Einfluß des Tremors beim Bogenschießen abschätzen. Bei einer angenommenen Pfeillänge von 30 Zoll ergibt ein Tremorausschlag des Bogenarmes von 1mm in der Horizontalen und Vertikalen bereits eine Pfeilstreung von 11,8 cm auf eine Distanz von 90m.

Um den Einfluß des Bogenarmtremors in der realen Schießsituation zu ermitteln, wurden schon vor Jahren von Dr. Peter Zipp an 16 männlichen und weiblichen Kaderschützen sowie 3 Nicht-Kaderschützen der Bogenarmtremor und die Schießleistung gemessen und zueinander in Beziehung gesetzt. Der Temor wurde in Höhe des Monostabilisatoreneinsatzes am Griffstück in der Horizontalen und der Vertikalen als Wegauslenkung bei vollem Auszug erfaßt, die Schießleistung wurde durch die Einschußstreuung auf der Scheibe im Verlauf einer Serie von 15 Pfeilen ausgedrückt.

Die nachfolgende Abbildung zeigt die auf eine 70m entfernte Scheibenauflage projizierte Tremorbewegung während einer Zielphase von 10 Sekunden Dauer. Zum einen wird die Regellosigkeit und Unvorhersagbarkeit des Tremors deutlich, zum anderen erkennt man, daß bei diesem Schützen der Tremor überwiegend in der Vertikalen abläuft und eine Einschußunsicherheit von ca. 4 Ringen nach unten und nach oben verursacht. Die mittlere Tremorauslenkung des Bogenarmes betrug bei den männlichen Kaderschützen +/- 1,25 mm. Die Nicht-Kaderschützen zeigten Tremorauslenkungen zwischen 1,3 und 8,0 mm.

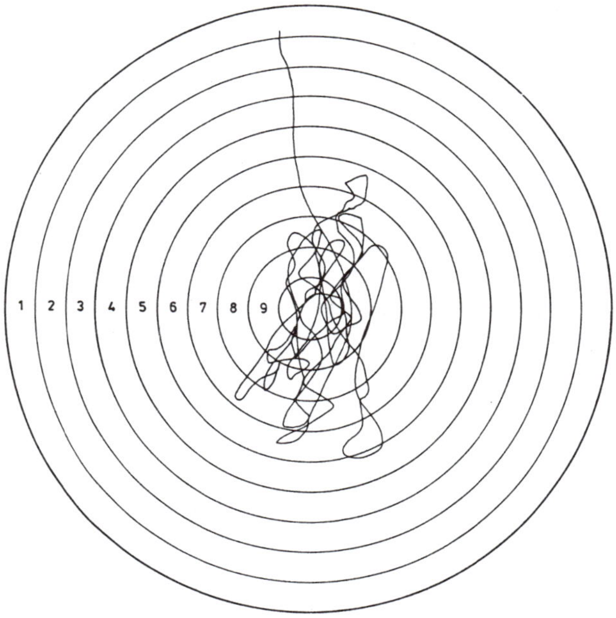

Abbildung: Bogenarmtremor beim Bogenschießen (Distanz 70m)

Mit Hilfe der Korrelationsrechnung ließ sich an der untersuchten Stichprobe ein überzufälliger Zusammenhang zwischen der Tremorauslenkung des Bogenarmes und der Einschußstreuung nachweisen. Das heißt, Schützen mit großen Tremorauslenkungen hatten in der Regel eine große Einschußstreuung und somit eine schlechtere Schießleistung, während Schützen mit einem ruhigen Bogenarm überwiegend kleine Einschußstreuungen aufwiesen. Dieses Ergebnis bestätigt die Vermutung, daß die Schießleistung vom Bogenarmtremor abhängt.

Gibt es Ansatzpunkte den Tremor zur verringern und somit die Schießleistung zu verbessern?

Zur Beantwortung dieser Frage sollen die wichtigsten Einflußfaktoren auf den Tremor näher besprochen werden.

1. Interindividuelle Einflüsse

Es bestehen erhebliche Unterschiede hinsichtlich der Tremorstärke beim Vergleich mehrerer Personen untereinander. Unter gleichbleibenden Meßbedingungen weist der Tremor einer Person über lange Zeit hinweg eine nahezu konstante Größe auf, so daß schon von einer personenspezifischen Kenngröße gesprochen werden kann, die vermutlich konstitutionell verankert ist.
Unter diesem Gesichtspunkt wäre der Tremor als ein Eignungsmerkmal für den Schießsport anzusehen!

2. Emotionaler Spannungszustand

Unter dem Einfluß des Aktivierungshormons Adrenalin kann der Tremor in psychischen Streßsituationen, wie z.B. im Wettkampf, ein Vielfaches des Ausgangswertes annehmen. Dieser Auswirkung kann durch Übungen zur psychischen Entspannung sowie durch Pharmaka wie Sedative, ß-Rezeptorenblocker, Alkohol in geeigneter Dosierung begegnet werden. Wobei natürlich ausdrücklich auf die negativen Folgen der pharmakologischen Tremorbeeinflußung hingewiesen werden muß. Unabhängig von der Zulässigkeitsfrage ist jedoch zu beachten, daß ein gewisses Maß an emotionaler Spannung konzentrations- und leistungsfördernd wirkt, so daß nur ein Übermaß an Spannung abgebaut werden sollte. Dies kann u.a. bei Schützen mit anderweitig unerklärbarem Versagen im Wettkampf angezeigt sein.

3. Muskuläre Ermüdung

Der ermüdete Muskel erzeugt im Vergleich zum unermüdeten Zustand besonders große Tremorschwankungen. Abhilfe schafft hier eine gute Ausdauerleistungsfähigkeit der beanspruchten Muskulatur, was nur durch entsprechendes Training zu erreichen ist.

4. Muskelauslastung

Je mehr sich eine Belastung der Leistungsgrenze eines Muskels nähert, desto größer werden die erzeugten Tremorschwankungen. Derartige kraftbetonte Haltephasen liegen während des Zielens mit voll ausgezogenem Bogen vor. Die muskuläre Auslastung in dieser Situation kann beschrieben werden als das Zuggewicht bezogen auf die maximal verfügbare Zugkraft.

Diese muskuläre Auslastung wurde an 20 Kaderschützen ermittelt, wobei die maximale Zugkraft mit einer Federwaage gemessen wurde. Statistisch ließ sich ein überzufälliger Zusammenhang zwischen der muskulären Auslastung und dem Tremor absichern, d.h., je höher ein Schütze durch das Zuggewicht seines Bogens ausgelastet war, desto größer war sein Bogenarmtremor.

Bei den Männern ergab sich ein Mittelwert von 58%, bei den Frauen von 62%. Demnach ist eine muskuläre Auslastung von 60% für Wettkampfschützen als Richtwert anzusehen, ***d.h., das Zuggewicht des Bogens sollte so gewählt werden, daß der Schütze ca. 60% seiner verfügbaren Maximalkraft beim Ausziehen aufbringen muß.***
Dieser Richtwert stellt einen individuellen Kompromiß zwischen den widersprüchlichen Forderungen nach kleinem Tremor und großer Pfeilgeschwindigkeit dar.

Schützen, die von diesem Richtwert deutlich nach oben abweichen, weisen große Tremorschwankungen bei schlechteren Leistungen auf.

5. Der Blutzuckerspiegel

Ein Absinken des Blutzuckerspiegels unter den Normalwert kann bei entsprechend veranlagten Personen den Tremor stark erhöhen. Vorbeugend hilft die rechtzeitige Aufnahme von Nahrung, die bei Wettkämpfen in kleineren Portionen über den Tag verteilt werden sollte. Ungünstig ist die Zufuhr von reinem Traubenzucker, da anschließend der Blutzuckerspiegel überschießend absinken kann!! (Siehe Kapitel Ernährung)

Zusammenfassend kann gesagt werden, daß der Bogenarmtremor unter anderen Faktoren die Schießpräzision beeinflußt. Maßnahmen zur Minderung des Tremors umfassen die Dämpfung der emotionalen Spannung, Förderung der muskulären Ausdauer, Abstimmung des Bogens auf die verfügbare Muskelkraft und die rechtzeitige Aufnahme von Nahrung.

Kapitel III Die Basisschießtechnik

3.1 Vor dem ersten Schuß

3.1.1 Das Finden des Zielauges

Jeder Mensch weiß, ob er Rechts- oder Linkshänder ist. Jedoch wissen viele nicht, welches Auge ihr dominierendes Auge ist.

Häufig ist das Auge das dominierende, welches der „Händigkeit“ zugehört, also beim Rechtshänder das rechte Auge und beim Linkshänder das linke Auge. Dies ist jedoch nicht immer so.

Deshalb muß der Bogenschützenneuling erst herausfinden, welches sein dominierendes Auge ist.

Hierzu gibt es mehre Möglichkeiten, drei der am häufigsten gebrauchten Testversionen sind nachfolgend aufgezeigt.

1. Bilde mit Daumen und offenen Händen ein Dreieck. Dann strecke die Arme in Richtung Zielmitte aus. Halte das Loch so klein, daß du gerade noch durchsehen kannst. Halte beide Augen offen und führe die Öffnung langsam dicht an dein Gesicht. Visiere weiterhin das Ziel an. Das Auge, vor dem deine Hände landen ist dein Zielauge.
2. Das gleiche kann man auch mit einem Stück Karton machen, indem ein etwa 1 cm großes Loch gebohrt ist und durch das man dann visiert.
3. Eine weitere Methode ist, den Arm auszustrecken und den Daumen der Hand nach oben zu stellen und hierüber ein Ziel mit offenen Augen anzuvisieren. Dann schließe abwechselnd beide Augen. Bei dem offenen Auge, wo das Ziel nicht wegwandert, hast du dein dominierendes Auge gefunden.

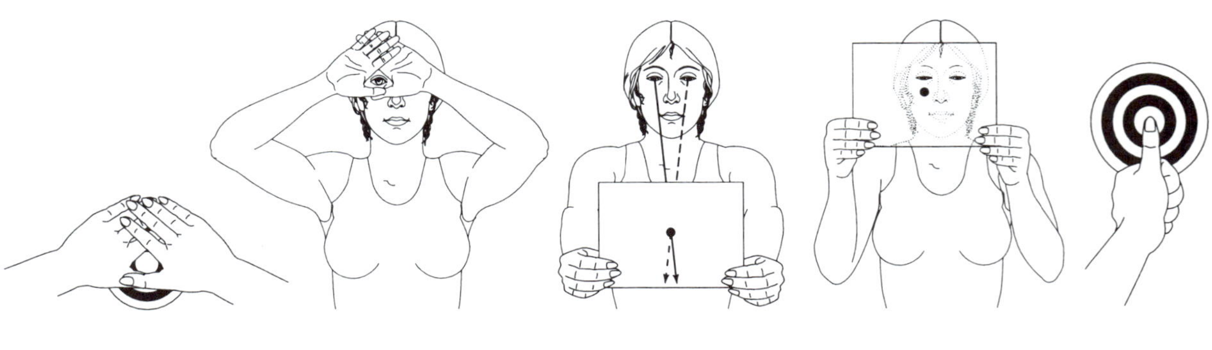

Abbildungen: Methoden zur Findung des Zielauges

Hat jemand z.B. das linke Auge als Zielauge herausgefunden, so sollte er auch als Linkshandschützen ausgebildet werden, auch dann, wenn er Rechtshänder ist.

Ferner sollte auch so trainiert werden, daß man beide Augen beim Schießen offen hat. Dadurch werden Verspannungen im Gesicht vermieden und man kann lockerer schießen.

Sollte der Schütze hierbei am Anfang Probleme haben, so kann z.B. ein Auge nur mit einem hellen Streifen über ein Brillenglas abgedeckt werden, aber nur so viel, daß der Zielpunkt abgedeckt ist, dem Schützen aber nicht das räumliche Sehen verloren geht.

3.1.2 Ermitteln des Zuggewichtes

Für Recurvebogenschützen gilt folgende Faustregel für Anfänger:

- Schüler über 8 Jahre	10 bis 15 lbs Zuggewicht
- Jugendliche zwischen 14 und 17 Jahren	15 bis 20 lbs Zuggewicht
- Damen	20 bis 22 lbs Zuggewicht
- Herren	22 bis 25 lbs Zuggewicht

(1 lbs = 1 pound = 454 Gramm).

Obige Werte stellen Mittelwerte dar und können durch körperliche Gegebenheiten und Konstitution anders gewählt werden. ***Man sollte jedoch nie mit einem zu hohen Zuggewicht beginnen. Das hohe Zuggewicht hält den Schützen davon ab sich auf das Erlernen des Schießstiles zu konzentrieren.***

Gemäß des ermittelten Zielauges sollte nun der Anfänger einen Links- oder Rechtshandbogen mit vorstehendem Zuggewicht bekommen.

3..1.3 Bestimmen der Pfeillänge

Anfänger sollten einen Pfeil schießen, der länger ist als er ihn später als fertiger Schütze benötigt. Die Pfeillänge kann mit mehreren Methoden ermittelt werden. In guten Vereinen stehen „Meßpfeile“ mit Skalierung zur Verfügung. Hier läßt man den Schützen den Bogen ausziehen und kann an der dem Schützen abgewandten Seite die Länge ablesen. Der Anfänger sollte einen Pfeil schießen, der etwa 1“ (25mm) länger als der abgelesene Wert bis Vorderkante Bogen beträgt.

Eine häufig angewendete alternative Methode ist einen Pfeil oder einen Meßstab Mitte Brustkorb anzuhalten und zwischen ausgestreckten Armen/Händen zu halten. Dabei sollte der Pfeil dann auch etwas länger selektiert werden, etwa 50-75mm länger. Diese Methode ist jedoch nicht sehr genau, da sie nicht die Breite des Brustkorbes berücksichtigt. Besser ist deshalb folgende Methode: der Schütze stellt sich in Schußstellung auf, streckt den Bogenarm voll aus und wendet den Kopf gegen ein vermeintliches Ziel. Dann wird die Distanz zwischen Kinn und vorderem Beugeglied des Zeigefingers gemessen. Auch hier ist dann ein „Zuschlag" von etwa 25mm vorzusehen.

Eine weitere Methode ist gemäß der nachstehenden Grafik den Wert zu ermitteln.
Mit entsprechender Meßvorrichtung (Meßstab, Bandmaß) wird das Körpermaß, von Fingerspitze zu Fingerspitze bei ausgestreckten Armen gemessen. Im Diagramm wird eine Linie waagerecht von links bis zur schräganlaufenden Linie gezogen. Am Treffpunkt der Linie mit der schrägen Linie wird erstere senkrecht nach unten gezogen. Im eingezeichneten Beispiel hat der Schütze ein Armspreizmaß von Fingerspitze zu Fingerspitze von 175 cm. Das ergibt im Diagramm eine Pfeillänge von 27,5" bzw. rund 70,7 cm. Dieser Wert entspricht dem Auszugswert bis zur Vorderkante Bogen. Beim Anfänger sollte hierzu dann wieder etwa 1" hinzugerechnet werden. Beim fertigen Turnierschützen solle der ermittelte Wert um etwa ½" bis 1" geringer sein, um mit dem Klicker schießen zu können und um einen leichteren Pfeil zu haben.

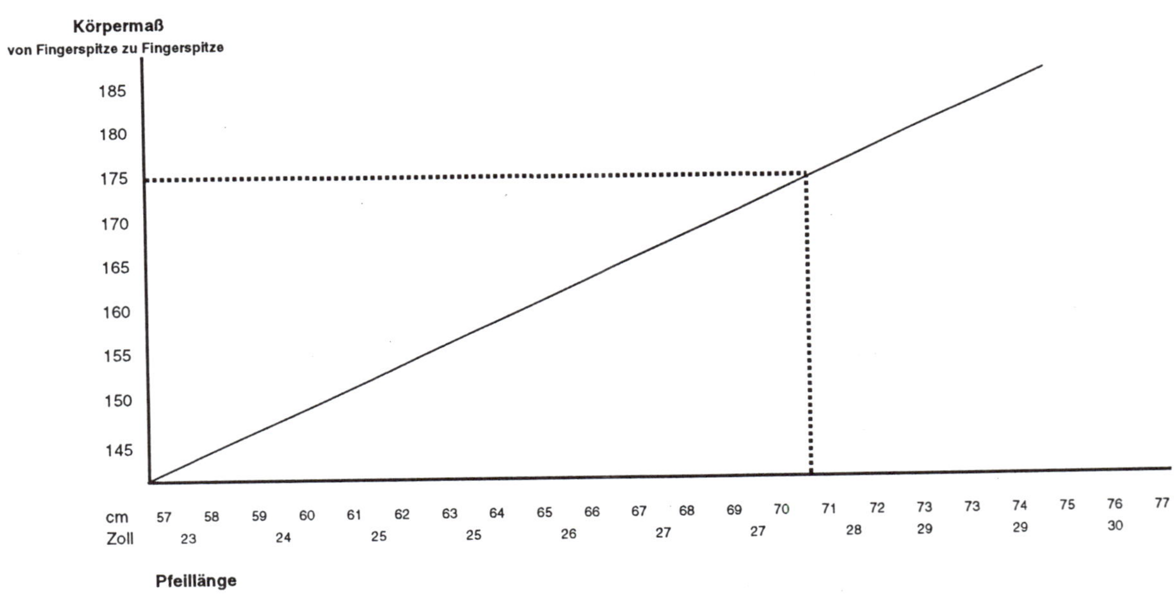

Abbildung: Diagramm zur Pfeillängenermittlung

3.1.4 Ermittlung der Bogenlänge

Für die Wahl der Bogenlänge gibt es auch entsprechende Faustregeln für Recurvebogenschützen:

Bis zu einer Auszugslänge von 25“	64“ Bogen
Bis zu einer Auszugslänge von 27,5“	66“ Bogen
Bis zu einer Auszugslänge von 29,5“	68“ Bogen
Über einer Auszugslänge von 29,5“	70“ Bogen.

Hier ist jedoch die Auszugslänge nicht mit der Pfeillänge zu verwechseln! Die Auszugslänge ist die Länge die der Schütze wirklich auszieht vom Nockpunktboden des Pfeils gemessen bis zum Pfeilanlagepunkt, der wiederum auf einer senkrechten Achse mit dem tiefsten Punkt der Griffschale liegt. (Pivot-Point). Ein zu kurzer Bogen erhöht einerseits den Sehnenwinkel an den Zugfingern, andererseits steigt das Auszugsgewicht beim „Überziehen“ progressiv .
Ein zu langer Bogen „arbeitet“ nicht im optimalen Wirkungsgradbereich, wenn er nicht weit genug ausgezogen wird.

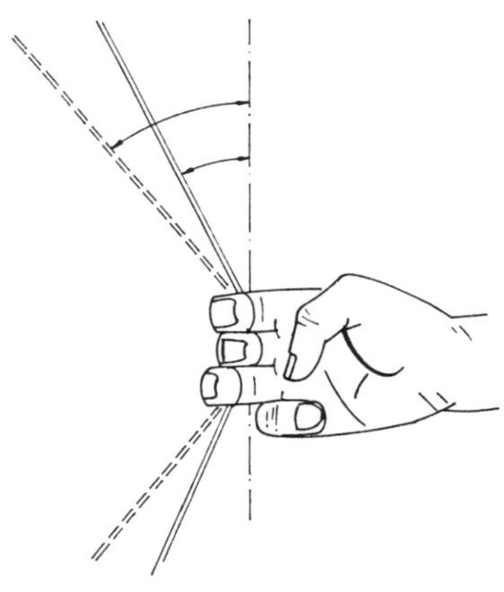

Abbildung: Unterschiedliche Sehnenwinkel bei kurzem und langem Bogen und gleicher Auszugslänge.

3.1.5 Das Aufspannen des Bogens

Vor dem Beginn des Schießens, bzw. dem Antritt auf der Schießlinie muß der Bogen zusammengebaut werden. Dies geschieht beim Recurve-TD-Bogen, indem die Wurfarme im Griffstück eingesteckt und entsprechend dem Bogentyp befestigt werden. Danach muß die Sehne aufgezogen werden.

Hierbei ist zu beachten, daß das kleinere Sehnenöhrchen auf dem unteren Wurfarm und das größere Öhrchen auf dem oberen Wurfarm zu sitzen kommt.(Bei professionellen Sehnen, wo die Öhrchen unterschiedlich sind).Sinnvollerweise sollte man so vorgehen, daß das größere Öhrchen zunächst über den oberen Wurfarm gezogen wird und zwar soweit runter, daß das kleine Öhrchen unten sauber in die Führung des unteren Wurfarmtips eingelegt werden kann. Die Sehne sollte bei RH-Schützen im Uhrzeigersinn aufgedreht sein und bei LH-Schützen entgegen dem Uhrzeigersinn. Beim anschließenden Spannvorgang schiebt man dann das obere Öhrchen über den Wurfarm zum oberen Tip und führt es dort in die Nutung ein.

Nach dem Einlegen der Sehne ist immer langsam die Spannung wegzunehmen und hierbei auf den sauberen Sitz der Sehne in den Tips der Wurfarme zu achten.

Zum Spannen des Bogens gibt es verschiedene Methoden und Vorrichtungen.

In Clubs und auf Vereinsgeländen gibt es zwei Arten von verbreiteten **„stationären“ oder „mobilen“ Spannvorrichtungen.**

A1 = der Standspanner

Es ist die sicherste und einfachste Methode den Bogen zu spannen. Der Spanner muß jedoch so angebracht werden, daß der Schütze direkt hinter der Spannvorrichtung stehen kann und zudem möglichst auf Abstand zu einer evtl. Wand montiert sein, so daß die untere Recurve nicht die Wand berühren kann. Deshalb, falls möglich, auf eine Wandecke montieren oder mit einer Verlängerung am Boden oder im Boden. Ein bewegliche Rolle, wo die Griffschale des Bogens eingelegt wird ermöglicht es auch unterschiedlich lange Bogen problemlos zu spannen.

A2 = die Spannbox

Hierbei wird der Bogen auf zwei ausklappbare Wurfarmhalterungen mit der Sehne nach oben flach aufgelegt und nach unter gedrückt bis die Sehne eingeführt ist. Diese Box kann zusammengelegt leicht transportiert werden, sollte jedoch nur auf ebenem und festem Untergrund verwendet werden und mit einem Fuß gegen Kippen gesichert werden.

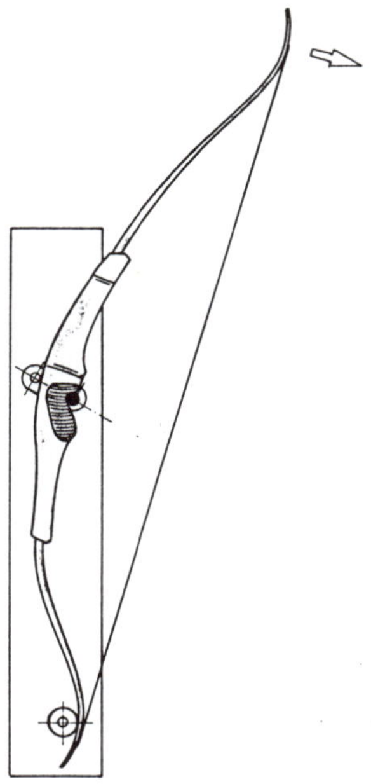

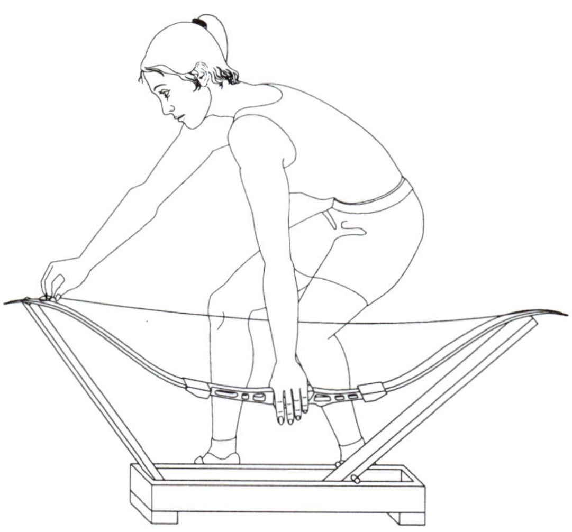

Abbildungen: A1= stationäre Stand-Spannvorrichtung   A2 = mobile Spannbox

Als **individuelle Spannmethoden** sind insgesamt 5 Methoden gebräuchlich.

B1 = Die Schlaufen-Methode

Die ist eine sehr sichere Methode, um die Sehne aufzulegen. Als Material wird lediglich eine etwa 1200mm lange, feste Schnur benötigt, die man sich als „Endlosschlaufe“ zusammenknotet. Diese wird dann über die Griffschale des Bogens gelegt, einmal durchgezogen und man tritt mit einem Fuß in die untere Schleife. Das untere Wurfarmende sollte gegen Verkratzen auf eine weiche Unterlage wie einem Handtuch etc. abgestütz werden.

B2 = Die Durchschrittmethode

Dies ist wohl die älteste Methode, aber für die heutigen empfindlichen Recurves der Bögen auch die gefährlichste, da immer die Gefahr besteht , daß sich ein Wurfarm verwindet.

B3 = Spannen mit dem Fuß-Spannriemen

Diese Methode ist ähnlich der Durchschrittsmethode, vermindert jedoch erheblich die Gefahr der Wurfarmverdrehung.

B4 = Spannen mit der Spannschnur

Dies ist die empfehlenswerteste und sicherste Methode den Bogen zu spannen, wenn keine stationäre Spannvorrichtung vorhanden ist.

B5 = Die Zug-/Druckmethode

Diese Methode ist wohl die bei erfahrenen Schützen am meisten verbreitete Methode, jedoch nicht ungefährlich und kann beim Abrutschen der Hand oder des unteren Wurfarmes zu Kopfverletzungen führen.

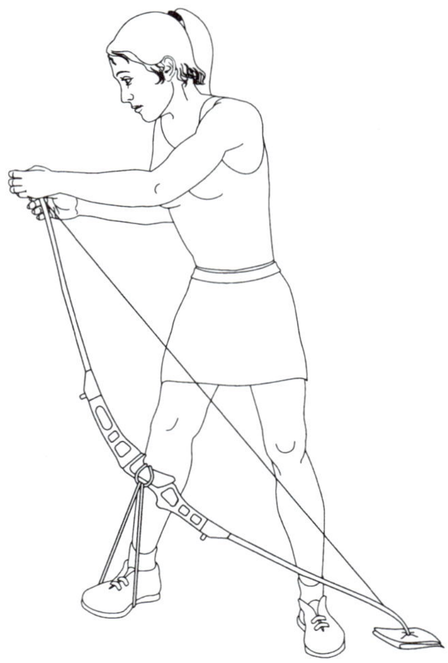

Abbildungen: B1 B2 B3

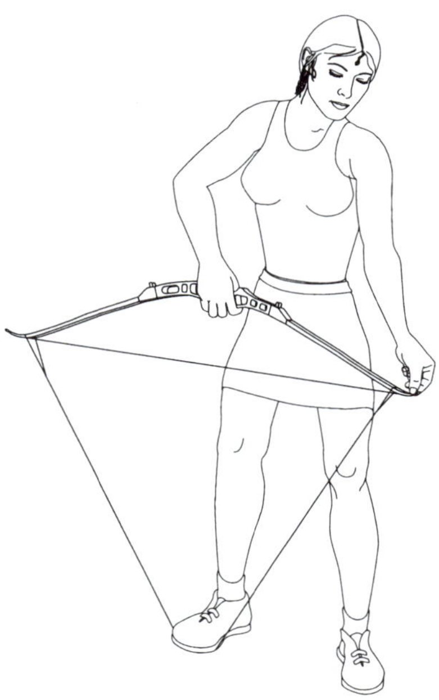

Abbildungen: B4 B5

3.2 Die Basisschießtechnik

Nachfolgend ist für den Anfänger der Ablauf des Schießens mit seinen wichtigsten Grundkomponenten dargestellt. Die verfeinerte und detaillierte Schießtechnik wird im nächsten Kapitel ausführlich erläutert.

Nachdem der Bogen zusammengebaut ist, der Arm- und Streifschutz angelegt ist und der Köcher mit den Pfeilen umgelegt ist, kann das Schießen beginnen.

Gehe zur Schießlinie, nehme einen „parallelen Stand" ein, d.h., die Beine über die Schießlinie gespreizt, Abstand der Füße etwa in Schulterbreite, das Gewicht auf beide Füße gleichmäßig verteilt.

Nocke den Pfeil unterhalb des Nockpunktes, bzw. zwischen den Nockpunkten auf der Sehne ein und achte dabei darauf, daß die Führungsfeder (INDEX-Feder) im rechten Winkel von der Sehne nach außen weg zeigt .

Zeige-, Mittel- und Ringfinger umfassen die Sehne. Daumen und kleiner Finger bleiben hinter diesen Fingern. Fasse die Sehne tief im ersten Fingerbeugegelenk. Die Finger haben einen tiefen Haken zu bilden. Der Abstand zwischen Zeige- und Mittelfinger ist etwas gespreizt, dazwischen nockt der Pfeil. Dieser solle nicht von den Fingern berührt werden.
Handrücken und Handgelenk sind vollkommen gestreckt und locker. Nur die Zugfinger sind angespannt.

Die Bogenhand wird mit dem „V" zwischen dem Daumen und dem Zeigefinger in die Griffschale des Bogens geführt und die „Maus" des Daumens liegt als Druckpunkt in der Griffschale an. Die Bogenhand ist etwa 45 Grad nach außen gedreht.

Hebe nun den Bogen in Zielhöhe, spanne den Bogen leicht vor und drehe während dieser Spannung die Ellbogen-Innenseite von der Sehne weg (dies geht bei den meisten Schützen nur unter einer gewissen Vorspannung). Wenn dies nicht geschieht, kann die Sehne den Unterarm beim Lösen streifen. „Verriegele" deinen Bogenarm, indem du die Bogenarm-Schulter nach hinten wegdrehst .

Hebe jetzt deinen Kopf gerade hoch und schaue auf die Scheibe. Ziele nun bei weiterhin leicht vorgezogenem Bogen schon durch das Visier auf die Scheibe. Nun ziehe die Sehne mit der Schulter- und Rückenmuskulatur aus. Es ist ein Gefühl, als würden die Schulterblätter gegeneinander gezogen. Dabei sollte der Ellbogen des Zugarms leicht oberhalb der Schulter liegen, etwa in Augenhöhe. Ziehe die Sehne nun bis zum „Ankerpunkt", d.h., gehe mit der Zughand unter das Kinn. So, daß der Zeigefinger der Zughand am Kieferknochen fühlbar anliegt und die Sehne deine Nasenspitze berührt und Mitte Kinn „einschneidet".

Um unter dem Kinn zu ankern, mußt du die Zughand beim Auszug nahe am Bogenarm vorbeiziehen. Außerdem ziehst du etwas tiefer. Ziehe tief genug, damit die Sehne zunächst Nase und Kinn berührt. Danach schiebst du Zughand, Zugunterarm und Zugellbogen als Einheit die nötigen, wenigen cm hoch, bis unter die Kinnunterkante. Dabei wird die Sehne entsprechend hochrutschen. Der Kontakt zu Nase und Kinn bleibt erhalten. Bewege die Zugeinheit soweit nach oben, bis die Zughand das Unterkinn und die Kante des Unterkiefers berühren. Diese Art und Weise des Ankerns macht es einfacher, eine feste und sichere Position unter dem Kinn einzunehmen, als dies direkt von vorn oder von der Seite möglich wäre. Der Ellbogen des Zugarms liegt bei diesem Ankerpunkt ein wenig tiefer als beim seitlichen Ankerpunkt.

Ich halte nichts davon, daß Anfänger zuerst mit einem seitlichen Ankern beginnen und dann später auf die Mitte-Nase-/Mitte-Kinn-Ankerung umgestellt werden müssen. Man sollte direkt mit der geeigneten Ankerung beginnen.

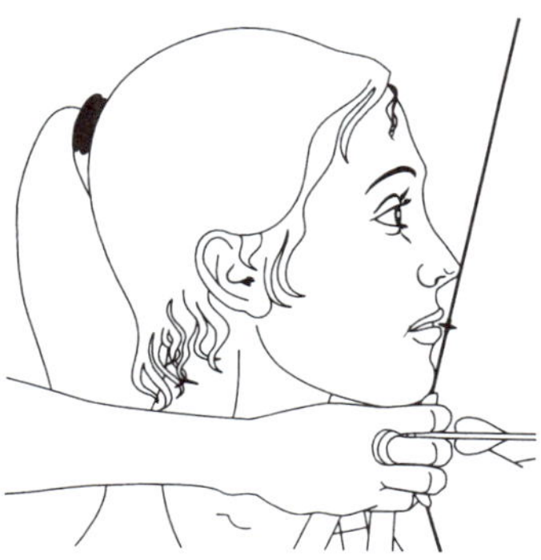

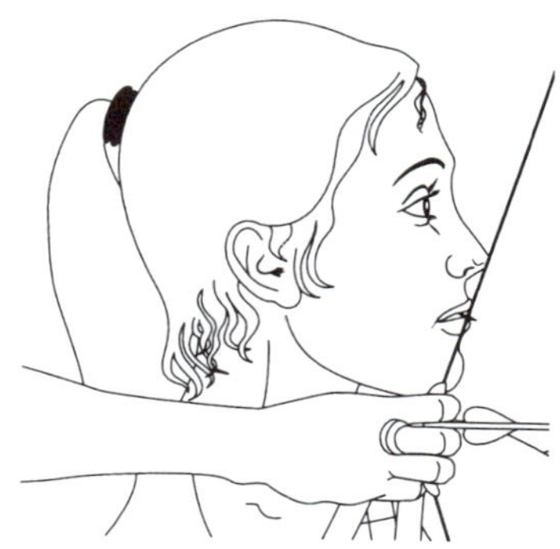

Abbildung: Ankermethoden mittig/ seitlich Kinn

Du hast das Ziel bereits vor dem Auszug und dem Ankern grob anvisiert, deshalb konzentriere dich jetzt auf die Scheibenmitte und halte die Zielposition dort. Gleichzeitig wirst du eine ständige gleichmäßige Anspannung im Zugarm, Schulter und Rückenmuskulatur verspüren. Richte dein Auge auf die Scheibe, laß das Visier ruhig in Unschärfe verschwimmen und konzentriere dich auf den Zielpunkt. Lege den „Sehnenschatten", also die undeutlich erkennbare Sehne neben den Tunnel des Visiers oder an die Kante des Bogenfensters. Deine Augen müssen sich alleine auf das Ziel konzentrieren, während dein Kopf sich darauf konzentriert, die Anspannung der Rückenmuskulatur aufrecht zu erhalten. Halte diese Position so für einige Sekunden konstant und sicher bei.

Wichtig ist, daß von dem Zeitpunkt an, wo Du beim Vorvisieren den Kopf hebst und deinen Blick auf die Scheibe richtest, sich dein Kopf bis nach dem Nachhalten nicht mehr bewegt. Die Zughand geht zum Kopf und die Sehne geht zum Kopf, niemals umgekehrt!

Danach, den Blick weiterhin auf die Scheibenmitte gerichtet und die Sehne sicher geankert, ziehst du langsam deine Rückenmuskulatur zusammen und bewegst den Ellbogen des Zugarms nach hinten. Löse nun den Schuß aus, indem du die Spannung in den Zugfingern freigibst. Durch die aufgebaute Rückenspannung gleitet deine Zughand nach hinten und die Sehne gleitet über deine entspannten, unverkrampften Zugfinger nach vorne.

Durch das Entspannen soll die Zughand am Hals entlang bis etwa zum Nacken gleiten und seitlich den Nacken berühren. Der Bogenarm muß „stehen" bleiben und du mußt dich weiterhin auf das Ziel konzentrieren. Dieses „Nachhalten" ist mindestens einzuhalten bis der Pfeil hörbar im Ziel einschlägt. Deine Schießhaltung sollte also nicht im Moment des Lösens zusammenbrechen, sondern fest und sicher bleiben.
Außerdem solltest du den Pfeil im Flug nicht nachverfolgen, denn wenn du die richtige Schießhaltung beibehälst, dann verdecken die Bogenhand und der Bogen selbst den Pfeil. Ein Nachverfolgen des Pfeils führt zu einem Verreißen des Bogenarms. Deshalb ist es vorteilhaft, wenn du nach dem Lösen die Augen schließt. (Als Anfänger und auch später bei gewissen Trainingseinheiten).

Das Nachhalten sollte eine natürliche Reaktion auf die verstärkte Anspannung der Schulter- und Rückenmuskulatur sein, die den Lösevorgang bewirkt hat. Du solltest nach dem Lösen dich auf die beiden Rückenmuskeln konzentrieren und überprüfen, ob diese „zusammengefahren" sind (so als wenn man ein Buch dazwischen klemmen könnte).

Die vorgenannten elementaren Punkte des Schießens müssen alle ein Teil einer „geistigen Checkliste" werden. Wenn du einen Pfeil schießt, solltest du diese Checkliste durchgehen.

Du solltest bestimmte Elemente oder Bewegungsabläufe bei der Vorbereitung des Auszugs kontrollieren, andere wiederum beim vollen Auszug sowie beim Nachhalten. Ferner nochmals retrospektiv insgesamt, bevor du mit dem nächsten Schuß beginnst.

Indem du diese Checkliste sorgfältig durchgehst, wirst du deine Schießhaltung von Mal zu Mal verbessern und deine Treffsicherheit erhöhen. Du solltest auch die Tendenz des zu schnellen Schießens kontrollieren. Denn schießt du sehr schnell, bedeutet das fast immer, daß du deine Haltung für den einzelnen Schuß nicht ausgiebig, sorgfältig und sicher vorbereitet hast und daß du nicht ordentlich gezielt hast.

Dies betrifft auch den fortgeschrittenen, erfahrenen Schützen. Jeder Schuß muß sorgfältig unter Prüfung der einzelnen Punkte aufgebaut werden.

Nachfolgend Abbildungen der entscheidenden Schritte.

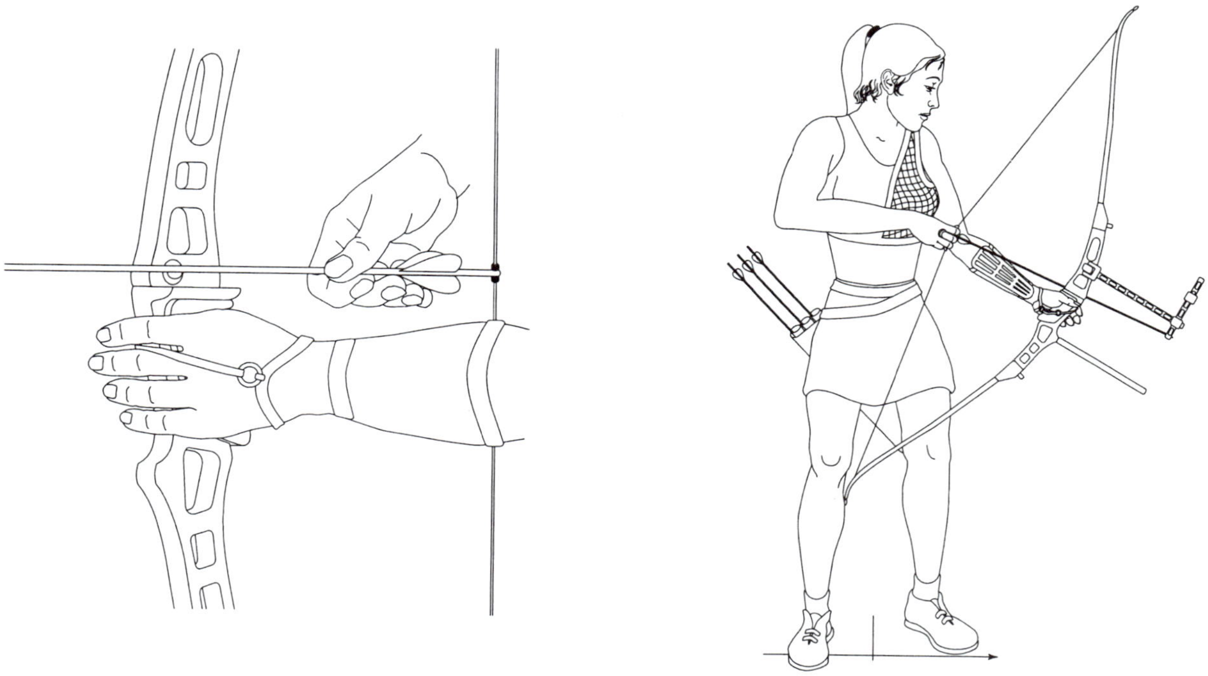

Das Einnocken / Die Bogen- und Zughandplazierung

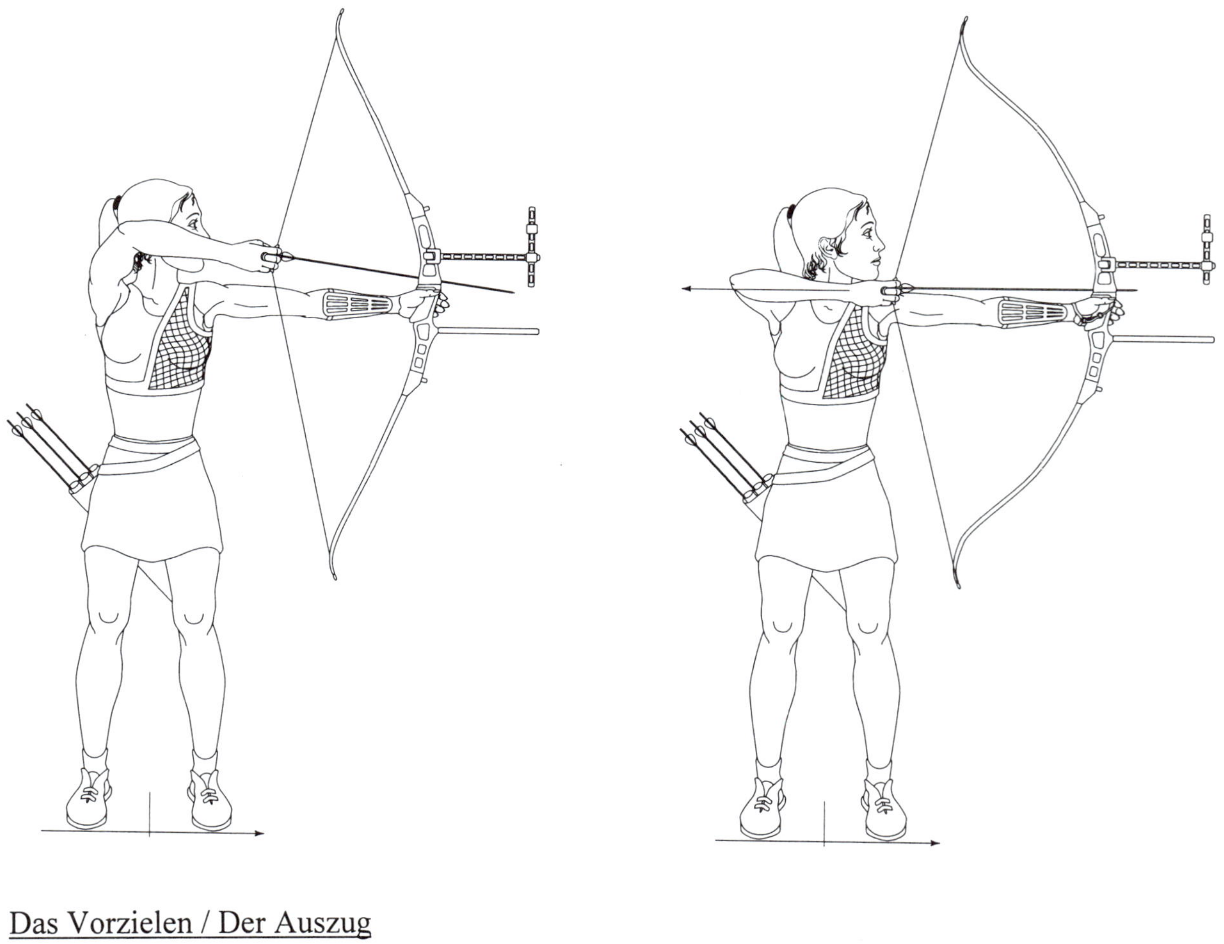

Das Vorzielen / Der Auszug

Das Ankern / Das Zielen

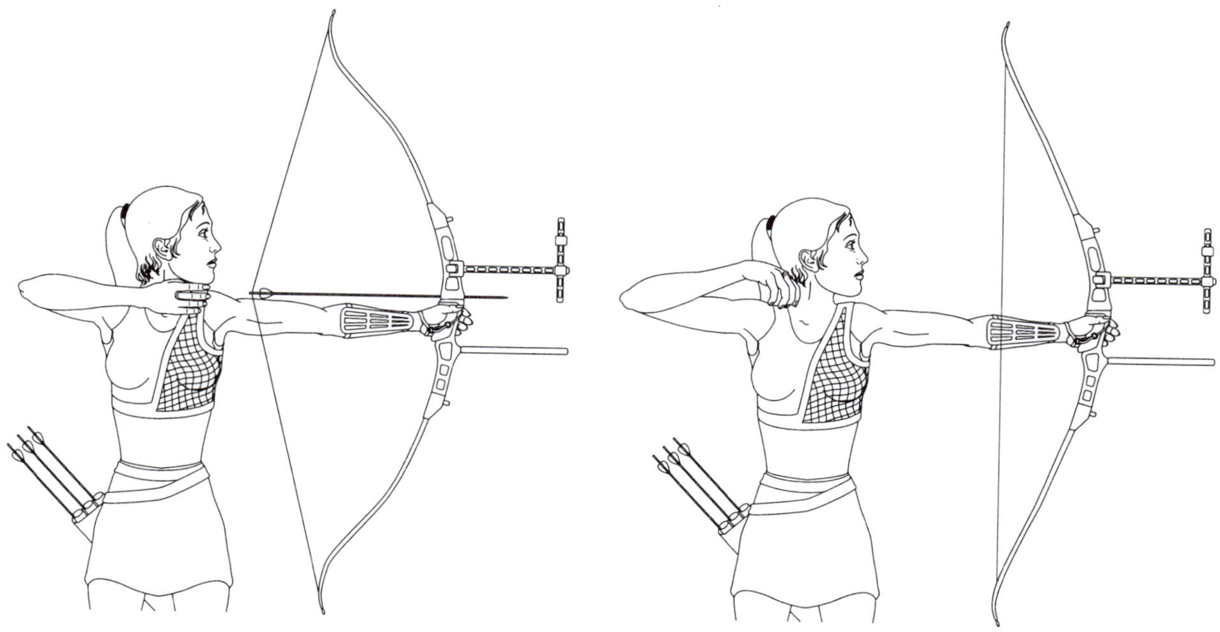

Das Lösen / Der Release

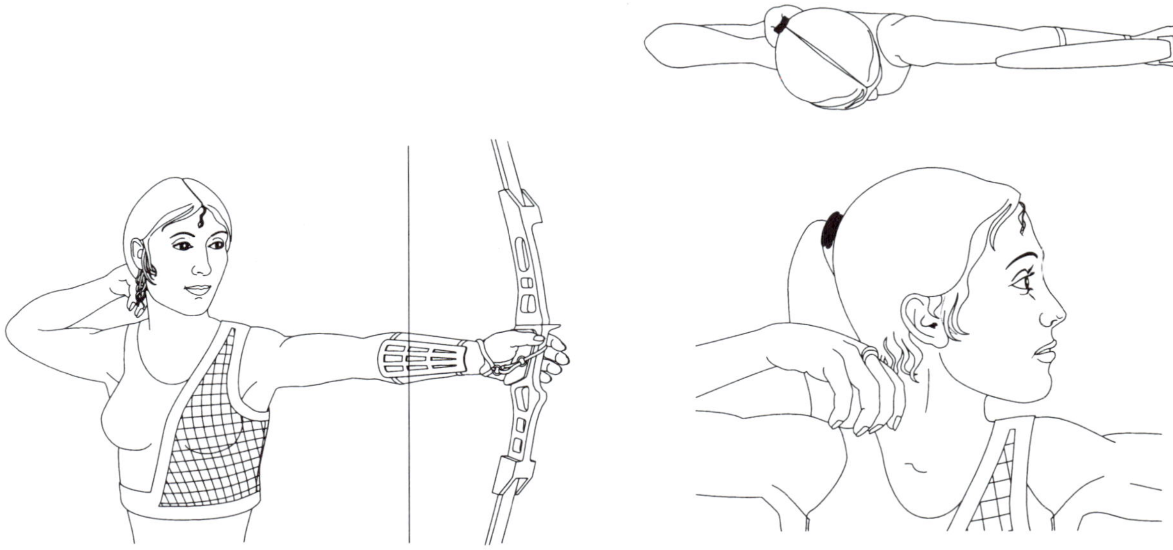

Das Nachhalten / Die Nachhalteposition von oben / Die Zughand beim Nachhalten

Das Schießviereck, oft auch Schießdreieck genannt

Gerade für den Anfänger ist es wichtig, den Begriff Schießviereck bzw. Schießdreieck zu kennen.

Wer die nachstehende Abbildung betrachtet, erkennt, daß ein wechselnder Ankerpunkt eine erhebliche Auswirkung auf das Schußergebnis nach sich zieht.

Als Schießviereck bezeichnet man die im Auszug gedachte Linie von Visier zum Auge, Auge zum Ankerpunkt, Ankerpunkt zur Pfeilauflage und die gedachte Linie zum Zielpunkt.

Das Maß Auge über Visier zum Zielpunkt und zurück zum Ankerpunkt bezeichnet man als Schießdreieck.

Leicht erkennt man, daß sowohl während des Zielvorgangs und bis zum Zeitpunkt des Lösens es wichtig ist, das Schießviereck/Schießdreieck immer gleichmäßig aufzubauen und es auch wichtig ist, für den kurzen Zeitraum nach dem Lösen bis zum Verlassen des Pfeils von der Pfeilauflage diese Geometrie weiterhin beizubehalten.

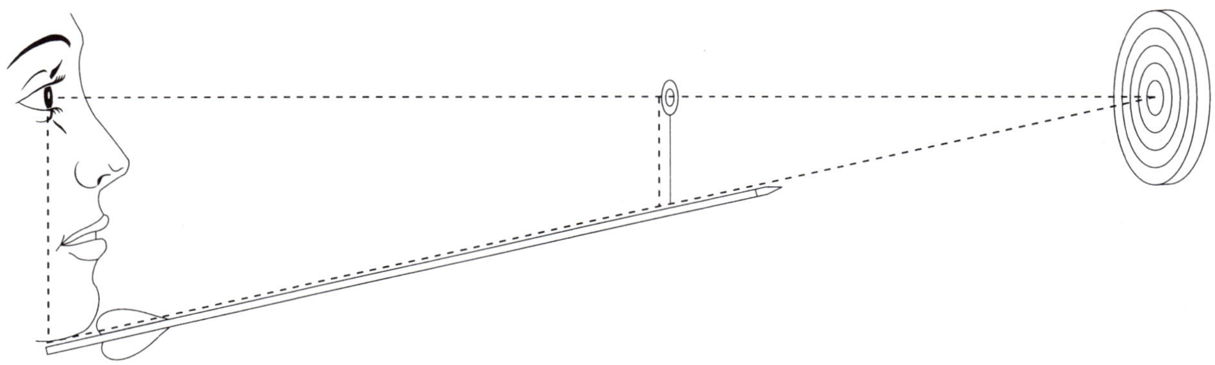

Abbildung: Schießviereck/ Schießdreieck

Kapitel IV Die Detailtechnik des Schießens

Ich will hier versuchen in klarer Form den Schießstil und den Schußaufbau darzustellen und zu erklären, der heute von den meisten international erfolgreichen Schützen praktiziert wird.

Die wesentliche Voraussetzung eines erfolgreichen Schießens ist der richtige und immer gleich vollzogene Bewegungsablauf.

Den Aufbau und die Vollendung eines Schusses kann man in folgende Sequenzen gliedern:

1. **Der Stand**
2. **Die Bogenhandpositionierung**
3. **Die Zughandpositionierung**
4. **Der Bogenarm**
5. **Die Bogenschulter**
6. **Der Einsatz der Rückenmuskeln**
7. **Der Auszug**
8. **Das Ankern**
9. **Das Zielen**
10. **Das Lösen und der „Follow Through"**
11. **Das Nachhalten**

Ferner zählen noch folgende Punkte zum vollendeten Schuß:

12. **Die richtige Atemtechnik**
13. **Die Zeitachse des Schußvorgangs**
14. **Die Detail-Zeitanalyse des Auszugs bis zum Release (Lösen)**

4.1 Der Stand

Mit dem Betreten der Schießlinie haben wir die erste Phase der zum Schießablauf notwendigen Bewegungen eingeleitet.

Ein optimaler, guter Stand ist Voraussetzung für alle weiteren Bewegungsabläufe beim Schießen.

Es sind eine Vielzahl von Standvarianten bekannt, wobei jedoch lediglich zwei akzeptabel anwendbar sind. Dies sind der „parallele Stand" und der „offene Stand". Beide Varianten haben Vor- und Nachteile. Hierauf werde ich später im Detail eingehen.

Der optimale Stand ist aus mehreren Gründen von entscheidender Wichtigkeit. Nur ein solider Stand kann bei allen vorkommenden Bedingungen des Schießens gewährleisten, daß der Schütze nicht schwankt (insbesondere bei Wind).

Um diese „Standfestigkeit“ zu erreichen ist es wichtig die alte Regel: ***Füße 1 bis 1,2-fache Schulterbreite auseinander*** zu ***stellen***, zu beherzigen.
Hierauf wird in Deutschland viel zu wenig geachtet. Wenn man sich z.B. die koreanischen Spitzenschützen und -schützinnen ansieht, so sieht man, daß diese dies konsequent anwenden.

Es gibt eine Untersuchung des „Sports Biomechanics Laboratory, Sports Medicine Division / US - Olympic Comittee, Colorado Springs, Colorado“, durchgeführt von Charles J. Dillman, Ph.Dd., Janet S. Dufek und Philip J. Cheetham, wo bei U.S.-Nationalmannschaftsschützen und –schützinnen sowie vergleichsweise bei durchschnittlichen Schützen die Schwankungen des Körpers bei verschiedenen Standpositionen unter verschiedenen äußeren Bedingungen gemessen wurde.

Hierzu standen die Schützen auf einer Art Waageplattform, die Gewichtsverlagerungen/Schwankungen in beiden X- und Y-Achsen des Schützen elektronisch registrierte. Die Schwankungen wurden gleichzeitig mit den jeweils erzielten Ringzahlen in Relation gesetzt. (Diese Auswertung liegt mir vor). Hieraus ergibt sich, daß es eminent wichtig ist, einen stabilen Stand einzunehmen.

Resumeé dieser Auswertung ist, daß ein offener Stand mit **mindestens** schulterbreit auseinander stehenden Füßen die geringsten Schwankungen erzeugt. In den nachfolgenden Abbildungen sind die beiden Standarten „parallel“ und „offen“ dargestellt, wobei es bei beiden Standarten noch zwei Versionen gibt, nämlich mit parallel stehenden Füßen und mit abgewinkelten Füßen. Die letztere ergibt die beste Standfestigkeit.

Dem Anfänger und auch dem fortgeschrittenen Bogenschützen empfehle ich bei einer eventuellen Änderung seiner Standposition eine gewisse Zeit mit Fußmarken (Kreidestriche, Klebeband auf der Schießlinie etc.) die Fußpositionen zu markieren, bis eine 100%ige Reproduktion des Stands von alleine erzielt wird.

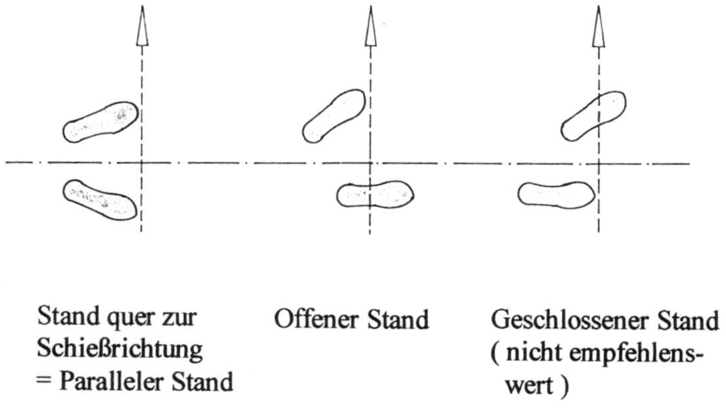

Abbildung: Drei unterschiedliche Standarten (Abbildungen gelten für RH-Schützen)

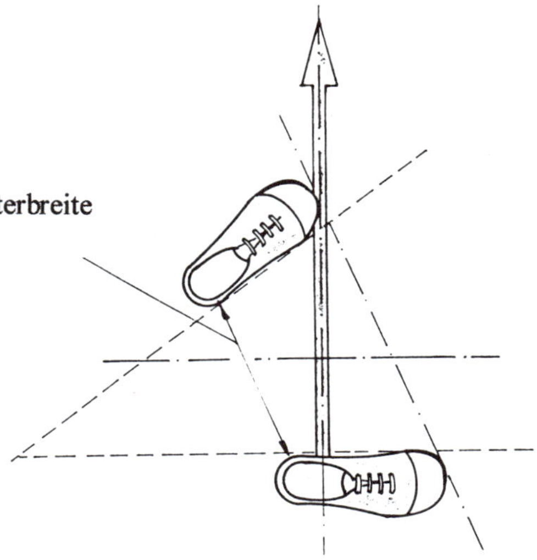

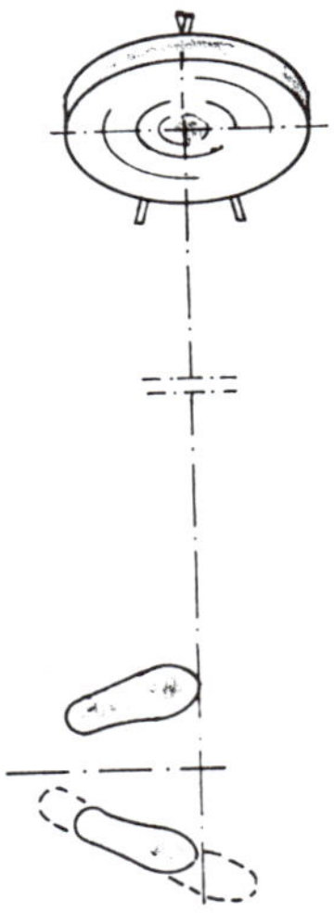

Abbildung: Der offene Stand mit abgewinkeltem Fuß / Austesten des anatomischen Stands

Der rechte Fuß sollte rückwärts versetzt werden, wenn das Korn links vom Ziel liegt, vorwärts, wenn das Korn rechts vom Ziel liegt.

Ob nun ein paralleler oder offener oder auch ein „leicht offener“ Stand vom Schützen gewählt wird, sollte unter Anderem durch nachfolgende Kriterien mit entschieden werden.

Ein Schütze, der schon einige Monate schießt und den Grundschießrhytmus beherrscht, sollte wie folgt ermitteln, welche Standvariante für ihn am günstigsten ist:

Nimm den parallelen Stand ein, ziehe den Bogen bis zum Ankerpunkt aus, schließe die Augen und schwanke mit deinem Körper sowohl vor- und rückwärts als auch zur Scheibe hin und zurück. Dies mehrmals. Dann nehme die Position ein, die dir das angenehmste Gefühl gibt. Öffne nun die Augen und prüfe, wo sich die Visiernadel befindet.

Wenn diese links vom Gold ist, stelle dich paralleler zur Scheibe, wenn die Visiernadel rechts vom Gold ist, öffne deinen Stand etwas. Wiederhole diese Vorgänge so lange, bist du einen Stand erreicht hast, wo die Visiernadel ins Gold zeigt. Dies ist die Standposition, die deiner natürlichen und entspannten Körperhaltung entspricht. (Vorstehendes gilt für RH-Schützen, LH-Schützen umgekehrt*).*

Aber in allen Fällen auf entsprechend weit auseinander stehende Füße achten!

Ein weiteres wichtiges Kriterium beim Stand ist die Lockerheit der Knie‘. Wenn du deinen Stand eingenommen hast, stelle dich locker und entspannt hin. Lagere dein Gewicht gleichmäßig auf die gesamten Fußsohlen. Hierbei mußt du ein gutes Gefühl in der Balance deines Körpers empfinden. Deine Knie‘ sollten sowohl in der Schußvorbereitung als auch während des Schußaufbaus immer locker und entspannt sein. ***Nie die Knie‘ fest durchdrücken!***
Vor jedem Schußaufbau solltest du deine Knie‘ vor- und rückwärts schwingen lassen um vollkommen entspannt den neuen Schuß aufzubauen.

Ferner mußt du auf eine gleichmäßige Lastverteilung auf beide Beine achten. Die Balanceverteilung sowohl des rechten und des linken Beines als auch der Entspanntheit der Knie‘ und die Lastverteilung auf dem Fußbett sind entscheidend für die Erzielung von hohen Leistungen.

In mancher deutscher Literatur wird ein Stand mit fest durchgedrückten Knien empfohlen. Dies ist eindeutig nachteilig, weil du dann zum einen nicht auf Wind elastisch reagieren kannst und zum anderen Muskeln anspannst, die eine unnötige mentale Konzentration erfordern.

Als Abrundung des Standes achte darauf, daß deine Schultern locker nach unten hängen und du gerade, aber entspannst stehst.

Die vorstehenden Standvariationen in der Fußstellung können jedoch durch anatomische Gegebenheiten des Schützen veränderte Prioritäten bekommen. Schützen, die trotz korrekter Haltung (siehe Kapitel: Bogenhand/Bogenarm/Bogenschulter) Probleme mit Arm- oder Bruststreifschüssen haben, sollten in jedem Fall einen adäquaten offenen Stand einnehmen um dieses Handicap zu eliminieren.

Die Vor- und Nachteile der beiden anzuwendenden Standmethoden im Überblick:

Der parallele Stand

Diese Standmethode entspricht der natürlichen Körperhaltung, die gerade Anfänger leicht einnehmen und reproduzieren können. Der Nachteil ist, daß das natürliche Schwanken des Körpers schwieriger zu kontrollieren ist und diese Haltung insbesondere bei seitlichem Wind Nachteile hat. Ferner kann diese Standhaltung bei Schützen mit voluminösem Brustkorb oder kräftigen Armen zu Streifschüssen führen. Messauswertungen haben ergeben, daß Schützen mit einem parallelen Stand mehr zu Seitenabweichungen im Trefferbild neigen als Schützen mit offenem Stand. Andererseits neigen sie weniger zu Höhenabweichungen im Schußbild.

Der offene Stand

Diese Standversion wird von vielen guten Schützen in mehr oder weniger offener Stellung gewählt. Der offene Stand bietet einen festen, soliden Halt bei allen Witterungsbedingungen und minimiert das natürliche Schwanken des Körpers.

Der offene Stand erlaubt eine saubere Freigabe der Sehne. Ein wichtiges, weiteres Kriterium ist, daß der offene Stand aufgrund der weiten Spanne zwischen den Schulterblättern eine Aktivierung der Rücken- und Schultermuskeln natürlicher und stärker ermöglicht. Bogenarm und Bogenschulter bewegen sich im Moment des Lösens von der Sehne weg und das Ausmaß des sich Zurücklehnens wird minimiert.

Der Nachteil ist für den Anfänger, daß er sich an diesen „unnatürlichen" Stand gewöhnen muß und daß eine Hüftverdrehung stattfindet. Der offene Stand kann in zwei Varianten praktiziert werden. Zum einen, wie vorstehend beschrieben, wobei der Oberkörper in der Hüfte verdreht wird und er praktisch, wie beim parallelen Stand, in Schußachse ausgerichtet ist. Zum anderen, indem keine Hüftverdrehung vorgenommen wird. Dadurch vergrößert sich das Kraftdreieck Bogenhand, Bogenarmschultergelenk und Ankerpunkt. Dies hat für die Schützen einen Vorteil, die Probleme mit Streifschüssen haben oder einen voluminösen Brustkorb. Der Nachteil hierbei ist, daß aufgrund des größeren Kraftdreiecks eine höhere Muskelkraft aufgewendet werden muß und hierdurch die Stabilität leiden kann. Wie oben erwähnt, neigen Schützen mit einem offenen Stand zu Höhenabweichungen in der Pfeilgruppierung, andererseits sind sie „stabiler" in der Seitenabweichung gegenüber Schützen mit parallelem Stand, da Vor- und Rückwärtsschwankungen reduziert werden.

Ich persönlich plädiere für eine „mittlere" Lösung, d.h., einen ganz leicht offener Stand, mit Hüftverdrehung, wobei der Schütze dann bei extremen Wetterbedingungen (Wind) den Stand weiter in Richtung offen vergrößern sollte um Schwankungen entgegenzubeugen.

4.2 Die Bogenhandpositionierung

Nach dem Einnehmen des Standes ist der nächste Schritt die Positionierung der Bogenhand in der Griffschale. Hierzu sei vorweg bezüglich der verschiedenen Arten der Griffschalen folgendes anzumerken.

Es gibt „flache", „mittlere", „halbhohe" und „hohe" Griffschalen für die meisten Bogentypen.

Ferner gibt es inzwischen Anbieter, die individuell angepaßte Griffschalen für die Bedürfnisse des Schützen fräsen.

Sowohl die „flache" als auch die „hohe" Griffschale und die hierzu erforderliche Handstellung bieten diverse Nachteile, wie die Praxis erwiesen hat.

Die Spitzenschützen bevorzugen deshalb, nicht ohne Grund, mittlere Versionen. Diese Griffschale und die daraus resultierende Möglichkeit, die Hand total entspannt zu lassen, was bei hohen oder tiefen Handgelenkpositionen nicht möglich ist, gibt ihr Vorteile.

Deshalb solltest du eine mittlere oder halbhohe Griffschale wählen.

Die Bogenhand sollte nun in der Griffschale entspannt im Bereich des Daumenballens, der „Maus", aufliegen und die Hand insgesamt 45 Grad schräg stehen. Das Griffstück sollte ganz locker zwischen dem Daumen und dem Zeigefinger liegen. Alle Finger sind entspannt und locker.

Man muß sich darüber im klaren sein, daß die Bogenhand das letzte Körperteil ist, welches nach dem Lösen noch Einfluß auf den Pfeil nimmt und dessen Plazierung maßgeblich dadurch beeinflußt. Deshalb ist eine lockere, entspannte Hand äußerst wichtig.

Um die Handstellung in der Griffschale 100%ig reproduzierbar zu bekommen, sind zumindest für den noch nicht absolut sicheren Schützen mehrere Hilfsmethoden nützlich. Zunächst kann man sich im Dreieck Daumen/Zeigefinger Griffstück sowohl auf der Hand als auch auf dem Griffstück mit einem Filzstift Markierungen anbringen, die man dann bei der Handpositionierung immer in Übereinstimmung bringt.

Ferner kann man sich zur Erreichung der 45 Grad abgewinkelten Handstellung dadurch helfen, daß man den Mittelfinger, den Ringfinger und den kleinen Finger locker nach hinten einknickt und neben der Griffschale unterhalb des Zeigefingers positioniert. Dadurch wird ein hoher Grad an Reproduzierbarkeit erreicht. Der Handrücken zwischen Zeigefinger und Ringfinger sollte im 45° Winkel zur Bogenvertikalachse stehen.

Wie schon vorstehend erwähnt, sollte die gesamte Bogenhand locker und entspannt sein und der Bogen in keiner Weise "„geklammert“ werden. Beim Abschuß muß der Bogen mit seiner Eigendynamik aus der Hand nach vorne gleiten und von der Hand- oder Fingerschlinge aufgefangen werden.

Praktisch hat also lediglich die „Maus“ einen Druckkontakt zum Bogen und alle Finger sind locker und entspannt.

Um dies überprüfen zu können, sollte man bei den Trainingseinheiten darauf achten, daß der Bogen wirklich von der Schlinge aufgefangen wird und nicht von den Fingern eingeklemmt wird. Er muß in der Schlinge dann nach vorne kippen.

Der Schießablauf erfolgt nun so, daß nach Einnahme des Stands die Bogenhand in der Griffschale plaziert wird und mit dem Zugarm eine Vorspannung erzeugt wird. Hierbei ist dann auf ein „Hineingleiten“ der Bogenhand in die Griffschale unter Berücksichtigung obiger Hinweise zu achten. Falls die Bogenhand nicht auf dem optimalen Druckpunkt sitzt, ist dies vor dem weiteren Schießablauf zu korrigieren.

Beim Vorauszug ist darauf zu achten, daß die Griffschale bis zum festen „Anschlag“ zwischen Daumen und Zeigefinger reinrutscht. Die 45-Grad Stellung der Bogenhand entspricht der natürlichen Körperhaltung bei ausgestrecktem Arm und erlaubt einerseits ein besseres Entspannen der Hand- und Fingermuskulatur und andererseits eine solidere Bogenarmverriegelung im Schultergelenk. Biomechanisch rotiert die Schulter automatisch mit der Bogenhand. Als Nebeneffekt wird zugleich auch die Ellbogen-Innenseite „automatisch“ weggedreht. Bei einer 45° Stellung der Hand ist eine saubere Verriegelung gegeben und Stabilität der Schulter die Folge. Man kann diese biomechanische „Kettenreaktion“ fortsetzen:

- die Bogenhand beeinflußt den Bogenarm
- der Bogenarm beeinflußt die Bogenschulter
- die Bogenschulter beeinflußt den Auszug
- der Auszug beeinflußt die Klickerauslösung
- die Klickerauslösung beeinflußt den Gesamtschuß
- der Gesamtschuß beeinflußt die Ringzahl....

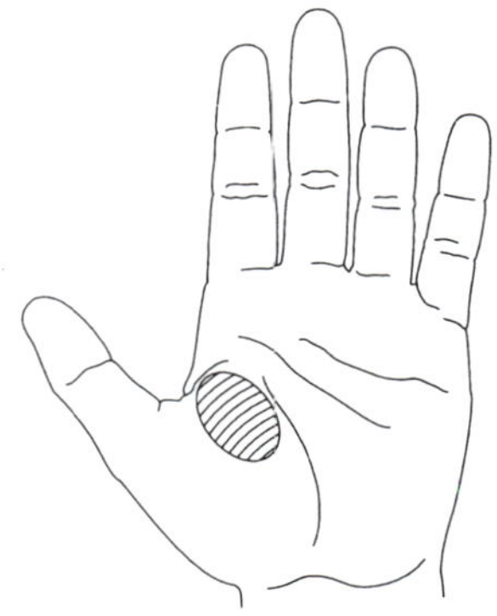

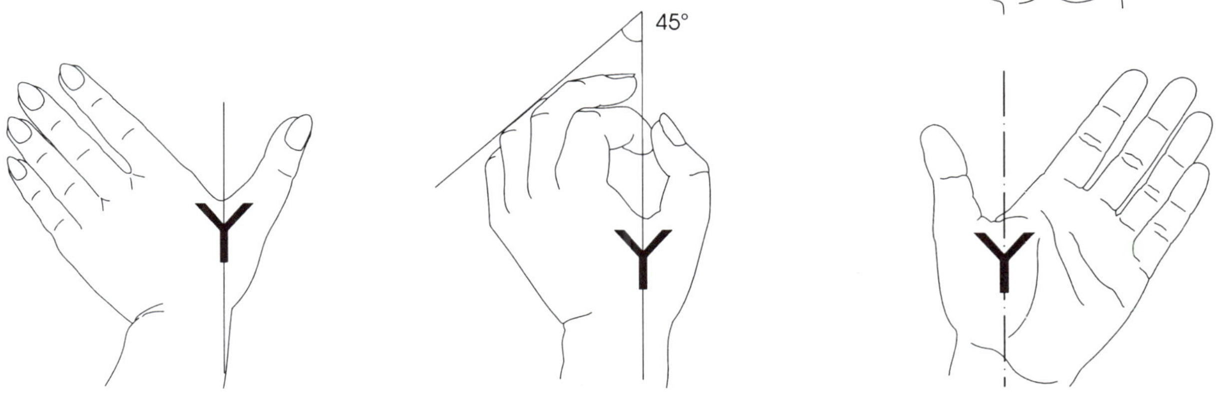

Abbildung: die Bogenhandpositionierung in der Griffschale / Der meist übliche Druckpunkt in der Griffschale

4.3 Die Zughandpositionierung

Wie sollen die Finger auf der Sehne plaziert werden?

Zahlreiche Untersuchungen und insbesondere Hochgeschwindigkeitsaufnahmen haben eindeutig ergeben, daß nur ein „tiefes" Greifen der Sehne einen möglichst kleinen Sehnenreflex ergibt. Um dieses „tiefe" Greifen zu gewährleisten, empfehle ich beim Greifen der Sehne diese zwischen dem 1. und 2. Fingerglied zu fassen. Bei Erhöhung der Zugkraft (Auszug) rutscht die Sehne dann automatisch in die Beugung des 1. Fingerglieds. Gleichzeitig ist wichtig, daß alle drei Zugfinger gleich tief sitzen und einen gleichmäßigen Zug ausüben.

Das Halten der Sehne im 1. Fingerbeugeglied ist bis zum Lösen beizubehalten. Manche Schützen lassen die Sehne kurz vor dem Lösen z.B. beim Zeigefinger aus dem 1. Glied heraus gleiten. Dies führt zu streuenden Pfeilen! Der tiefe Griff ist bis zum Lösen beizubehalten.

Ein weiterer Nachteil eines Sehnengriffs auf den Fingerkuppen ist neben dem größeren sich ergebenden Sehnenreflex eine eintretende Verspannung in der Hand, verursacht durch die notwendige höhere Haltespannung der Fingermuskeln.

Gleichzeitig ist darauf zu achten, daß die gesamte Zughand bis auf die Zugfinger entspannt ist und sich auch im Unterarm keine Spannungen aufbauen.

Die Außenkante Unterarm, Hand, Zugfinger bis zum Beugeglied muß eine Linie (Kraftlinie) bilden, die Hand darf nicht in irgend einem Winkel abgeknickt sein. Bei einer entspannten Hand ergibt sich dies automatisch.

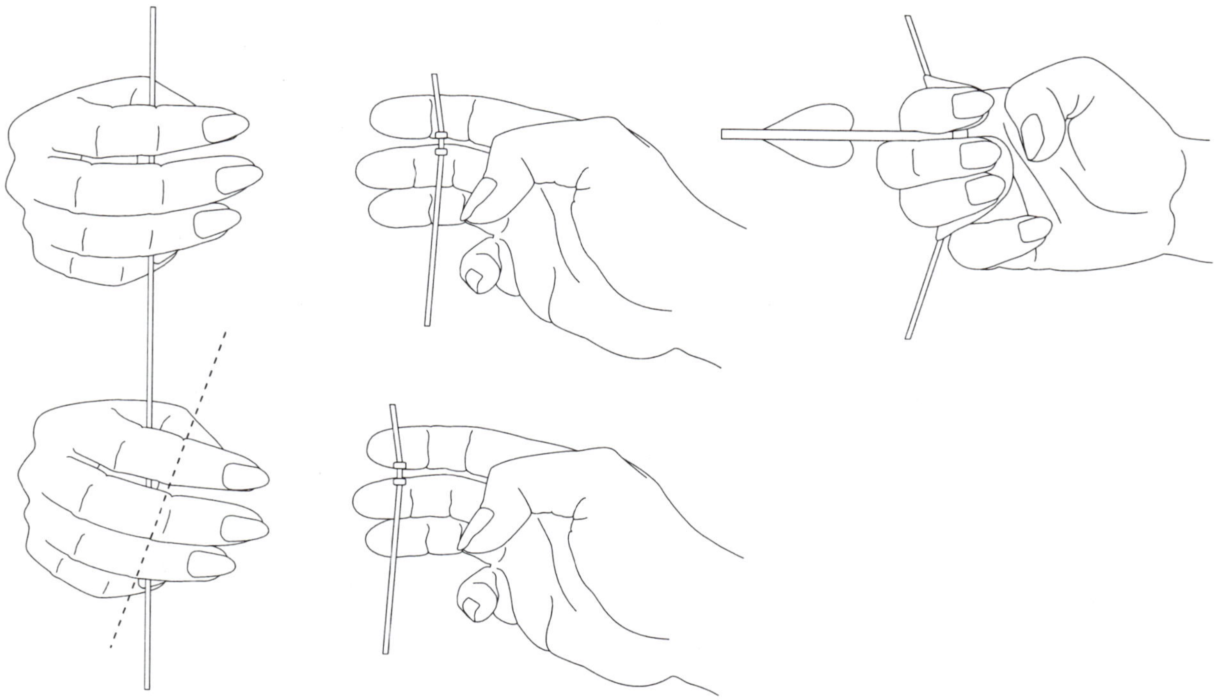

Abbildung: Richtige und falsche Fingerpositionierung auf der Sehne.

4.4 Der Bogenarm

Nachdem der Stand eingenommen wurde, die Bogenhand und die Zughand optimal plaziert wurden und von vorne herein eine Ausrichtung des Körpers und des Bogenarms Richtung Scheibe erfolgt ist, ist bei leichtem Vorzug der Bogenarm auf Schußhöhe, üblicherweise in die Höhe anzuheben, daß beim Vorvisieren das Gold durch das Visier angepeilt wird. In dieser Stellung ist der Bogenarm „zu ankern" und der Unterarm nach außen rauszudrehen, um Streifschüsse zu vermeiden. Dies alles noch im „Vorauszugs-Stadium".

Wie weit vorausgezogen werden sollte, richtet sich nach dem Wunsch des Schützen. Ein zu weites Vorausziehen verursacht jedoch eine unnötige aufzubringende Haltekraft. Etwa 10 cm sind ein übliches Maß.

Der Bogenarm sollte entspannt sein, sowohl während des Vorauszugs, des Auszugs und während des Zielvorganges und des Lösens und Nachhaltens. Ebenso wie eine entspannte Bogenhand zu einem sauberen Schuß beiträgt, so tut dies auch nicht ein unter Verkrampfung stehender Bogenarm. Die Spannung im Bogenarm sollte nur so groß sein, um den Bogen zu halten und nach dem Abschuß nicht absacken zu lassen. Mehr nicht!

Nur bei einem ruhigen, nicht unter Verkrampfung stehendem Bogenarm ist ein sauberer Abschuß ohne Bewegung (Verreißen) des Bogenarms möglich.

Eine große Hilfe bei der Erreichung dieses Ziels ist, daß man darauf achtet, daß der Unterarm des Bogenarms das Gefühl der Lockerheit vermittelt.

Der Bogenarm sollte beim Vorvisieren immer mindestens so weit angehoben werden, daß nach dem Ankern eine Korrektur nur von oben nach unten ins Gold notwendig ist und nie von unten nach oben. In diesem Fall treten sowohl im Bogenarm als auch in der Bogenschulter Verspannungen auf.

4.5 Die Bogenschulter

Die Bogenschulter sollte in eine Position gebracht werden, wo sie nicht zu hoch und nicht zu niedrig ist. Sehr viele Schützen haben das Problem, daß ihnen die Schulter „hoch kommt".

Insbesondere unter der Auszugsbelastung und spätestens beim Versuch „durch den Klicker zu kommen" wandert bei vielen Anfängerschützen die Bogenschulter hoch. Je mehr die Schulter jedoch hoch kommt, um so schwieriger wird es , durch den Klicker zu kommen, da mit dem Hochwandern der Schulter der Auszug verkürzt wird.

Das dann erforderliche „Durchwürgen" durch den Klicker führt unweigerlich zu unkontrollierten Schüssen.

Wie schon in vorherigen Ausführungen beschrieben, ist Voraussetzung einer geraden Schulter, daß die Bogenhand im 45-Grad Winkel in der Griffschale sitzt und die Bogenhand und der Bogenarm gerade in Richtung Scheibe ausgerichtet sind und hierbei die Hand- und Armmuskeln so entspannt und locker wie möglich sind.

Bei vielen Schützen ist der Klicker zu kurz gesetzt. Dies erlaubt ihnen auf eine sorgfältig verriegelte und abgesenke Bogenarmschulter zu verzichten und den Bogenarm nicht voll auszustrecken. Dies verursacht zwangsläufig eine ungleichmäßige Armsstreckung.

In vielen Fällen hilft es, den Klicker näher an die Pfeilauflage heranzuholen und somit die Auszugslänge zu vergrößern, so daß der Schütze gezwungen ist, den Bogenarm weiter zu strecken und somit zu erreichen, daß die Schulter unten bleibt.

Beim Schußaufbau ist deshalb beim Vorvisieren, also im Stadium des Vorauszugs , bereits während des Unterarmeinrollens gleichzeitig auf eine abgesenkte Schulter zu achten. Wie erwähnt, spielt die richtige Handstellung hierbei eine wichtige Rolle ebenso wie die im späteren Kapitel definierte Rückenspannung. Das „Verankern" der Bogenschulter erfolgt dadurch, daß man den Oberarm nach hinten in die Schulter wegdreht und in die Gelenkpfanne „einrastet".

Eine Zwischenhilfe sowohl zur richtigen Positionierung der Bogenschulter als auch zum richtigen Einsatz der Rückenmuskeln kann ein „hoher Auszug" sein, den ich insbesondere bei Anfängern empfehle. Hierbei wird der Bogen mit der Bogenhand sowie die Zughand mit dem Zugarm auf Augenhöhe angehoben und gleichzeitig dann während des Auszugs auf die Zielebene abgesenkt. Auf diese Weise können die Rückenmuskeln sowohl im Bogen- als auch im Zugarmbereich „fühlbar" positioniert und eingesetzt werden.

Neben anatomischen Ursachen für eine hohe Bogenschulter können insbesondere zu hohe Zuggewichte beim Anfänger für eine hohe Bogenschulter die Ursache sein.

Der Ablauf des Anhebens des Bogenarms und die Verriegelung der Bogenschulter:

Aus orthopädischer und physiogonometrischer Sicht kann eine saubere Verriegelung der Bogenschulter nur erfolgen, wenn auf der Schulter noch kein hoher Zugdruck aufgebaut worden ist und wenn der Bogenarm schon mindestens in endgültiger Höhe angehoben wurde. Was bedeutet dies?

- ***Ein ganz grober Fehler ist, wie leider immer noch von vielen Trainern propagiert, aus einer seitlichen Position heraus den Bogen anzuheben und auszuziehen.***

- ***Ein weiterer grober Fehler ist es, zu versuchen, unter vollem Auszug erst die Bogenschulter zu verriegeln, dies mißlingt fast immer.***

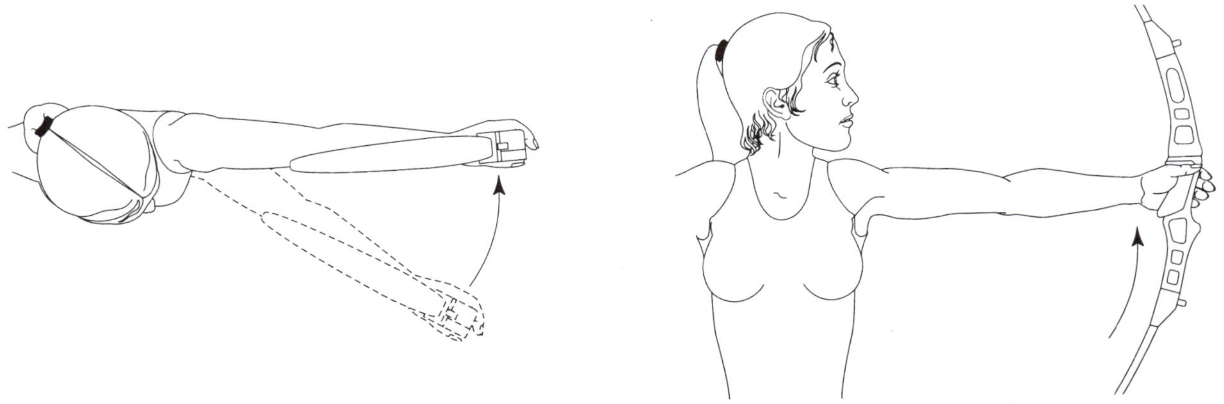

Abbildung: Falsche Vorauszugsstellung/ Richtiges Vorausziehen des Bogens

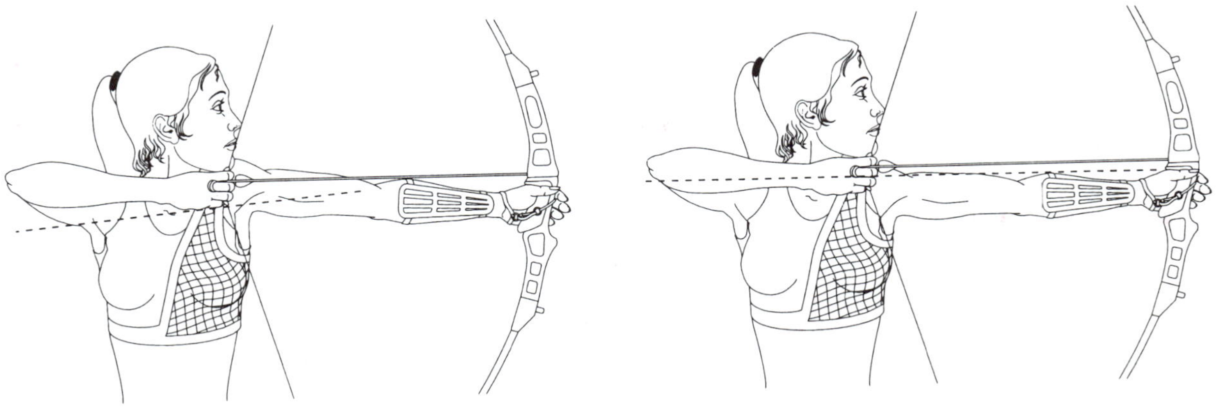

Abbildung: Hohe Schulter, falscher Kraftverlauf / Richtige Schulterhöhe, richtiger Kraftverlauf

Deshalb ist der einzig sinnvolle Weg Stabilität in die Bogenschulter zu bekommen, daß in gerader, axialer Linie zum Ziel der Bogen angehoben wird bis zum Zielpunkt (oder leicht darüber), wobei vielleicht etwa 10% des Zuggewichtes vorausgezogen ist und dann in dieser Vorauszugsstellung mit dem Visier im Gold oder leicht darüber die Bogenschulter verriegelt wird, d.h. nach hinten abgesenkt wird und gleichzeitig der Ellbogen eingedreht wird. Nur so bleibt die Bogenschulter optimal verriegelt. Nur so kann anschließend ein „enges“ Kraftdreieck beim Auszug aufgebaut werden.

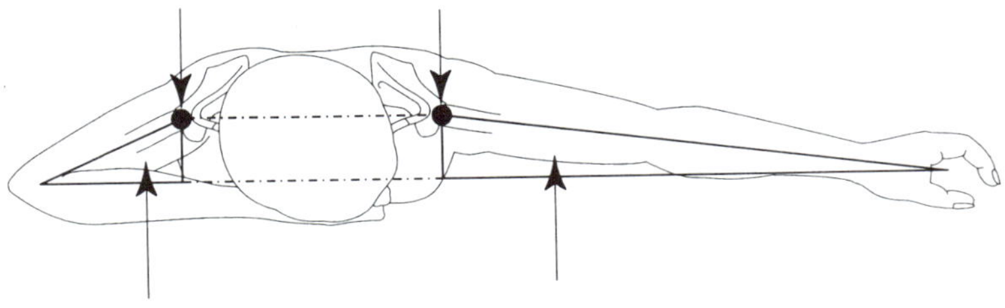

Abbildung: Kraftverlauf , vorderes und hinteres Kraftdreieck

In der vorstehenden Darstellung des Kraftdreiecks sind die hierbei wichtigen „Kraftknotenpunkte“ dargestellt. Ein enges Führen der Sehne durch einen engen Auszug erlaubt eine höhere Stabilität der Schultern und der Arme.

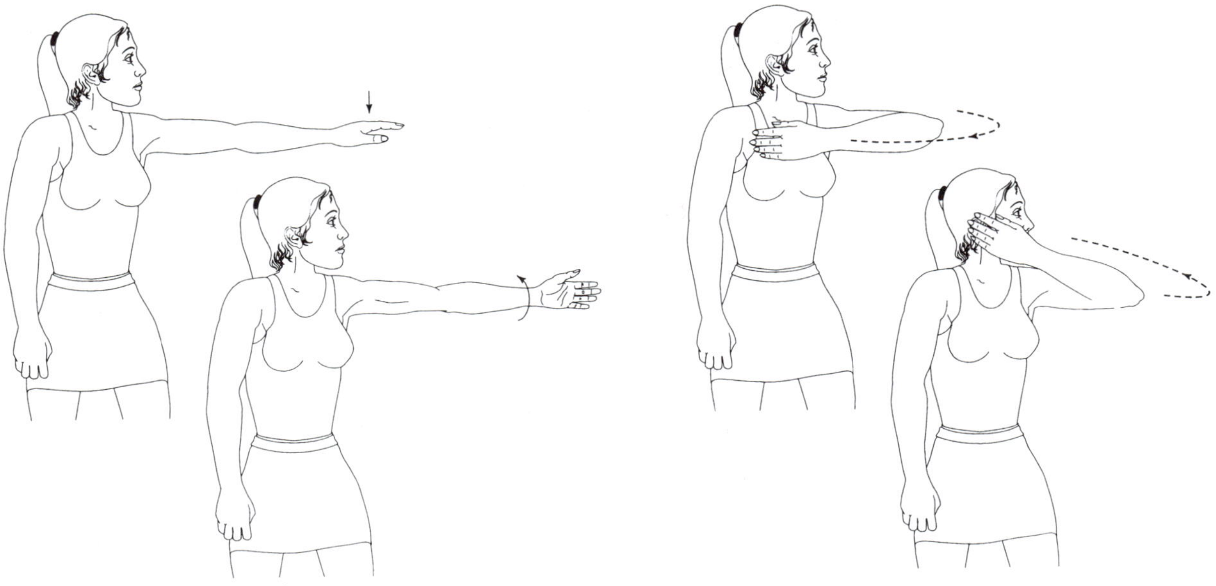

Abbildung: Prüfung der richtigen Haltung des Bogenarm-Ellbogens

1. Strecke den Bogenarm Richtung Scheibe mit der Handfläche nach unten.
2. Drehe nun die Bogenhand so, daß der Daumen nach oben zeigt.
3. Zum Überprüfen: Knicke den Arm zum Körper hin ein. Wenn die Hand zum Brustkorb in paralleler Höhe zum Boden wandert, ist die Ellbogenposition korrekt. Wenn die Hand zum Gesicht wandert, ist der Ellbogen nicht in der richtigen Position.

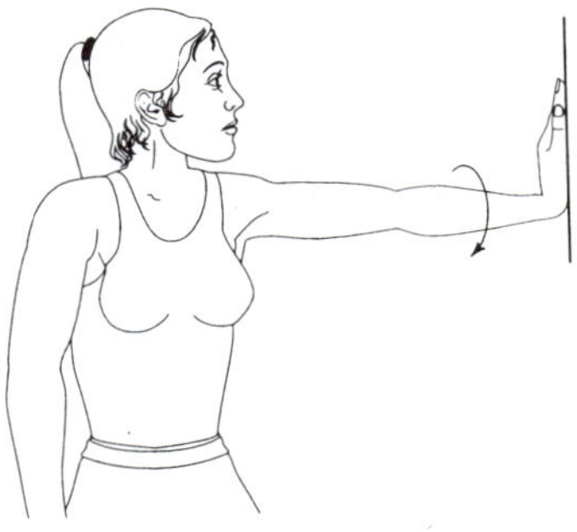

Abbildung: Übung zur Ellbogenrotation und Schulterverriegelung an der Wand

4.6 Der Einsatz der Rückenmuskeln

Die Rückenmuskeln sind sicherlich der wichtigste Teil für die Leistungsfähigkeit des Schützen. Leider jedoch auch der Bereich, der am wenigsten verstanden und richtig eingesetzt wird.

Die meisten mittelmäßigen Schützen setzen statt der Rückenmuskeln die Arm- und Schultermuskeln zum Auszug ein. Grund hierfür ist in erster Linie, daß sich diese Muskeln leichter und einfacher einsetzen lassen und deren Gebrauch biomechanisch für den Körper üblich ist. Der Einsatz der Rückenmuskeln jedoch widerspricht den Gewohnheiten des üblichen, im Alltagsleben verwendeten Muskeleinsatzes.

Um die Rückenmuskeln einzusetzen, muß man lernen, die Unterarmmuskulatur entspannt zu lassen. Dies ist insbesondere bei dem Zugarm nicht einfach, da das Halten der Sehne eine gewisse Spannung im Unterarm notwendigerweise bewirkt.

Der Einsatz der Arm- und Schultermuskeln statt der Rückenmuskeln kann bewirken, daß nach dem Lösen der Schütze alle Muskeln entspannt, was einen Haltungszusammenbruch bedeutet. Der Bogenarm wird nach rechts wandern (beim RH-Schützen) und die Zughand wird nach vorne gehen. Viele Schützen sehen den Schießvorgang mit dem Ertönen des Klickers und dem Lösen als abgeschlossen an.

Gerade dieser Moment ist jedoch der wichtigste und kritischste beim Schießablauf überhaupt. Der richtige Einsatz und die richtige Spannung und Spannungshaltung in den Rückenmuskeln verhütet dieses Problem und bewirkt einen sauberen Abschuß.

Der optimale Einsatz der Rückenmuskeln ist nicht in wenigen Trainingsstunden zu erlernen. Es dauert eine längere Zeit, bis diese Muskelaktivierung und die richtige Spannung angeeignet ist.

Die einfachste Methode um den richtigen Einsatz der Rückenmuskeln zu erlernen und zu „erfühlen" ist, sich 5 m vor der Scheibe zu stellen und mit geschlossenen Augen unter voller Konzentration auf die Rückenmuskeln den Auszug zu üben und dann zu praktizieren.

Wie schon vorstehend erwähnt, hilft ein „hoher Auszug" gerade Anfängern den Einsatz der Rückenmuskeln „zu erfühlen".

Beim Nachhalten nach dem Abschuß sollte der Schütze bewußt darauf achten, daß die Rückenmuskeln der Schulterblätter gleichförmig zusammen sitzen und er das Gefühl hat, daß man dazwischen ein Buch einklemmen könnte.

Übungen mit dem „FOREMASTER", der inzwischen auch bei den meisten Bogenhändlern erhältlich ist, sind ideal, um die Rückenspannung „zu fühlen" und zugleich aufgrund der verbleibenden Restspannung des Systems nach dem Lösen automatisch zum Nachhalten zwingt.

Abbildung: Übungen zum Einsatz der Rückenmuskulatur

1. Ziehe die imaginäre Sehne aus. Halte dabei die Zughand eng am Bogenarm, bis die Zughand das Kinn berührt.
2. Wenn der Ankerpunkt erreicht ist , spanne die Rückenmuskeln bewusst.
3. Freiübung: Versuche mit den Rückenmuskeln die Hände auseinanderzuziehen.

4.7 Der Auszug

Vor dem Vorauszug ist der Bogen im 45 Grad Winkel nach vorne abgesenkt zu positionieren, während die Zughand die Sehne greift und durch den Vorauszug die Bogenhand in die Griffschale bis zum tiefsten Punkt reingleitet. Mit leichtem Vorauszug ist dann der Bogen auf Zielniveau anzuheben und jetzt bereits vorzuzielen. ***Der Vorvisierpunkt ist anatomisch und haltungsbedingt bei vielen Schützen unterschiedlich. Deshalb kann und sollte die Vorvisierung so gewählt werden, daß anschließend beim Vollauszug die Visiernadel im Gold oder leicht darüber steht.***

Nachdem der Bogenarm in vorzielende Stellung gebracht wurde, bei einem leichten Vorauszug und alle zu beachtenden Positionierungen (Eingedrehter Ellbogen, abgesenkte Schulter, entspannte Armmuskeln sowohl in beiden Unterarmen als auch in den Bizeps- und Trizepsmuskeln) vorgenommen sind, erfolgt der Auszug. Hierbei ist der Ellbogen des Zugarmes auf Augenhöhe anzuheben und die Zughand geradlinig unter Beachtung des Einsatzes der Rückenmuskulatur zum Ankerpunkt zu ziehen. Der Zugellbogen sollte dann in der Endposition leicht oberhalb der Pfeilachse stehen. Der Auszug mit dem angehobenen Ellbogen und Oberarm beim Auszugsbeginn ist deshalb wichtig, um die richtigen Rückenmuskeln beim Auszug einsetzen zu können. Ein Zugarm, der sich bereits beim Auszug in Pfeilhöhe befindet, bewirkt, daß die Rückenmuskeln nicht optimal eingesetzt werden und führt dazu, daß statt dessen Arm- und Schultermuskeln aktiviert werden.

Die Auszugsbewegung sollte sehr konstant und „weich" erfolgen, d.h., relativ langsam unter Beachtung des richtigen Gefühls zum Einsatz der Rückenmuskeln. In jedem Fall muß der Auszug geradlinig erfolgen bis die Zughand unter dem Kinn sitzt und die Sehne die Nase/das Kinn berührt. Hier kann dann ein leichtes Anheben der Zughand zum festen Kontakt mit dem Kieferknochen erfolgen. Niemals den Kopf zur Hand, sondern die Hand zum Kopf bewegen!

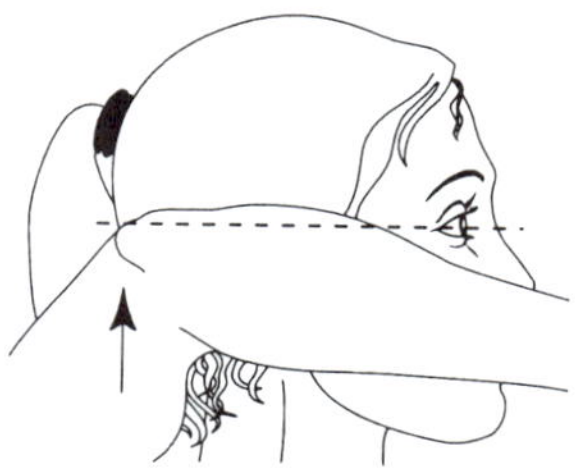

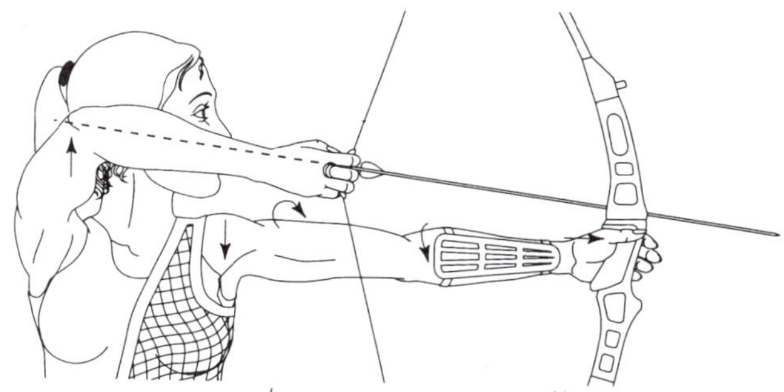

Abbildungen: Phasen des Auszugs und sein Ablauf

Beim Auszug ist auf eine enge Führung der Sehne am Bogenarm entlang zu achten sowie auf eine enge Kraftlinie des Auszugs am Oberkörper. Dies bedeutet konkret: die Linie Bogenhand, Ellbogengelenk, Bogenschultergelenk und Schultergürtel müssen eine Linie bilden. Der Bogenarm sollte also nicht einen Winkel zur Schultergürtellinie bilden.

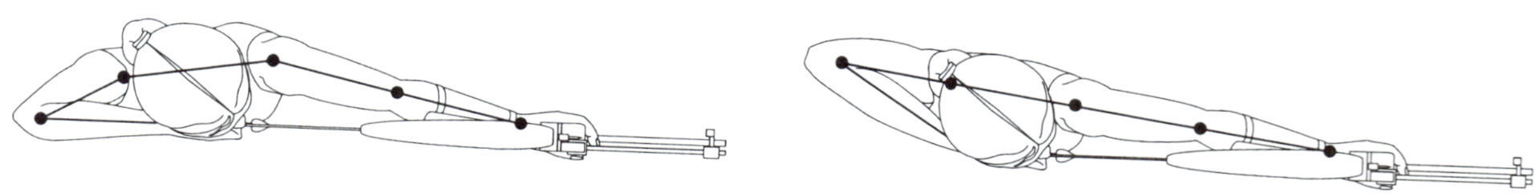

Abbildung: Das Kräftesystem im Schultergürtel falsch / richtig

Zusammengefasst:

- ***Die Kraftlinie von Auszug und Körper so eng wie möglich halten.***
- ***Schultergelenke in einer Linie mit dem Bogenarm***
- ***Anstellwinkel der Bogenhand „natürlich", d.h., etwa 45°.***
- ***Die Zughand-Kraftlinie möglichst parallel und eng zur Bogenkraftlinie führen (Pfeillinie)***

Der Bogen sollte sowohl beim Vorauszug, als beim Auszug und beim Zielen bis zum Lösen immer genau vertikal, also rechtwinklig zum Boden stehen. ***Ein Verkanten des oberen Wurfarmes nach links ergibt Linksschüsse, ein Verkanten nach rechts ergibt Rechtsschüsse***.

4.8 Das Ankern

Die Erfahrung hat gezeigt, daß es nur zwei Ankerpositionen gibt, die es ermöglichen, hohe Ringzahlen zu schießen. Dies sind der:

- Mitte Nase/ Mitte Kinn –Anker
- Mitte Nase/ seitlich dem Kinn – Anker

Ankerpositionen seitlich der Nase oder hinter dem Kinn sowie bei einer Zughand oberhalb des Kinnjochknochens sind Ankermethoden, die ggf. für Feld- und 3-D-Schützen und insbesondere für Jagdschützen ihre Berechtigung und Sinn haben, jedoch nicht für FITA-Scheibenschützen.

Grundsätzlich sollte eine Mitte Nase/Mitte Kinne Ankerung vorgezogen werden, da diese Ankerposition am leichtesten und sichersten reproduziert werden kann.

Die Gefahr beim seitlichen Ankern ist, daß man leicht zu weit nach hinten zieht, weil dies sich natürlicherweise anbietet. Deshalb empfehle ich denjenigen, die den Anker nicht im Kinnzentrum plazieren können, eine Mundmarke (Kisser) zu verwenden, um das Überziehen zu vermeiden.

Hierbei spielt auch die anatomische Kieferknochenform eine wichtige Rolle. Bei einem rechteckigem Kieferknochen ist es einfacher einen festen Ankerpunkt zu finden, als bei einem runden Kieferknochen.

Deshalb ist auch die Verwendung eines „Ankertabs“ eine individuell zu treffende Entscheidung. Wenn jedoch keine feste Positionierung der Hand am Kieferknochen möglich ist, ist ein Ankertab hilfreich. Ferner ist er von Vorteil für diejenigen, die mit einem relativ geringen Zuggewicht operieren und/ oder einen kurzen Kopf haben, d.h., wo der Abstand vom Zielauge bis zum Kieferknochen relativ klein ist. Ein Ankertab bringt hier den Vorteil, daß dieser Abstand vergrößert wird und somit speziell bei den weiten Distanzen das Visier nicht so weit runtergestellt bzw. reingeholt werden muß.

Beim Ankern mit einem konventionellen Tab ohne Ankerplatte sollte das 2. Fingerglied und das Mittelgelenk des Zeigefingers am Kinnknochen anliegen. Hierbei hat man das beste reproduzierbare Ankergefühl.

Die Sehnenberührung der Nase sollte nur ganz leicht sein, so daß man die Sehne gerade spürt. Ein „Hineinziehen“ in die Nase oder ein seitliches Wegquetschen der Nase ist nicht gleichmäßig reproduzierbar, einmal zieht man stärker, einmal schwächer hinein. Deshalb sollte die Nasenberührung sehr leicht erfolgen, dafür aber die Positionierung am Kieferknochen (Kinn) sehr fest sein. Dies kann man durch die Kopfhaltung steuern.

Eine Unart ist bei vielen Schützen zu beobachten. Sie schieben die Lippen nach vorne und „küssen“ die Sehne. Dies verursacht unnötigen Muskeleinsatz und führt zu Verkrampfungen in der Gesichtsmuskulatur. Bei einer richtigen Kopfstellung berührt die Sehne die Nase, die Unterlippe und schneidet in die Kinnspalte ein. Falls anatomisch (große Nase etc.) kein natürlicher Lippenkontakt möglich ist, sollte mit einer Mundmarke geschossen werden.

Der Kopf insgesamt sollte locker und entspannt sitzen. Hierbei ist besonders darauf zu achten, daß die Nackenmuskeln vollkommen entspannt sind. Um nun nach Erreichen des Ankers den Follow-Through anzuschließen , ist es hilfreich aufgrund des locker sitzenden Kopfes ggf. zur Klickerauslösung den Kopf in Zugrichtung nach hinten im Millimeterbereich „mitzuziehen“. Dies erleichtert wesentlich den Follow -Through und verhütet, daß man im Auszug zum Stillstand kommt und nicht durch den Klicker gelangt.

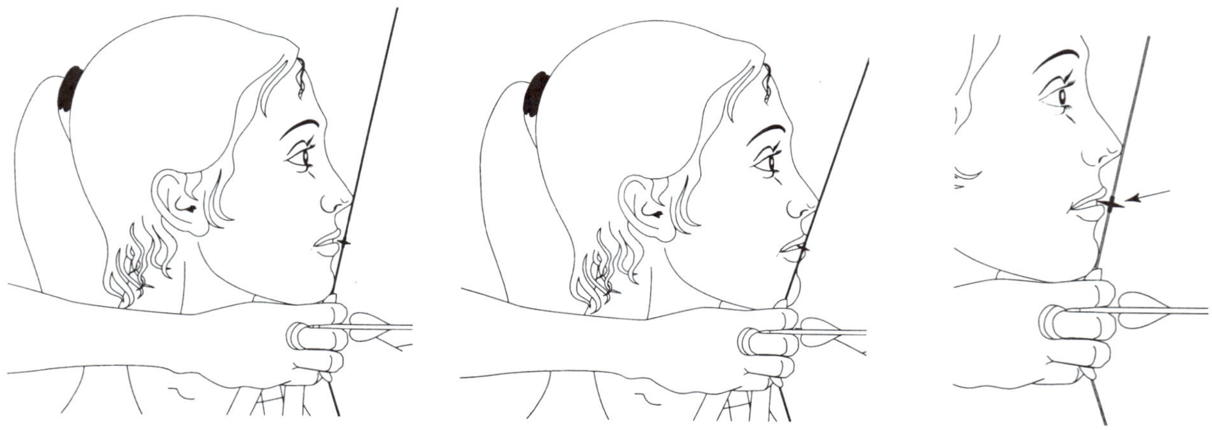

Abbildung: zentrisches und leicht seitliches Ankern / Verwendung einer Mundmarke: Schneidezähne sollten die Mundmarke berühren.

Allerdings können durch ein ungünstiges Verhältnis der Armlänge zur Schulterbreite Nachteile auftreten, die einen ungünstigen Anstellwinkel des Ellbogens bewirken. Dies trifft auch bei einem anatomisch bedingtem ungünstigem Oberarm-/Unterarmlängenverhältnis zu.

Schützen, die dies betrifft und entsprechende Proportionen aufweisen, werden mit einem normalen Ankerpunkt, bei dem die Sehne Mitte Kinn gezogen wird nur schwer genügend Schulter-/Rückenspannung aufbauen können. Durch einen ungünstigen Zugwinkel des Arms wird ein Großteil der Zuglast des Bogens in den Armmuskeln gehalten und so beim Lösevorgang ein lockeres Abgleiten der Zugfinger von der Sehne verhindert. Ferner kann keine optimale Rückenspannung aufgebaut werden.

Zur Prüfung ist es notwendig, die Spannbreite der ausgestreckten Arme von Fingerspitze zu Fingerspitze zu messen. Ebenso wird die Länge des Unterarms von Ellbogenspitze bis zu den Fingerspitzen benötigt. Nach der Formel:

$$\mathbf{0{,}5a - b = c; \qquad b - c = d}$$

lassen sich die erforderlichen Daten ermitteln.

Ist die Differenz der Unterarmlänge zur mittleren Spannweite (**d**) kleiner als 4 cm, ist ein seitliches Anlegen der Sehne am Kinn zu empfehlen. Dennoch sollte das subjektive Empfinden des Schützen ausschlaggebend für die Anwendung dieser Methode sein.
In jedem Fall sollte bei einer leicht seitlichen Ankerung mit einer Mundmarke geschossen werden.

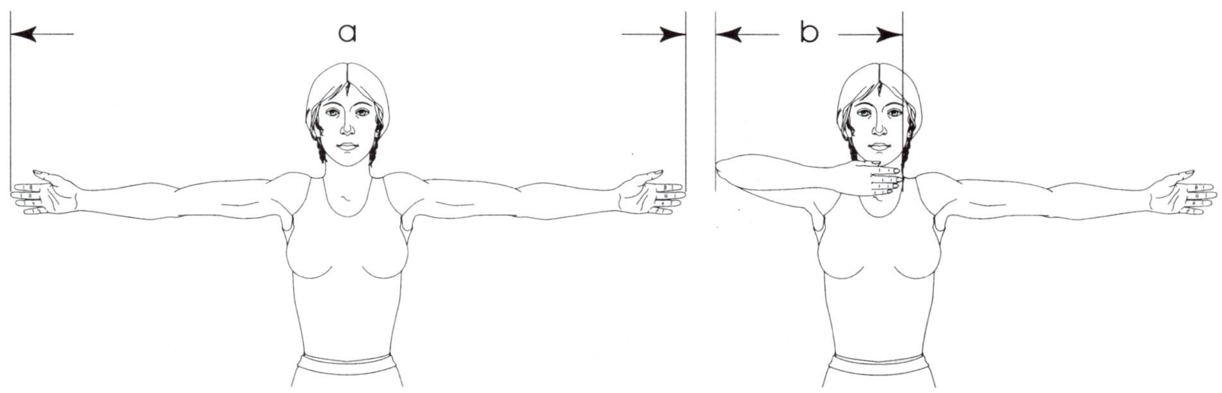

Abbildung: Ermittlung der Arm-/ Brustlängenverhältnisse gemäß obiger Formel

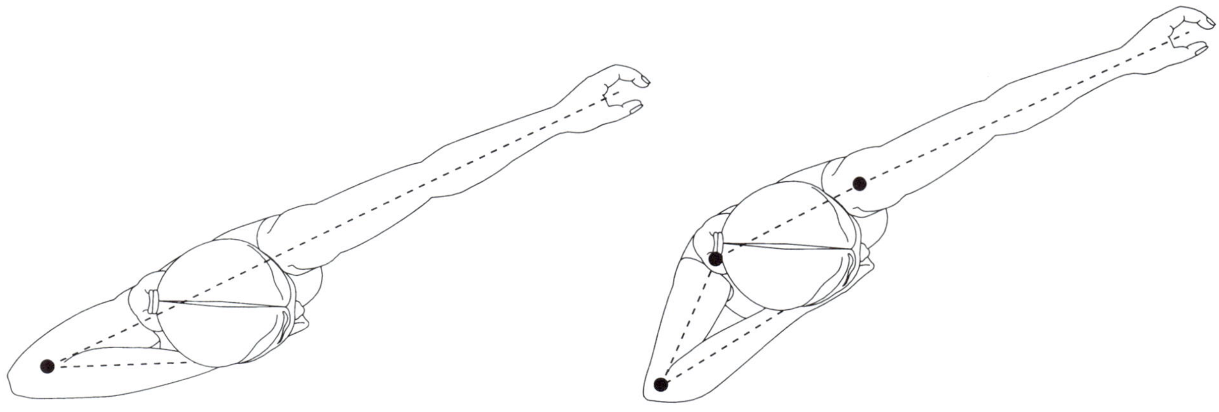

Abbildung: Zugarm in Idealstellung, Zugarmellbogen abgewinkelt

Kriterien für ein sauberes Ankern sind:

Immer gleiche Bewegung der Zughand zum Kiefer/Kinn ohne Umwege auf direktem Weg.

Mund immer fest geschlossen.

Nase hält leichten, Kinn starken Kontakt zur Sehne.

Kopf bleibt in seiner Position, Sehne geht zum Kopf und nicht umgekehrt.

Handrücken und Zugfinger bilden eine Linie und sind locker.

4.9 Das Zielen

Beim Zielen sollte das dominierende Auge den Zielvorgang ausführen. Ideal ist es, wenn du beim Zielvorgang beide Augen offen hast. Dies bewirkt einerseits, daß du keine unnötigen zusätzlichen Muskeln aktivierst und ein „verspanntes" Gesicht bekommst, andererseits erleichtert es dir das räumliche Sehen fortzusetzen und ein „Verfolgen" des Pfeils natürlich wahrzunehmen, ohne den Bogenarm hierzu verreißen zu müssen.

Beim Zielvorgang ist es äußerst wichtig „Nachzuzielen“, was mit dem Nachhalten parallel verläuft. Für viele Schützes ist es am Anfang schwer mit offenen Augen zu schießen, üblicherweise ist dies jedoch eine Gewohnheitssache, man konzentriert sich auf das Zielauge. Oft ist es hilfreich ggf. auf dem Nichtzielauge eine Brille mit einem kleinen Streifen Klebeband zu plazieren, wo lediglich der mittlere Scheibenbereich abgedeckt wird, so daß das Zielen aufs Gold mit diesem Auge unmöglich wird.

Viele Schützen haben Probleme mit dem Zielen, sie verharren zu lange in der Anker-Zielposition weil sie das Korn nicht ruhig im Gold halten können. Dies liegt meistens an einem zu hohen Zuggewicht. Ein „Einfrieren“ der Zugbewegung muß verhindert werden. Der Zielvorgang sollte max. 4 Sekunden dauern. . So ist ein Übergang vom Erreichen des Ankerpunktes bis zum Lösen schneller und ein „Einfrieren“ der Zugbewegung wird vermieden.

Während des Zielvorganges hat der Schütze neben dem eigentlichen Zielvorgang auch den Sehnenschatten zu überprüfen. Dies sollte jedoch bei einem trainierten Schützen mehr im Unterbewußtsein erfolgen. Eine immer identische Plazierung des Sehnenschattens ist immens wichtig um Links-/Rechts-Streuungen zu vermeiden.

Es gibt fünf übliche Positionen , wo der Sehnenschatten plaziert wird:

- Mitten durch den Korntunnel (bei kleinen Visierkorntunneln nicht praktikabel, da das Ziel verdeckt wird.)
- An der äußeren Kante des Korntunnels zum Bogen hin
- An der äußeren Kante des Korntunnels vom Bogen weg
- An der Innenkante des Bogenfensters
- An der Außenkante des Bogenfensters.

Grundsätzlich ist es bedeutungslos, wo man den Schatten plaziert, er muß dem Schützen eine sichere, komfortable Überwachungsmöglichkeit bieten. Hierbei is jedoch zu beachten, daß bei der Verwendung des Korns mit dessen Verstellung (um Links-/Rechtsschüsse zu korrigieren) auch der Sehnenschatten „wandert“. Dies ist nicht schlimm, führt jedoch automatisch zu einer doppelten Kompensation. Dies bedeutet, daß man die Verstellungen feiner dosiert vornehmen muß, als wenn man am Bogen-Fenster den Sehnenschatten plaziert.

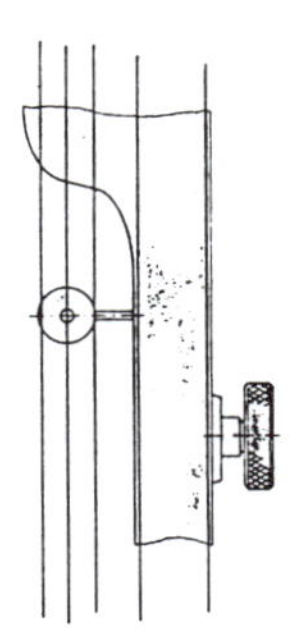

Abbildung: Plazierungsmöglichkeiten für den Sehnenschatten

4. 10 Das Lösen und der „Follow Through“

Vor dem eigentlichen Lösevorgang steht das Auslösen des Klickers. Die Verwendung eines Klickers ist für jeden fortgeschrittenen Schützen obligatorisch.

Da das Auslösen des Klickers in unmittelbarem Zusammenhang mit dem Lösen steht, ist der richtige Einsatz der richtigen Muskeln zur Klickerauslösung ein wichtiger Faktor für einen guten Schuß.

Befragungen von Weltspitzenschützen haben ergeben, daß diese für die letzten mm Auszug eine Kombination aus einem Zug- und Druck einsetzen, d.h., sie kontrahieren ihre Bogenarmrückenmuskulatur gleichzeitig mit einem Druck in den Bogenarm und mit einem Zug des Zugarmes. Indem die Rückenmuskeln auf beiden Seiten gleichzeitig aktiviert werden, ist eine Klickerauslösung und praktisch zeitgleich ein Lösen mit dem Follow Through sauber und problemlos möglich.

(unter FOLLOW-THROUGH versteht man den Zeitraum vom Lösen bis einschließlich der Nachhaltephase. Dies beeinhaltet den Lösevorgang als solchen sowie das Zurückgleiten der Zughand nebst Zugarm in seine Endstellung und das eigentliche Nachhalten).

Um dies klarzustellen: der Bogenarm bleibt natürlich in seiner bereits voll ausgestreckten Position. Was hierbei geschieht ist, daß die Kontraktion der Rückenmuskeln ein Auseinandergehen beider Schulterblätter bewirkt und das Kraftknotenpunktdreieck enger wird.

Voraussetzung hierfür ist eine richtige Positionierung des Klickers. Nach dem Vollauszug muß der Klicker etwa 1-3 mm „Restauszug“ ergeben.

Abbildung: Falsche und richtige Klickerpositionierung

Der Gesamtvorgang des Klickerauslösens, des Lösens der Sehne mit dem Follow-Through sollte, um optimal zu erfolgen, ausschließlich durch den Spannungsaufbau der Rückenmuskulatur erreicht werden. Nur so ist ein Kollaborieren nach dem Lösen vermeidbar. Wenn nicht die richtigen Rückenmuskeln eingesetzt werden, fällt der Körper nach dem Lösevorgang durch die Entspannung der Muskeln zusammen. Dies wirkt sich insbesondere durch eine unkontrollierte Bogenarmbewegung aus, wodurch der Schuß „verrissen“ wird.

Die neuesten Erkenntnisse aus Korea zeigen, daß man dort in erster Linie nicht mehr Wert auf eine Konzentration des Schützen auf den Lösevorgang als solchen legt, sondern den Schützen sich nur noch auf den Aufbau der Rückenmuskelspannung konzentrieren läßt. Ein sauberes Lösen und ein guter Follow Through tritt dann automatisch ein.

Früher wurde uns Schützen beigebracht, ein sauberes Lösen dadurch zu erreichen, daß die Zughand in der Endstellung hinterm dem Ohr landet. Viele Schützen folgen noch heute dieser Lehre, wobei jedoch die Hand nicht automatisch durch das Kontrahieren der Rückenmuskeln dort landet, sondern diese Schützen bewußt die Hand dorthin führen ohne hierbei Rückenspannung aufgebaut zu haben. Man erkennt dies oft daran, daß zwischen dem eigentlichen Lösen und der Handbewegung nach hinten kein kontinuierlicher Follow-Through stattfindet, sondern die Hand beim Lösen in eine ganz andere Richtung geht als sie dann anschließend bewußt bewegt wird.

Bei einem guten Lösevorgang durch die Rückenmuskeln „fliegt“ die Hand automatisch zurück. Wo und wieweit sie dann hinten landet, spielt keine Rolle. Wichtig ist die Überprüfung der Rückenmukelkontrahierung beim Lösevorgang. Beim sauberen Lösen erkennt der Außenstehende, daß die Zugfinger beim Release lose „baumeln“ und nicht verkrampft sind. Ferner, daß die Releasebewegung eng am Hals entlang erfolgt.

Kriterien für einen sauberen Release:

Permanentes Rückwärtsführen des Zugarms ohne Pause.

Permanenter Spannungsaufbau in der Rückenmuskulatur.

Reflexloses, lockeres Lösen durch Entspannen der Fingerbeugemuskulatur.

Enge Führung der Zughand am Kiefer/Hals beim Release.

Nachhalten und „Fühlen“ der Restspannung.

4. 11 Das Nachhalten

Der Schütze muß in der Stellung, die sich aus dem Follow Through ergibt , bewußt einige Sekunden verharren. Dies aus mehreren Gründen.

Zum einen schließt er damit aus, daß der Bogenarm sich beim Verlassen des Pfeils aus dem Bogenfenster bewegt und somit einen Reflex auf den Pfeil überträgt, zum anderen kann der Schütze sein „Gefühl“ über den erfolgten Schuß überprüfen, einschließlich der Rückenmuskulatur. Er muß das Gefühl spüren, daß er seine Rückenmuskeln optimal kontrahiert hat.

4. 12 Die Bedeutung der richtigen Atemtechnik für den Bogenschützen

Eine richtige Atemtechnik ist für einen gut durchgeführten Schuß sehr wichtig. Beim Visieren zu atmen, ist ein sehr grober Fehler. Bei den Schußvorbereitungen nicht zu atmen, ist ein ebenso schwerer Fehler.

Die Hauptaufgabe der Atmung ist es, den Austausch von Sauerstoff und Kohlesäuregas in geregelter Weise aufrecht zu erhalten. Ohne dies zu mißachten, wollen wir unser Interesse aber weniger auf den Stoffwechsel, als mehr auf jene Eigenschaften richten, die eine gegenseitige Behinderung der Atem- und Schußablaufbewegungen ausschließen.

Bei ruhigem Atmen macht der Mensch 12-18 Atemzüge in der Minute. Ein Atemzug dauert also etwa 4-5 Sekunden. Verfolgt man den Atemzyklus aufmerksam, so stellt man leicht fest, daß die Anspannung beim Einatmen rasch durch das Ausatmen abgelöst wird. Ein- und Ausatmen dauert zusammen etwa 2 Sekunden. Der nächste Atemzug beginnt jedoch erst nach einer Atempause von 2-3 Sekunden.

Bei genauer Beobachtung der schießtechnischen Bewegungen stellen sich beim Anheben der Arme ebenso Muskeltätigkeiten ein, die unsere Rippen in einer, der Atembewegung ähnlichen Weise, aus ihrer Ruhelage heben. Da dies wiederum eine Erweiterung des Brustraumes nach sich zieht, tritt eine indirekte Beatmung ein.

Der hiervon abzuleitende Vorteil, den Atmungsrhytmus durch Bewegungselemente des Aufbaues extern zu steuern, versetzt uns in die Lage, den Einsatz und die Atmungsdauer durch die Hebebewegung der Arme zu bestimmen.

Die Atmung hat rhytmische Bewegungen des Bauches, des Brustkorbes und der Schulterpartien zur Folge, die Schwankungen des Bogenarmes verursachen. Ein genauer Schuß ist dabei nicht möglich. Die Atmung muß deshalb zeitweilig eingestellt werden. Die natürliche Atempause ist für den Schützen von großer praktischer Bedeutung. Es liegt auf der Hand, daß der Atem zum Zielen und zum Abschuß nur nach dem Ausatmen angehalten werden sollte, wobei die natürliche Atempause ausgenutzt wird. Zu dieser Zeit ist die Atemmuskulatur nicht angespannt. Der Mensch kann leicht und ohne unangenehme Empfindungen die natürliche Atempause verlängern und den Atem auf 12-15 Sekunden anhalten. Diese Zeitspanne ist mehr als ausreichend, um genau zu zielen und abzuschießen. Vor dem Zielen sollte das Ausatmen ohne Kraftaufwand erfolgen.

Um zu verhindern, daß bei langen Schußserien der veränderte Atemrhytmus sich ungünstig auf die allgemeine Körperverfassung des Schützen auswirkt, soll der Atem nicht zu lange angehalten werden. Kommt der Abschuß nicht nach 8-10 Sekunden zustande, so wird abgesetzt und tief durchgeatmet und der Schuß neu aufgebaut.

Sehr häufig sieht man Schützen, die beim Ausziehen einatmen, beim Verankern ausatmen und in der Leerpause zielen und abschießen. Aus folgender Überlegung ist diese Technik unrichtig und kann unter Umständen bei längerer Ausübung für das Herz sogar schädlich sein.

Bei jeder Einatmung fließt Blut zum Herzen. Fallen nun Kraftentfaltung (Auszug) und Einatmung zusammen, so kommt es zu einer verstärkten Belastung des Herzens, die einen bedenklichen Überdruck nach sich zieht. Bei fortgesetzter, langanhaltender Anwendung dieser Technik entsteht eine nicht ausgleichbare Sauerstoffverknappung in der Lunge, im Herzen und demzufolge im Gehirn und in den Muskeln. Frühzeitige Ermüdung, nachlassende Konzentration, geringere Leistungsfähigkeit und Schädigung der Herzkraft sind die Folgen.

Es wird daher nachdrücklich folgende Atemtechnik empfohlen:

- ***Heben des Bogenarmes in Schußposition (Vorvisieren, Vorauszug)*** ***= einatmen***
- ***Auszug und Verankern*** ***= ausatmen***
- ***Zielen und Abschuß*** ***= Atempause.***

Neben dem gesundheitlichen Aspekt dieser Atemtechnik ergibt sich ein weiterer Vorteil für dieses exakte Timing des Schießablaufes durch den Atemrhytmus.
Zwecks Entwicklung eines individuellen Schießvorganges wird daher empfohlen, den Atemrhytmus bewußt auch auf die vorangehenden Tätigkeiten auszudehnen und zu kontrollieren.

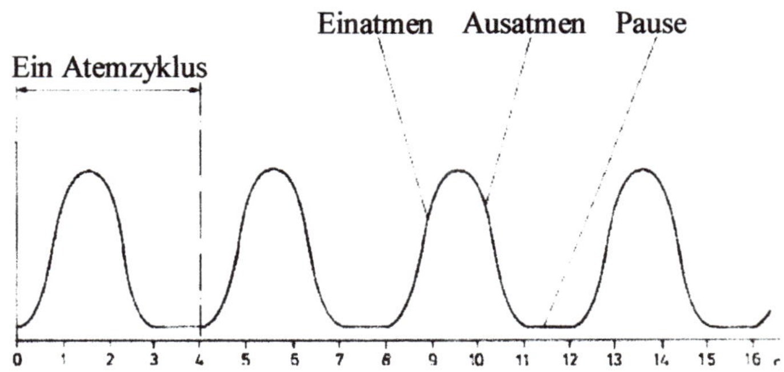

Abbildung: Atmungszyklus

Beispiel für einen individuellen Schießrhytmus:

+ Ausrichten zur Scheibe	= Einatmen
+ Haltung kontrollieren (aufrecht, locker)	= Ausatmen
+ Pfeil nocken	= Einatmen
+ Konzentrationsphase	= Ausatmen
+ Bogen schräg halten, Zugfinger plazieren	= tieferes Einatmen
+ Bogenhand plazieren	= tieferes Ausatmen
+ Heben des Bogens in Schußposition (Vorvisieren, Vorauszug)	= tieferes Einatmen
+ Auszug und Ankern	= leicht ausatmen
+ Ziel- und Lösevorgang	= Pause
+ Nachhalten	= Einatmen

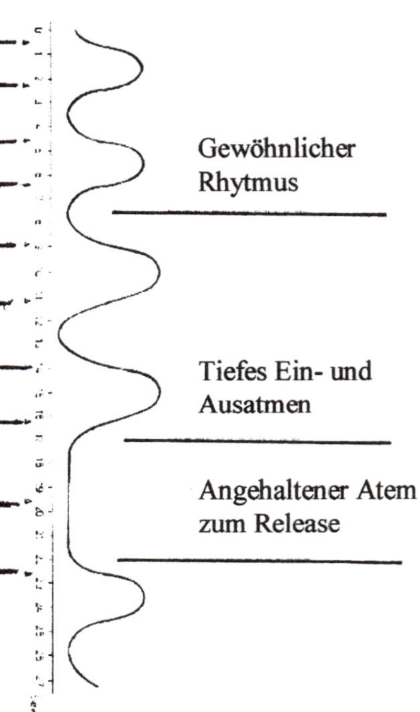

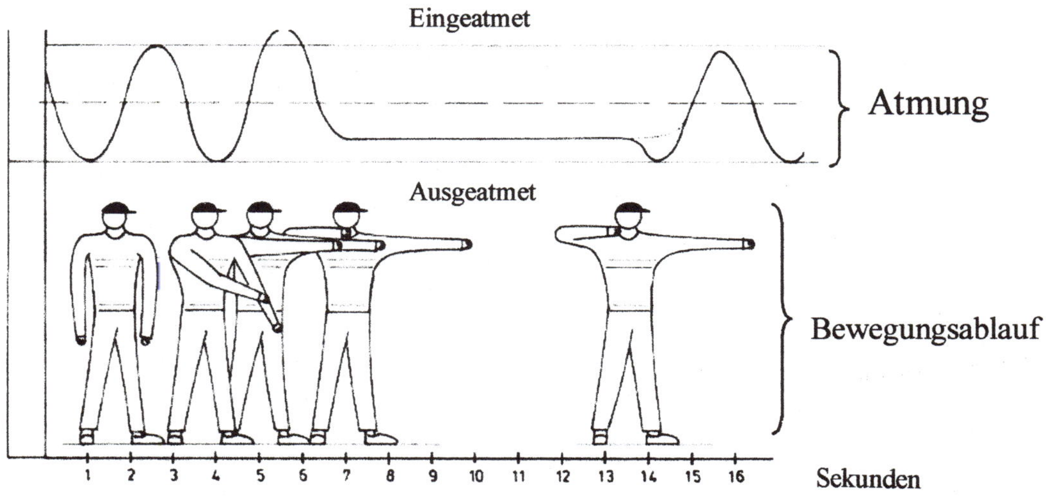

Abbildung: Darstellung Bewegungsablauf und Atemtechnik mit Zeitachse

4. 13 Die Zeitachse des Schußvorgangs

Untersuchungen sowohl bei Spitzenschützen als auch bei durchschnittlichen Schützen haben gezeigt, daß ein direkter Zusammenhang zwischen der geschossenen Ringzahl und der Dauer des Schußaufbaus von Beginn des Auszugs bis zum Lösen besteht.

Der „optimale" Wert variiert leicht bei unterschiedlichen Schützen, jedoch ergibt sich immer ein Wert für jeden Schützen, bei dem er die besten Ringzahlen erreicht.

Die ermittelten „Idealzeiten" liegen jedoch alle in einem Zeitrahmen zwischen 5 und 9 Sekunden bezogen auf dem Beginn des Auszugs (Nicht des Vorauszugs!) und dem Lösen.

Generell kann man also feststellen, daß die Idealzeit etwa bei 7 Sekunden durchschnittlich liegt vom Beginn des Endauszugs bis zum Lösen.

Ein Unterschreiten der Idealzeit des einzelnen Schützen, also ein „Schnellschuß" hat den Vorteil, daß die Zughand leichter aufgeht (Guter Release), das Ziel ist jedoch oft noch nicht 100%ig gefunden und fixiert. Beim zu langem Schußaufbau verkrampft sich die Muskulatur und das Lösen wird unsauber.

Zur Ermittlung des optimalen Wertes für einen individuellen Schützen muß die Zeit jeweils gestoppt, notiert und die Ringzahl hierzu ausgewertet werden. So kann man schnell die optimale Zeit ermitteln.

Die Zeitachse der Schußeinteilung beim Turnier

Neben der jeweiligen Messung des Zeitaufwandes für den einzelnen Schießvorgang ist zusätzlich die Messung der vom Schützen benötigten Regenerationszeiten zwischen den drei bzw. sechs zu schießenden Pfeilen einer Passe unbedingt notwendig. Diese Daten sind wichtig zur Beurteilung des Einflusses auf die Leistung beim 2. und 3. und ggf. folgenden Pfeilen. Zum Training der optimalen Nutzung der für die Passe zur Verfügung stehenden Zeit ist hier ein Eintrainieren der Schußintervalle sehr wichtig.

Nachstehend eine Darstellung für einen typischen Aufbau einer Passenzeitachse zum Schießen von 3 Pfeilen innerhalb von etwa 120 Sekunden.

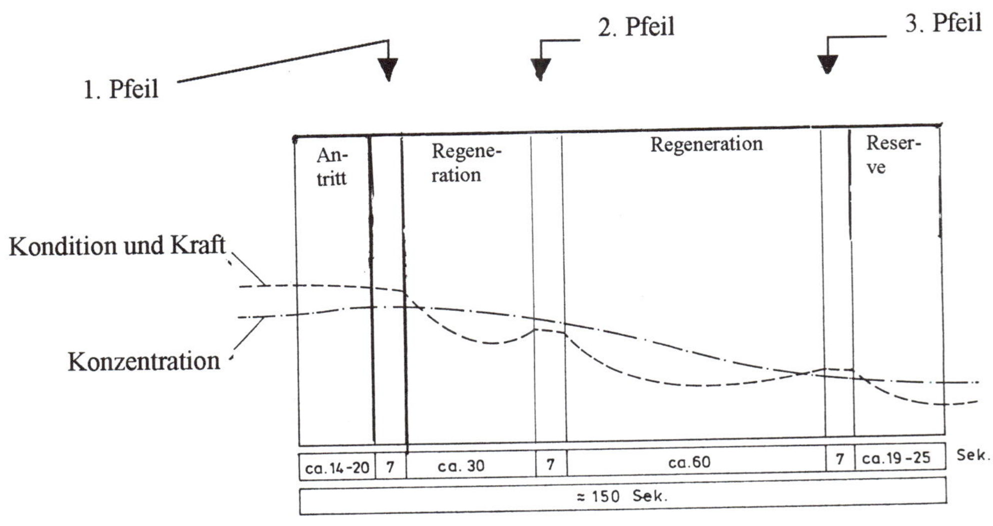

Abbildung : Schußsequenzeinteilung bei einer 3-Pfeil-Passe (Beispiel)

4. 14 Detail-Zeitachse des Auszugs bis zum Lösen (Release)

Unter Berücksichtigung und der Konzentration auf den Einsatz der richtigen Rückenmuskeln hat der Schußaufbau zeitlich verschiedene Sequenzen zu durchlaufen, deren Gesamtzeit (siehe vorheriges Kapitel) in der zu ermittelnden Gesamt-Idealzeit des Schützen liegen sollte.

Verschiedene typische sich ergebenden Detail-Zeitabläufe die ich willkürlich bei mir bekannten Schützen ermittelt habe, sollen zeigen, wie vieles oft falsch gemacht wird. Diese sind in den nachstehenden Grafiken dargestellt. Hierzu im Einzelnen folgende Anmerkungen:

Grafik 1A und 1B
„A“ stellt den Punkt dar, wo wir den Auszug starten. „B“ den Zeitpunkt, wo die Ankerposition der Zughand erreicht ist. „C“ ist der Punkt wo das Auge die Überwachung der Pfeilspitze (Auszugskontrolle) verläßt. “D“ ist der Punkt, wo das Ziel erfaßt wird, „E“ ist der Punkt, wo das Ziel im Korntunnel mittig festsitzt, „F“ ist der Punkt, wo der Klicker klickt, gefolgt von einem Bruchteil einer Sekunde bis zum Lösen. „G“ ist der Follow-Through mit der Nachhaltezeit.

Grafik 2
Diese Grafik stellt den typischen Fall dar, wo der Schütze beim Auszug und Ankern die Auszugsweite (Klicker/Pfeilspitze) beobachtet und dann erst die Visierung vornimmt. Hier stellt der Punkt „C“ den Zeitpunkt dar, wo die Konzentration von der Pfeilspitze auf das Visier übergeht und dadurch ein Nachlassen der Auszugsspannung zur Folge hat.

Grafik 3
Diese Darstellung zeigt einen zu schnellen Auszug. Hier besteht die Gefahr, daß der Bogenarm noch nicht ruhig verankert ist und das Ziel nicht sauber erfaßt ist und die Konzentration auf den Release nicht in Ruhe vorbereitet erfolgt.

Grafik 4
Diese Darstellung ist z.B. typisch beim Schießen im Wind. Das Ziel wird (E1 bis E3) mehrfach erfaßt, aber ohne folgenden Release. Ferner ist hier nochmals ein Blickwechsel von der Auszugskontrolle (C+D) auf die Visierung mit eingebaut. Dieser Schußaufbau beinhaltet mehre negative Auswirkungen. Durch die mehrfachen Auszugsunterbrechungen verliert der Schütze seine Rückenspannung und setzt die falschen Zugmuskeln ein. Ferner führt dies zur Ermüdung und zum Konzentrationsabbau und zu einem unsauberen Release. Der Pfeil wird durch den Klicker „gewürgt“ oder „gerissen“, was natürlich ebenfalls einen unsauberen Schuß bedeutet.

Grafik 5
Diese Darstellung zeigt einen kontinuierlichen Schußaufbau, der jedoch etwas zu langsam ist. Dieser Schießstil ist grundsätzlich sehr akurat, setzt jedoch eine hohe Fitneß voraus, da er viel Kraft kostet.

Wie aus den nachstehenden Grafiken ersichtlich ist, ***sollte eine „Auszugskontrolle“ vermieden werden, da sie häufig zum Verlust der Spannung führt. Ein guter Schütze sollte seinen Pfeil automatisch etwa bis 1mm vor dem Klicker ausziehen können. Dies ist reine Routine.*** .

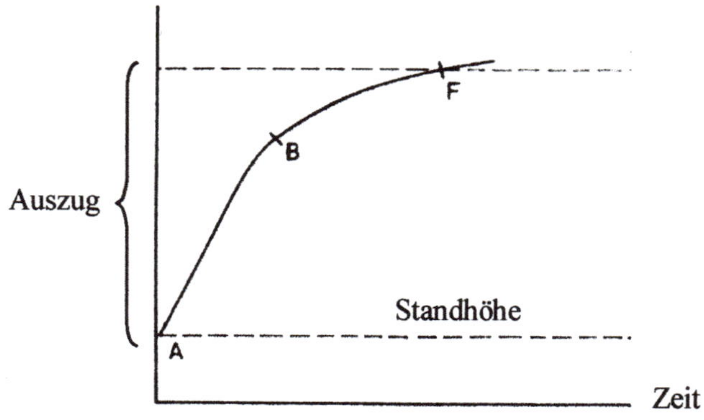

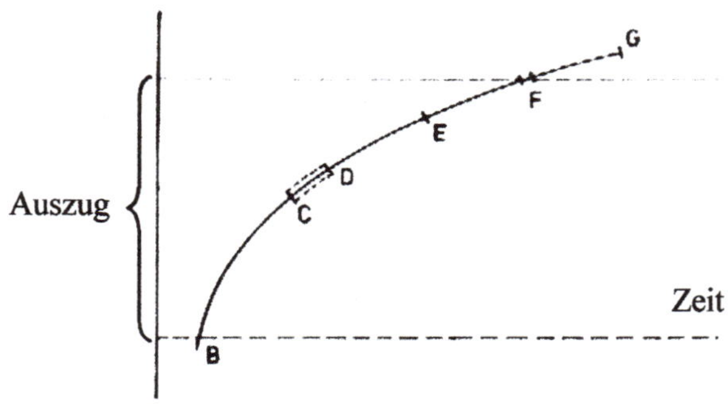

Abbildung: Grafik 1A und 1B

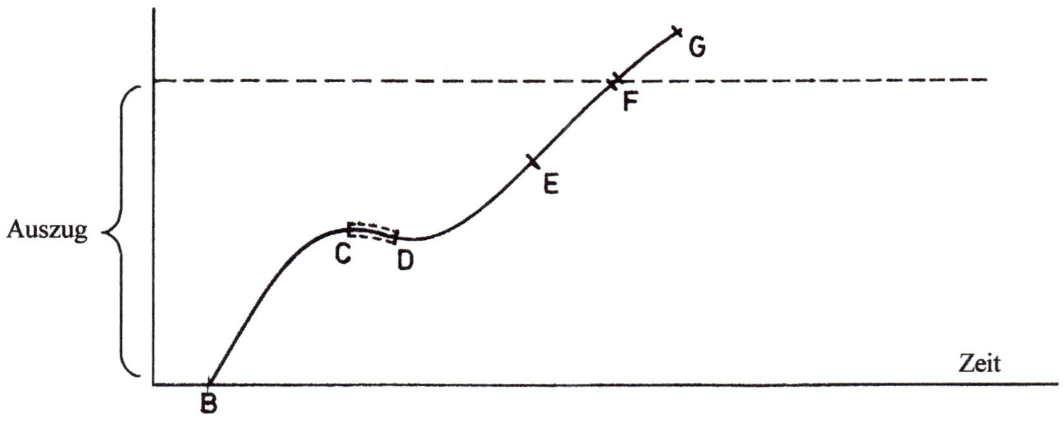

Abbildung: Grafik 2

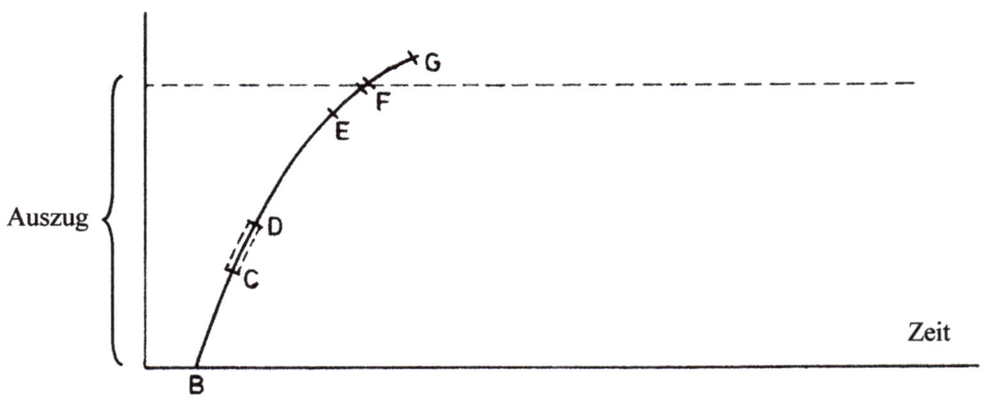

Abbildung: Grafik 3

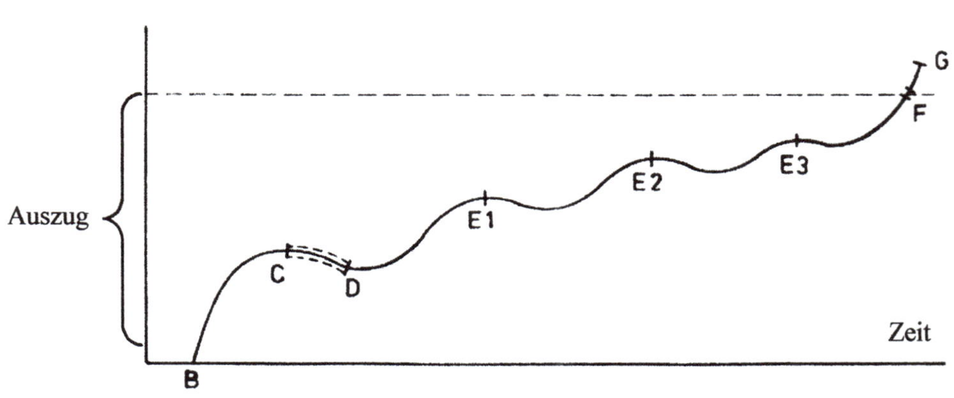

Abbildung: Grafik 4

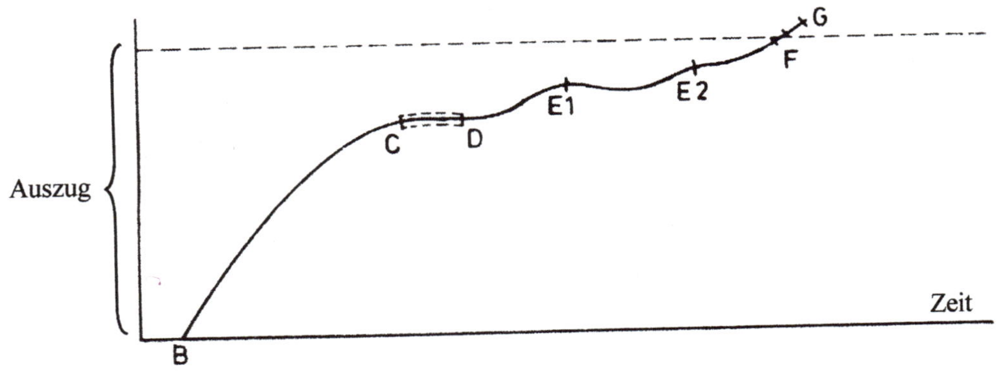

Abbildung: Grafik 5

4. 15 Zusammenfassung: Die Durchführung eines perfekten Schusses

1. Ich trete auf die Schußlinie, nehme meinen erprobten Stand ein und setze den Bogen auf meinen linken Fuß ab (RH-Schütze).

2. Ich entspanne mich, atme mehrmals tief durch, wobei ich den Atemausstoß langsam durchführe.

3. Ich ziehe den Pfeil aus dem Köcher, nocke ihn ein, achte dabei auf den Sitz der Leitfeder bzw. des Nockindex, überprüfe den richtigen Sitz des Pfeils auf der Auflage und hinter dem Klicker.

4. Ich kippe mit der Bogenhand den Bogen leicht an, greife mit der Zughand in die Sehne, achte auf leicht gespreizten Zeige- und Mittelfinger, damit der Pfeil nicht eingeklemmt wird. Ich achte auf ein „tiefes" Eingreifen in die Sehne.

5. Ich achte auf einen lockeren, entspannten Stand.

6. Ich ziehe die Sehne leicht an, wobei ich gleichzeitig die Bogenhand mit einem weit offenem „V" zwischen Daumen und Zeigefinger durch die Vorauszugskraft in die Bogenhand gleiten lasse. Ich lege die „Maus" des Daumens der Bogenhand in der Griffschale an. Ich achte hierbei auf lockere Finger und knicke den Mittelfinger, den Ringfinger und den kleinen Finger ohne bewußte Anspannung nach hinten weg (kraftlos!). Ich habe nun den Bogen locker zwischen dem Daumen und dem Zeigefinger positioniert und den Druck des Zugs auf der „Maus".

7. Ich hebe nun den leicht vorgespannten Bogen mit dem Bogenarm so weit hoch, daß ich durch das Visier vorvisieren kann. Hierbei achte ich darauf, daß der Zugarm etwa kurz unter Augenhöhe steht.

8. Ich achte auf eine weitgehend kraftlose Zughand und einen kraftlosen, entspannten Zugarm.

9. Ich drehe bei gleichzeitiger Zugerhöhung den Ellbogen des Bogenarms raus, verriegele die Schulter des Bogenarms in einer tiefen, nach hinten verlagerten Position.

10. Ich überprüfe meine Haltung, meine Muskeln und beginne nun mit dem Auszug unter Beachtung des Einsatzes der Rückenmuskeln.

11. Ich ziehe auf einer engen, geraden Linie die Zughand in Ankerposition unter das Kinn, führe die Ankerplatte des Tab oder den Zeigefinger der Zughand an den Kieferknochen und achte hierbei gleichzeitig auf ein leichtes Berühren der Sehne an der Nasenspitze und drücke die Sehne fest mittig an das Kinn.

12. In dieser Position sollte der Pfeil schon kurz vor der Klickerauslösung stehen.

13. Ich ziele ins Gold und halte das Korn im Gold, wobei ich gleichzeitig die Rückenspannung erhöhe und dies praktisch durch gleichzeitiges Ziehen und Strecken, d.h., durch eine Kontraktion beider Rücken-Schultermuskelpaare geschieht.

14. Mit der geringfügigen Spannungserhöhung muß der Pfeil durch den Klicker kommen. Das akustische Signal des Klickers leitet dann das „Lösen“ und den „Follow-Through“ ein, d.h., ein Entspannen der Beugemuskeln der Zugfinger, wobei gleichzeitig durch die aufgebaute Rückenspannung die Zughand nach hinten gleitet.

15. Ich versuche weiterhin das Gold anzuvisieren und die Körperspannung aufrecht zu erhalten. Dies mindestens drei bis vier Sekunden lang, also das „Nachhalten“. Ich vermeide bewußt ein „Zusammenbrechen“ meiner Haltung, schaue in keinem Fall dem Pfeil nach, sondern versuche weiter zu visieren.

16. Ich analysiere meinen Schuß und mein „Gefühl“ und meinen Muskeleinsatz.

Die wichtigsten Voraussetzungen für ein erfolgreiches Schießen sind:

Nur die Muskeln einsetzen und aktivieren, die unbedingt benötigt werden! Alle anderen Muskeln sind locker und entspannt. Sowohl unser Unterbewußtsein als unser Bewußtsein soll sich auf so wenig Aktionen/Aktivitäten wie möglich konzentrieren.

Klarer, einfacher und ökonomischer Schußaufbau. Keine Bewegungen zu viel machen.

Harmonischer, gleichbleibender Rhythmus.

Präzise Wiederholung aller Abläufe.

Kapitel V Auswahl und Herrichtung der Ausrüstung

Nach einem etwa einjährigem Training sollte der Anfänger, der bisher mit einem Club- oder Leihbogen geschossen hat, sich seine eigene, endgültige Ausrüstung zulegen. In dem ersten Jahr sollte das Zuggewicht an ein turnieradäquates Gewicht heran gesteigert worden sein. Der letzte Schritt kann dann mit dieser neuen Ausrüstung erfolgen. Über das Anfänger-Zuggewicht für die einzelnen Altersklassen ist bereits in vorherigen Kapiteln eingegangen worden, ebenso auf die Auswahl der Bogenlänge.
Das Zuggewicht eines voll trainierten Leistungsschützen sollte etwa liegen bei:

- Schülerklasse	25 lbs
- Jugendklasse	28- 30 lbs
- Damenklasse und Juniorinnen	35- 38 lbs
- Junioren und Schützen	40- 48 lbs

Die neue Ausrüstung sollte nicht als Zwischenlösung angeschafft werden, denn erfahrungsgemäß wird es immer teurer, wenn man Zwischen- oder Sparlösungen wählt.

Auch wenn man eventuell nach ein bis zwei Jahren dann nochmals andere Wurfarme und andere Pfeile wählt, sollte man kompromißlos sich seine erste Ausrüstung selektieren.

Die nachfolgenden Empfehlungen sollen davor bewahren, Fehlinvestitionen zu tätigen und dann unzufrieden mit der Ausrüstung zu sein.

Optimales Equipment haben schon genug erfahrene Spitzenschützen selektiert und man findet deshalb bei der Elite nur ganz geringfügige Varianten des geeigneten und empfehlenswerten Materials. Hierauf will ich im Folgenden eingehen.

Es gibt eine Vielzahl von Bogen auf dem Markt. Trotzdem empfiehlt es sich, einen der Bogen zu wählen, der von der Elite geschossen wird. Hierdurch reduziert sich die Auswahl derzeit auf drei bis vier Hersteller.

Die Qualität eines Bogens setzt sich aus zwei wesentlichen Komponenten zusammen: dem Griffstück und den Wurfarmen.

5.1 Das Griffstück

Heutzutage besteht das Griffstück aus einer Leichtmetall-Legierung aus Aluminium/Magnesium. Carbongriffstücke gibt es auch schon auf dem Markt, diese haben sich bis heute jedoch noch nicht durchgesetzt und bewährt.

In den letzten drei Jahrzehnten hatten sich die Leichtmetallgriffstücke etabliert, die im Gußverfahren hergestellt wurden. Seit Anfang der 90er Jahre kamen dann immer mehr Griffstücke auf dem Markt, die aus Vollmaterial herausgefräst und bearbeitet wurden. Diese Griffstücke zeichnen sich durch hohe Präzision und hohe Festigkeit aus und erlauben Ausklinkungen (Fenster) im Körper zur Gewichts- und zur Windlastreduzierung.

Eine noch höhere Festigkeit bei geringerem Gewicht haben die gesenkgeschmiedeten Griffstücke, die dann nachgefräst werden. Diese Griffstücke stellen das Optimum in Bezug auf Gewichtsreduzierung und Festigkeit dar.

Die Designart des Griffstücks, d.h., die Anordnung des Fachwerksystems und die Bauweise des Griffstücks sowie die Wurfarmaufnahmen lassen den Bogen unterschiedlich in der Hand erscheinen, d.h., er fühlt sich beim Schießen „hart“ oder „weich“ an.

Dies kommt in erster Linie durch das Eigenschwingverhalten und den Bogenreflex sowie durch den Deflex-/Reflex-Grad des Griffstücks.

Im Recurvebogenbereich kann man grob zwischen den nachfolgenden Bauarten unterscheiden, die alle ihre spezifischen Eigenschaften haben.

Der **„deflexe“ Bogen**. Hierbei ist der Drehpunkt (Pivot-Point = tiefster Punkt der Griffschale) vor den Kraftaufnahmepunkten der Wurfarmtaschen angeordnet.

Der **„neutrale“ Bogen**. Hierbei stehen der Drehpunkt und die Kraftaufnahmepunkte der Wurfarme auf gleicher Höhe.

Der **„reflexe“ Bogen**. Hier liegt der Drehpunkt hinter den Kraftaufnahmepunkten der Wurfarmtaschen.

Alle drei Varianten haben ihre Eigenarten.

Der deflexe Bogen hat ein sehr stabiles Seitenverhalten und wird als „unkritischer“ Bogen bezeichnet. Seine Nachteile sind, daß die effektive Auszugslänge kleiner als bei den beiden anderen Varianten ist und somit seine kinetische Energie schwächer ist.

Der neutrale Bogen hat ein noch sehr gutes, stabiles Seitenverhalten und seine kinetische Energie und seine Auszugslänge können als „normal“ bezeichnet werden.

Der reflexe Bogen wird oft als „agressiver“ Bogen bezeichnet. Seine Bauart ergibt eine maximale effektive Auszugslänge und eine maximale kinetische Energieentfaltung. Sein Nachteil ist ein labiles Seitenverhalten.

Für Turnierschützen im FITA-Scheibenbereich empfiehlt sich ein deflexer bis neutraler Bogen, da dieser den Anforderungen an präzisem Schießen am meisten entspricht.

Durch die „Tillerverstellung“ der Wurfarmaufnahme läßt sich der Deflexwinkel bei den meisten Bögen im gewissen Rahmen verstellen. (Siehe Kapitel Tuning).

Die Tillerverstellung sollte nur zum Feintuning vorgenommen werden und nicht zur Erhöhung des Zuggewichtes. Ansonsten verändert man zu stark die Eigenart des Bogens, d.h., ein neutraler Bogen kann durch übermäßige „Hochtillerung“ zu einem reflexen Bogen werden.

Von Bedeutung ist auch die Art der Wurfarmaufnahme in der Griffstücktasche. Entkoppelte Arme übertragen naturgemäß weniger Schwingungen in das Griffstück als fest angeschraubte Arme.

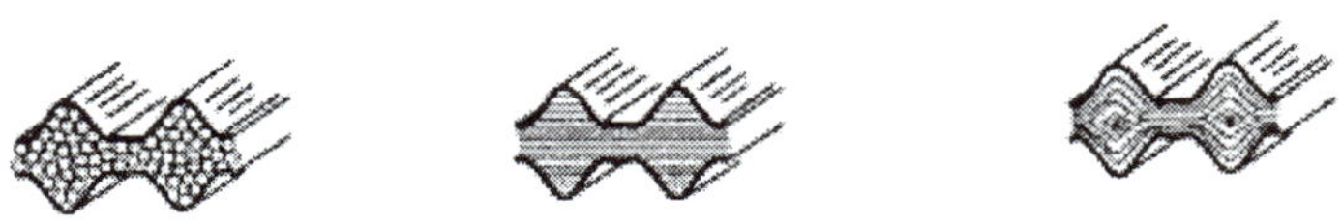

Abbildungen: Materialmolekularstrukturen von Guß-, gefrästem-, geschmiedetem Griffstück

5. 2 Die Wurfarme

Die Wurfarme sind heute überwiegend aus Laminaten hergestellt. Diese Konstruktionsart hat sich in den letzten 40 Jahren durchgesetzt, wobei seit Anfang der 80er Jahre der Werkstoff „Carbon“, also Kohlefasern immer mehr Einzug als weitere Laminatkomponente hielt.

Die Laminate, die beim Wurfarm eingesetzt werden, geben ihm seinen typischen Namen, z.B. Carbon, Glasfiber, Keramik oder Holz/Carbon und Keramik/Carbon.

Entscheidendes Kriterium des Wurfarmaufbaus ist, daß die durch das Ausziehen aufgebaute Energie schnell und präzise ohne Reduzierungskräfte über die Sehne an den Pfeil abgegeben wird. Dies heißt, der Wurfarm muß ein hohes Rückschnellverhalten aufweisen.

Die unterschiedlichen Materialien haben auch unterschiedliche Eigenschaften.

Material	Wurfleistung	Auszugsempfinden
Holz	sehr langsam	sehr weich
Holz/Fiberglas	langsam	weich
Holz/Carbon/Fiberglas	schnell	weich bis hart
Holz/Keramik	schnell	weich bis hart
Kunststoff/Carbon	schnell	weich bis hart
Carbon/Keramik	sehr schnell	hart

Obige Darstellung zeigt, daß ein gutes Rückschnellverhalten mit einem etwas härteren Auszugsempfinden (bei gleichem Auszugseffektivgewicht) erkauft werden muß. Die neuesten Keramik-Carbon -Wurfarme sind nicht mehr in Laminatbauweise aufgebaut und hergestellt, sondern als Verbundstoff „gebacken“. Diese Arme stellen das Optimum an Wurfkraft und Seitenstabilität dar.

Das Rückschnellverhalten, also letztlich die Wurfleistung, hängt jedoch nicht nur vom verwendeten Material ab, sondern ist auch konstruktionsbedingt. Hierbei spielt die Recurveausbildung eine wichtige Rolle, die Masse und das Gewicht und die Arten der Verbundtechnologie .

5.3 Die Kenngrößen des Bogens

Bögen haben konstruktionsbedingt zwei Kennlinien. Einerseits das Kraft-/Auszugsdiagramm, welches die Zuglast bei unterschiedlichem Auszug darstellt. Andererseits die Energieabgabe an den Pfeil.

Das Verhältnis des Energieaufbaus zur Energieabgabe stellt den Wirkungsgrad des Bogens dar. Die Differenz, also der Energieverlust setzt sich aus Beschleuningungsverlusten, interne Reibung in der Materialstruktur sowie der Deformation im Bogensystem und im Pfeil zusammen.

Speziell bei Recurvebogen verändern die Wurfarme ihre Hebelverhältnisse. Der Recurveteil der Wurfarme wird überproportional „aufgerollt" und schnellt nach dem Lösen zusätzlich nach vorne, was ähnlich wie bei einem Compoundbogen einer Übersetzung gleichkommt. Hierdurch wird eine zusätzliche dynamische Kraft erzeugt, welche der kinetischen Energie, die auf den Pfeil übertragen wird, zu Gute kommt. Neueste Wurfarme sind in diesem Punkt noch zusätzlich „ausgefeilt", sie haben extrem tiefe Sehnennuten in Kerbform, die diesen Effekt noch zusätzlich unterstützen. Ferner wird hierbei die Sehne besser und gleichmäßiger geführt, was die Abschußpräzision verbessert.

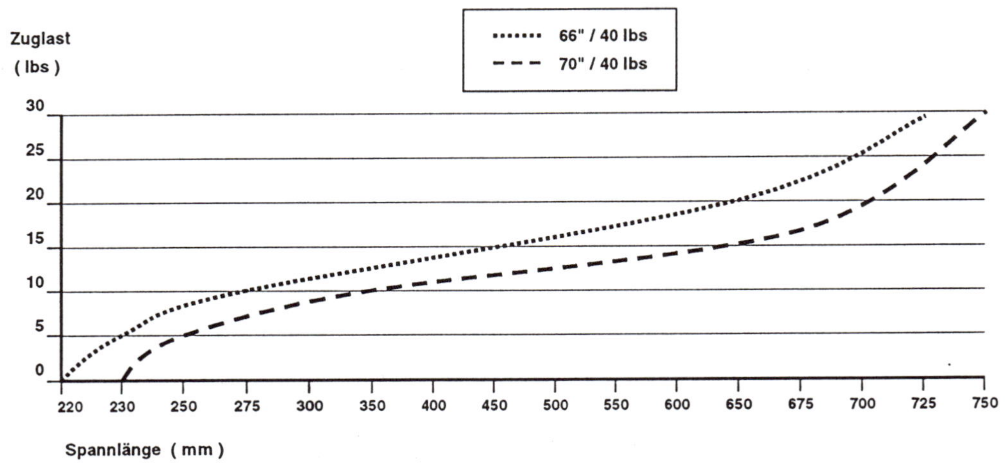

Abbildung: Typisches Auszugsdiagramm

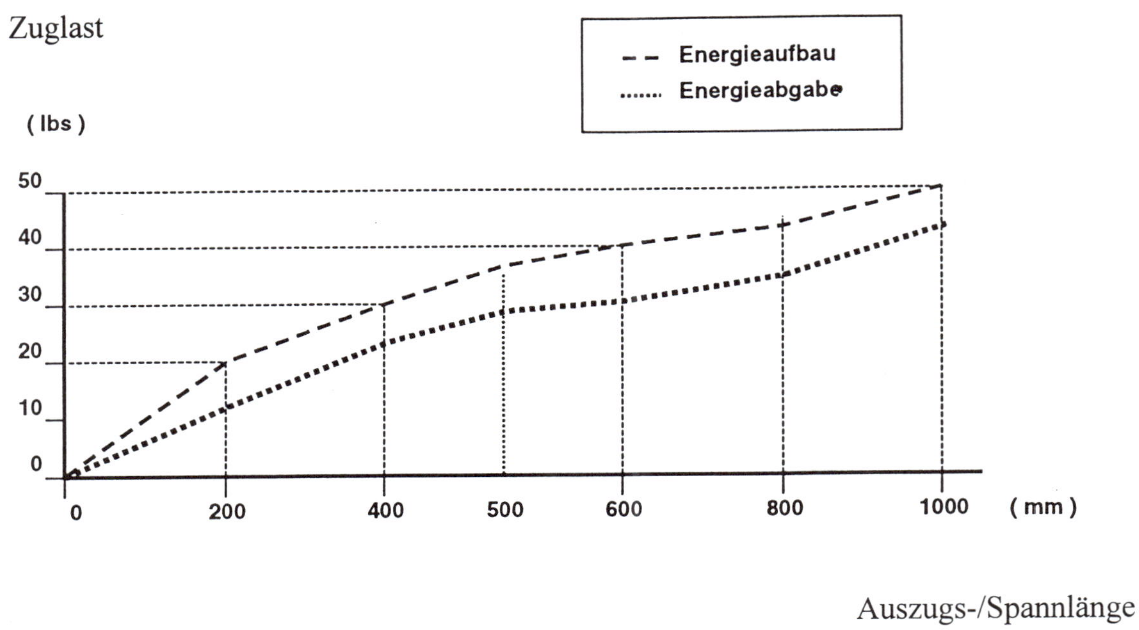

Abbildung: Typisches Wirkungsgraddiagramm (Differenz aus Energieaufbau und Energie-Abgabe = Wirkungsgradverlust)

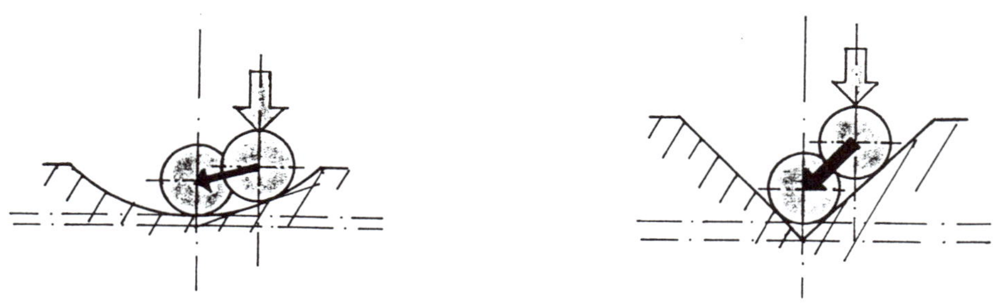

Abbildung: 1. Herkömmliche Sehnennut im Recurvebereich der Wurfarme
2. „Power-Recurve“

5.4 Die Griffschale

Für die Turnierbögen gibt es unterschiedliche Griffschalen. Diese kann man in „flache“-, „mittlere“- und „hohe“ Ausführungen erhalten. Daneben gibt es - je nach Hersteller- auch noch Zwischenvarianten wie „halbhoch“ etc.

Erfahrungen haben gezeigt, daß sehr flache und sehr hohe Griffschalen sich ungünstig auf die Schießkonstanz des Schützen auswirken. Sie können zu Handgelenksermüdungen oder Verspannungen führen, was letztlich zu „Streuungen“ im Schußbild führt.

Mittlere bis halbhohe Griffschalen sollten deshalb gewählt werden.

5.5 Die Sehne

Für einen Turnierschützen ist es unabdingbar, sich die Sehne für seinen Bogen selbst zu fertigen oder sie sich von einem zuverlässigen Freund oder Trainer fertigen zu lassen.

Fertigsehnen sind zu schwer aufgrund der unnötigerweise langen Mittelwicklung. Endenwicklungen als „offene" oder „teiloffene" Öhrchen sind heute zum Teil schon bei Fertigsehnen erhältlich, aber meist weisen die Fertigsehnen Öhrchenwicklungen mit schwerem Wickelgarn auf. Die Herstellung einer Sehne wird im Kapitel 9 ausführlich beschrieben.

In den letzten 10 Jahren haben sich die Sehnen, die aus dem Material „HPPE", also „High Performance Polyethylene" bestehen, durchgesetzt und die bis dahin verwendeten Aramid-Sehnen (meist unter der Markenbezeichnung „KEVLAR" bekannt und auf dem Markt) verdrängt. „HPPE" wurde von einer europäischen Faserfirma entwickelt und u.A. von einer japanischen und einer amerikanischen Garnfabrik in Lizenzfertigung übernommen. Diese beiden Firmen wiederum beliefern die verschiedenen Anbieter von Bogensehnenmaterial mit unterschiedlich dicken und leicht in den physikalischen Eigenschaften unterschiedlichen Garnen. Diese Garne sind unter dem Namen „Spectra" und „Dyneema" bekannt. Neben den geringen unterschiedlichen Fasereigenschaften werden die Endprodukte jedoch mit unterschiedlicher Wachsung geliefert und haben unterschiedliche Charakteristika in ihrem Verhalten auf dem Bogen.

Bei Anfängerbögen wird das schon seit Jahrzehnten auf dem Markt befindliche Polyestersehnenmaterial verwendet, bekannt unter dem Markennamen „DRACON-B50" etc.

Dieses Material empfiehlt sich jedoch nicht für den ambitionierten Turnierschützen, da es sich sehr stark dehnt , die Wurfkraft mindert und relativ schwer ist.

Ferner ist ein weiteres Material derzeit auf dem Markt, ein „LCP"-Material (Liquid Crystal Polymer), bekannt unter der Markenbezeichnung „VECTRAN", welches sehr stark ist, keine Dehnung aufweist, jedoch ähnlich wie früher „KEVLAR" sehr schnell zu Brüchen führt. Deshalb konnte es sich als alleiniges Material bisher nicht durchsetzen, wird aber bei verschiedenen angebotenen Sehnengarnen als Fasermischung mit „HPPE" angeboten, wie z..B. als „450 Plus" und „S4". Die Stränge dieser Mischung sind sehr dick und lassen sich nach meinen Erfahrungen relativ schlecht verarbeiten.

Speziell für Compoundbogenschützen ist dieses Material jedoch sehr empfehlenswert. Für Recurveschützen ist nach meinen Erfahrungen ein „HPPE"-Material derzeit ideal. Dieses und Mischgarn gibt es derzeit unter folgenden gängigen Markenbezeichnungen:

Produkt	Hersteller	Zugfestig keit	Fasertyp	Flexibilitä tsverlust	Dehnung	Längung	Gewicht m/kg
Fast-Flight	Brownell	41,6kg	Spectra	5%	+	++	5853
Dyna Flight	BCY	54,4 kg	Dyneema	5%	+	++	5988
F.F.-2000	Brownell	52,1 kg	Spectra 2000	5%	+	+	4541
Dyna-Flight 97	BCY	54,4 kg	Dyneema SK 75	5%	+	+	5988
ASB-Dyneema	Angel	49,8 kg	Dyneema	4%	+	+	*
450 Plus	BCY	70,2 kg	Vectran+ Dyneema	8%	-	-	3162
S4	Brownell	72,5 kg	Vectran+ Spectra	7%	-	-	2704
D+%	Brownell	58,9 kg	Dyneema SK 75	5%	-	+	5033
Dracon B 50	Brownell	22,65 kg	Polyester	0%	++++	++++	2893

* ASB-Dyneema ist ungewachst und das Gewicht richtet sich nach der individuellen Wachsung, liegt etwa bei 6000 m/kg bei sorgfältiger Wachsung.

Legende:
- - = Null
- + = Sehr gut
- ++ = gut
- ++++ = ausreichend

Dehnung= Flexibilität beim Schuß (Streckung unter Belastung)

Längung= Veränderung der Sehnenlänge über einen längeren Zeitraum (Standhöhenveränderung). Bei den Spectra- und Dyneema-Sehnen kann davon ausgegangen werden, daß –je nach Zuggewicht- nach 200 bis 300 Schuß keine Längung mehr erfolgt.

Es ist mit folgender Längung zu rechnen:

Fast Flight	16,0 mm
ASB-Dyneema	12,0 mm
450 Premium	3,2 mm
450 Plus	3,2 mm
S4	6,5 mm
Dynaflight 97	6,5 mm.

Diese Längung ist bei der Fertigung der Sehnen zu berücksichtigen, damit die spätere, eingeschossene Sehne nicht zu stark aufgedreht werden muß, was zu Wurfleistungsverlusten führt. Vorstehende Lägungswerte beziehen sich auf eine Sehne für einen 68" Bogen mit 18 Strang.

Gegenüberstellung von Sehnengewichten für einen Bogen, bestückt mit Strangzahlen passend etwa zu 40-45 lbs Zuggewicht (Turnierschütze im Kader). Länge der Sehne: 1645 mm ,offene Öhrchen.

Produktname	Strangzahl	Zugfestigkeit kg	Gewicht Gramm
450 Plus	12	843	5,79
S4	10	725	5,64
DF 97	16	1087	5,18
FF 2000	16	834	5,37
Fast Flight	20	834	5,21
ASB-Dyneema	18	866	5,15*
Dracon B 50	12	272	6,33

* = nachträglich gewachst

Aus allen vorstehenden Daten läßt sich erkennen, daß für den Recurve-FITA-Schützen derzeit wohl die beiden Materialien ASB-Dyneema und Fast-Flight zu den vorzuziehenden Materialien zählen dürften.
Compoundbogenschützen sollten sich mit den Mischfasersehnen befassen.

Für ASB-Dyneema und für Fast-Flight-Sehnen empfiehlt sich die Verwendung folgender Strangzahlen , falls nicht Tuninggründe eine andere Strangzahl erfordern.

Zuggewicht in lbs am Finger	Fast-Flight - Strangzahl	ASB-Dyneema-Strangzahl
Bis 30 lbs	12 Strang	12 Strang
Bis 36 lbs	16 Strang	14 Strang
Bis 40 lbs	18 Strang	16 Strang
Bis 45 lbs	20 Strang	18 Strang
Über 45 lbs	22 Strang	20 Strang

Fast-Flight gibt es in verschiedenen Farben. ASB-Dyneema ist weiß. Zusätzlich gibt es „ASB-Dyneema – Sensitive", welches grau/blau ist und ein besonders „weiches" Abschußgefühl vermittelt.

Eine optimale Sehne aus einer der beiden vorstehenden Materialien sollte im <u>Endzustand</u>, d.h., nach dem sie 200 bis 300 Schuß eingeschossen ist, etwa eine 20-22 -fache „Aufdrehung" haben für 66"-Bögen und eine 22-24 -fache für 68" Bögen.

Bei neu gewickelten Sehnen dürfte der äquivalente Wert etwa 14-16 Aufdrehungen betragen und die Längung ergibt dann die Endaufdrehung. Zu kurze Sehnen ergeben einen zu „harten" Abschuß , zu lange Sehnen vermindern die Wurfleistung.

Es sollte mit „halboffenen" oder „offenen" Öhrchen geschossen werden, da dies sowohl Gewichtsreduzierung als auch eine schnellere Längung ergibt. Die Mittenwicklung sollte jeweils nur so lang sein, daß der Tab-Griffbereich abgedeckt wird, nicht mehr. Sonst wird unnötiges Gewicht aufgewickelt. (siehe Kapitel IX, Sehnenfertigung).

Die Anbringung von „Mononockpunkten", „Beiternockpunkten" oder „Kugelnockpunkten" ist eine Frage, die schon seit Jahrzehnten die Meinungen auseinander gehen läßt.
Mono- und Kugelnockpunkte müssen vor der Fertigstellung der Sehne mit eingewickelt werden. Beiternockpunkte können nachher aufgewickelt werden.

Ich persönlich empfehle die Mono- oder Kugelnockpunkte, die Nocks haben einen konstant guten Sitz und es ist nicht mit zusätzlicher Über- oder Unterwicklung der Mittenwicklung ein guter Nocksitz zu bewerkstelligen.

Zusätzliches Umwickeln der Mittenwicklung am Nockpunkt ist nach meinen Erfahrungen ein großer Störfaktor. Der Verschleiß des Garns ist groß und somit verringert und ändert sich laufend die Sitzfestigkeit, ganz zu schweigen von einem totalen Lösen dieser „Hilfswicklung".

Mit den Klemmnockpunkten (z.B. SAUNDERS), die mit einer Zange auf die Mittenwicklung aufgeklemmt werden, habe ich und viele andere Schützen in der Vergangenheit schon böse Erfahrungen machen müssen. Unbemerkt rutschten die Klemmpunkte und zerstörten manches Turnierergebnis. Wenn man sie verwendet, sollte man oberhalb zumindest eine geknotete Hilfshaltewicklung anbringen.

Die nachfolgende Gegenüberstellung der Vor- und Nachteile der einzelnen Nockpunktsysteme gibt einen Überblick:

Eigenschaft	**Klemmnock-Punkt**	**Gewickelter Nockpunkt**	**Mono und Kugelnockp.**	**Beiternock-punkt**
Energieabgabe	Normal	Normal	Sehr gut	Gut
Nockführung	Normal	Normal	Sehr gut	Gut
Lösekraft	Gut	Gut	Sehr gut	Sehr gut
Montage und Änderung	Sehr einfach	Einfach	Sehr aufwendig	Aufwendig
Reparatur (Austausch)	Sehr einfach	Einfach	Nicht möglich	Aufwendig
Lebensdauer	Gering (verrutschen)	Gering (Abnutzung)	Sehr lang	Sehr lang

Bei den „Standard-Nockpunkten", d.h., bei der Nockpunktart, wo der Pfeilnock auf der Mittenwicklung der Sehne einnockt, also bei obigen Versionen „Klemmnockpunkt" und „Gewickelter Nockpunkt" können alle herkömmlichen Pfeilnocken verwendet werden. Bei den Mononockpunkten ebenfalls. Bei den Beiternockpunkten sollten möglichst auch die asymetrischen Beiter-Nocken Verwendung finden. Diese hochpräzisen Beiter-Nocken kann ich generell nur bestens empfehlen, egal ob Klemmnockpunkte, gewickelte Nockpunkte , Mononockpunkte oder Beiter-Nockpunkte verwendet werden. Die Kugelnockpunkte lassen sich nur ausschließlich mit speziellen Kugelnocken verwenden.

Vor Anbringung der Mittenwicklung sollte die Sehne zunächst etwa 30-40 Schuß eingeschossen werden, dann der Nockpunkt (bei eingewickelten Nocks) ausgeschossen werden und die Mittenwicklung bei entsprechend auf Standhöhe aufgedrehter Sehne angebracht werden.

Sehnen sollten nach dem Abnehmen vom Bogen gegen Aufdrehen gesichert werden. Dies erfolgt am einfachsten dadurch, daß man die beiden Öhrchen gegeneinander zweimal ineinander schieb, ehe man die Sehne zusammenlegt. So ist immer eine gleiche Spannhöhe beim Wiederaufspannen gewährleistet. Bei der in Verwendung befindlichen Sehne kann man auch ein Öhrchen auf einem Wurfarm belassen und das 2. Öhrchen mit über diesen Wurfarm schieben um ein Abwickeln zu vermeiden. Diese Methode hat jedoch den Nachteil, daß der Wurfarm mit Sehnenwachs „verschmiert" wird und daß der Wachs in der Sehnen schneller austrocknet und an Flexibilität/ Geschmeidigkeit verliert.

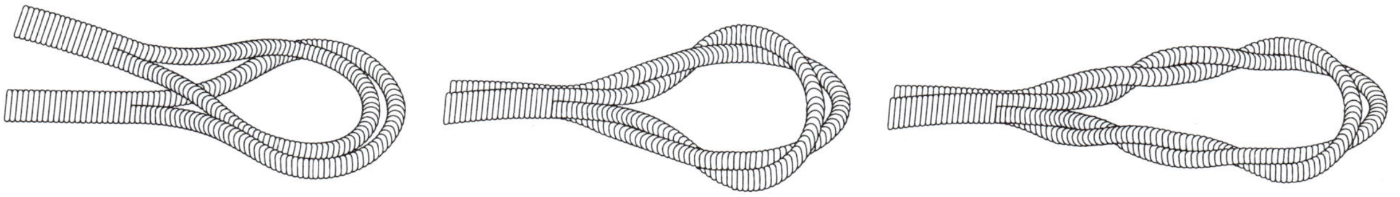

<u>Abbildung: Ineinanderschieben der Sehnenöhrchen zur Sicherung gegen Aufdrehen</u>

5.6 Das Stabilisationssystem

Stabilisatoren sind zusätzliche Massen, die über mehr oder minder lange Stäbe, mit oder ohne Schwingungsdämpfer, mit dem Griffstück verbunden sind. Um festzustellen, was sie können, fragt man zweckmäßigerweise erst „Was sollen sie können?“

Sie sollen dem Schützen helfen, möglichst viele Ringe zu schießen. In anderen Worten: ***sie sollen die Streuung des Bogens so gering wie möglich halten***. An dieser Stelle verzweigt sich die angeschnittene Problematik in eine Reihe von Begriffen und Fragen.

Das Stabilisatorensystem ist eine Vorrichtung, die mehre Aufgaben erfüllen soll.

Hierzu zählen:

- Ruhigstellung des Bogens während der Ziel- und Lösephase.

- Minimierung von Schwingungsübertragungen aus dem Körper des Schützen (Tremor) auf den Bogen.

- Dämpfung jener Schwingungen, die durch den Abschuß auf das Griffstück und auf die Bogenhand und den Bogenarm übertragen werden.

- Beeinflussung des Bogenreflexes beim Abschuß.

- Erhöhung des Wirkungsgrades des Bogens durch Verzögerung der Schwingungsreflexe.

Die Art und Anbringung von Stabilisatorensystemen ist in erster Linie eine Aufgabenstellung, die der Schütze selber festlegen muß, um ein „gutes Gefühl“ mit dem Bogen zu haben. Hier spielt auch das Zuggewicht und die Haltekraft des Schützen (Kondition) eine wichtige Rolle.

Die aufgeführten Aufgabenstellungen der Stabilisation beeinflussen hauptsächlich drei Phasen des Schießablaufs.

In der ersten Phase, also beim Schußaufbau und beim Zielvorgang soll die Stabilisation bewirken, daß der Bogen ruhig gehalten und die Tremorschwingungen des Körpers aufgefangen werden können und gleichzeitig aufgrund der Gewichtsverteilung der Stabilisation ein sauberes Ausrichten ermöglicht wird.

In dieser Phase spielt das Gewicht der Stabilisation eine Rolle bzgl. der „Hebekraft“ des Bogenarms. Eine zu schwere Stabilisation kann hier Konditionsprobleme verursachen.

In der zweiten Phase, während des Abschusses,ist das Reflexverhalten des Bogens mit durch die richtige Stabilisation geprägt.

In der dritten Phase,nach dem Abschuß,spielt die Stabilisation eine wichtige Rolle bzgl. des „Empfindens“ des Schützen. Ein zu kopflastiger Bogen aufgrund zu hoher Gewichte vorne wird zu stark nach vorne kippen und die Aufmerksamkeit des Schützen ablenken. Gleiches kann bei seitlich ausbrechendem Bogen passieren.

Das Wichtigste bei der Stabilisationsauslegung ist zum einen die Gewichtsmasse und zum anderen die Gewichtsverteilung.

Wenn diese beiden Punkte, Gewichtsmasse und Gewichtsverteilung, richtig auf den Schützen und seinen Bogen abgestimmt sind, wird die Stabilisation ihren Grundzweck erfüllen.

Das Gesamtgewicht der Stabilisation sollte der Konstitution des Schützen und seiner Leistungsfähigkeit entsprechend ausgelegt werden.

Hierbei ist ein möglichst leichter Bogen von Vorteil, weil dann die Gewichte dorthin verlegt werden können, wo sie Stabilisations- und Dämpfungszwecken dienen können.

Die aktuellen Erkenntnisse haben ergeben, daß die Gewichte möglichst weit nach außen verlegt werden sollten und gleichzeitig „entkoppelt“ angebracht werden sollten. Dies bedeutet, daß auf TFC’s (Torque Flight Compensators) am Bogen und an der Spinne verzichtet werden sollte und nur die Endgewichte am Monostabilisator und an den Konterstabilisatoren mittels schwingungsabsorbierenden flexiblen Verbindungen angebracht werden sollten.

Diese flexiblen Verbindungen sollten aber, daß haben Schwingungsmessungen ergeben, nicht in der vielfach verbreiteten hocheleastischen Weichgummiversion ausgeführt sein, sondern in einer relativ harten Ausführung. Dies kann z.B. durch einen Schlag auf das Stabilisationssystem überprüft werden, die entkoppelten Gewichte sollten nur einmal nachschwingen. Als hervorragend hat sich die Kombination: „BACK-DOINKERS“ für die Konterstabilisatoren und ein etwa 3“ (75mm) langer Hydraulikschlauch für den Monostabilisator erwiesen.

Die Dämpfung durch die Schwingungsdämpfer wirkt sich zwar nicht unmittelbar und auch nicht stark auf die Streuung des Bogens aus, aber dennoch kann auf sie nicht verzichtet werden. Ihre Hauptaufgabe ist, die sehr kurzen und harten Eigenfrequenzen der kurzen Stabilisatoren vom Bogen fernzuhalten. Die zweite und nicht minder bedeutende Wirkung der Dämpfung ist, die Zitterbewegungen des Schützen (Tremor) beim Zielen „wegzudämpfen“ und ihm so ein ruhiges Zielen zu ermöglichen.

Nicht zu gering einzuschätzen ist auch der geräuschmindernde Effekt der Dämpfung. Wenn man weiß, daß Klänge und Geräusche unmittelbaren Reizeinfluß auf Muskeln und Nerven haben, kann man sich leicht vorstellen, daß ein harter Abschußklang harte Muskelreaktionen und ein weicher Abschußklang entsprechend weichere Muskelreaktionen anregen kann.

Auf keinen Fall aber darf die Dämpfung der inneren Schwingungen des Bogens, die sich im raschen Abklingen der Wurfarmbewegungen demonstrieren läßt, einen Einfluß auf die Streuung haben.

Bei gedämpften Schwingungen schlägt nämlich immer die erste Schwingung beinahe ungedämpft durch, und gerade diese erste Schwingung ist die einzige, die sich auf den Schuß direkt auswirkt. Bei der zweiten Schwingung ist der Pfeil bereits fort.

Die Dämpfer haben aber noch eine Funktion, und zwar dosieren sie die Stärke der Kopplung zwischen dem Bogen und den Stabilisatorenmassen. Durch stärkeres Einstellen der Dämpfer, oder durch Verwendung härterer Entkopplungsgummis, wird nicht etwa die Dämpfung, sondern nur die Massenkopplung verstärkt. Das heißt, daß der Trägheitseinfluß der Zusatzmassen auf das Griffstück wirksamer wird und auch auf diese Weise das Schwingungsverhalten (Schwingungsfrequenz und Schwingungsamplitude) des Bogens und der Sehne beeinflußt werden können.

Wie ermittelt man nun die ideale Stabilisatoren-Kombination?

Da die ideale Stabilisatoren-Kombination von den verschiedensten Größen, wie Bogenlänge und Bogenzuggewicht, Auszugslänge, Pfeilmaterial, Pfeilspine und Technik des Schützen abhängt, ist es nicht möglich, eine Standardkombination grundsätzlich zu empfehlen, die für jeden Schützen und jeden Bogen optimal ist.

Die günstigste Kombination ist individuell und muß in jedem Falle durch Versuche ermittelt werden. Die später in diesem Kapitel dargestellten Kombinationsmöglichkeiten und die ermittelten häufigsten bei Spitzenschützen verwendete Kombinationen sollen als Ausgangsbasis dienen.

Grundsätzlich ist aber festzustellen, daß die Stabilisatoren bei den längeren Bögen (68“ und länger) bezüglich der Streuung eine äußerst unbedeutende Rolle spielen, da die Sehnenbahnkurve aufgrund der geringen Federkonstante und des relativ schweren Pfeils von vornherein einen sanften und gestreckten Verlauf hat und somit durch die Stabilisierung fast nicht mehr verändert werden kann.

Bei kurzen Bögen, verbunden mit kurzen Auszugslängen, sind die Stabilisatoren jedoch bitter notwendig und , richtig angewendet, sehr wertvoll.

Man kann hier schon ableiten, daß ein kurzer Bogen vergleichsweise mehr Stabi-Gewichte braucht als ein langer. Ausgehen kann man von der bewährten Grundkonzeption, bestehend aus dem langen Monostabilisator, der Spinne, dem Vorbau und den beiden Konterstabilisatoren. Als nächstes stellt man Pfeilanlage und Pfeilauflage und Nockpunkt so ein, daß der Pfeil sauber fliegt. Erst jetzt beginnt man nach einem vorher erstellten Plan die Stabilisatorgewichte und die Stabilisatoranordnung zu variieren. Man sollte aber jeweils einige Passen mit unveränderter Konstellation auf 50 und 70 m schießen und diese zusammen mit dem entsprechenden Streuungsdurchmesser aufzeichnen.

Macht man dies lange und sorgfältig genug, so erhält man schließlich eine oder mehrere Stabilisator-Kombinationen, die geringere Streuungen als andere aufzuweisen scheinen. Diese Kombinationen sollten anschließend noch einmal überprüft werden, indem man den Streuungsdurchmessertest wiederholt und auch jeweils eine Entfernung schießt und die Ringe zählt. Nur eine für den Schützen akzeptable Ringzahl darf als Bestätigung angesehen werden.

Treten beim Zielen zu starke Zitterbewegungen auf, so ist Gewicht zuzulegen oder die Dämpfer sind leichter einzustellen bzw. gegen weichere Gummis auszutauschen.

Stellt sich heraus, daß bei einer als günstig herausgefunden Stabilisierung das Bogengewicht dem Schützen zu schwer geworden ist, so ist Gewicht abzunehmen und die Dämpfer dafür etwas strammer einzustellen bzw. härte Gummis zu verwenden.

Welche Art der Stabilisation sollte nun gewählt werden?

In der nachstehenden Darstellung sind die meisten üblichen Arten der Stabilisatoranordnung dargestellt. Messungen an technischen Hochschulen haben ergeben, daß die Anordnungen „E“ sowie „L“ gemäß Abbildung in Kombination mit entkoppelten Gewichten die höchste Schwingungsreduzierung erbringt.

Ob nun „E“ oder „L“ zu wählen ist, hängt hauptsächlich vom Bogentyp an. Wenn der obere Wurfarm relativ starke Schwingungen auf das Griffstücke überträgt, sollte die „L“-Version gewählt werden. Hier hilft oft ein kleiner 3-5“ langer Stabilisator mit Kompensator.

Der bei beiden Varianten „E“ und „L“ verwendete Spinnenvorbau ist in jedem Fall zu empfehlen, da er rücklaufende Schwingungen in das Griffstücke weitestgehend absorbiert und auf die Konterstabilisatoren umlenkt. Ferner verlagert ein Spinnenvorbau den“Drehpunkt“ des Griffstückes nach vorne und trägt somit wesentlich zur Richtungsstabilität bei.

Beim Kauf des Stabilisationssystems sollte kein Kompromiß eingegangen werden. Massive, dicke Graphit/ Carbonstabilisatoren sollten Verwendung finden. Neuerdings haben auch „Multirod“-Systeme sich bewährt, die weitestgehend ohne Gewichte auskommen, dafür aber länger sein müssen.

Die Spinne (V-bar) sollte möglichst klein und leicht gewählt werden, um kein unnötiges Gewicht in Griffstücknähe zu plazieren.

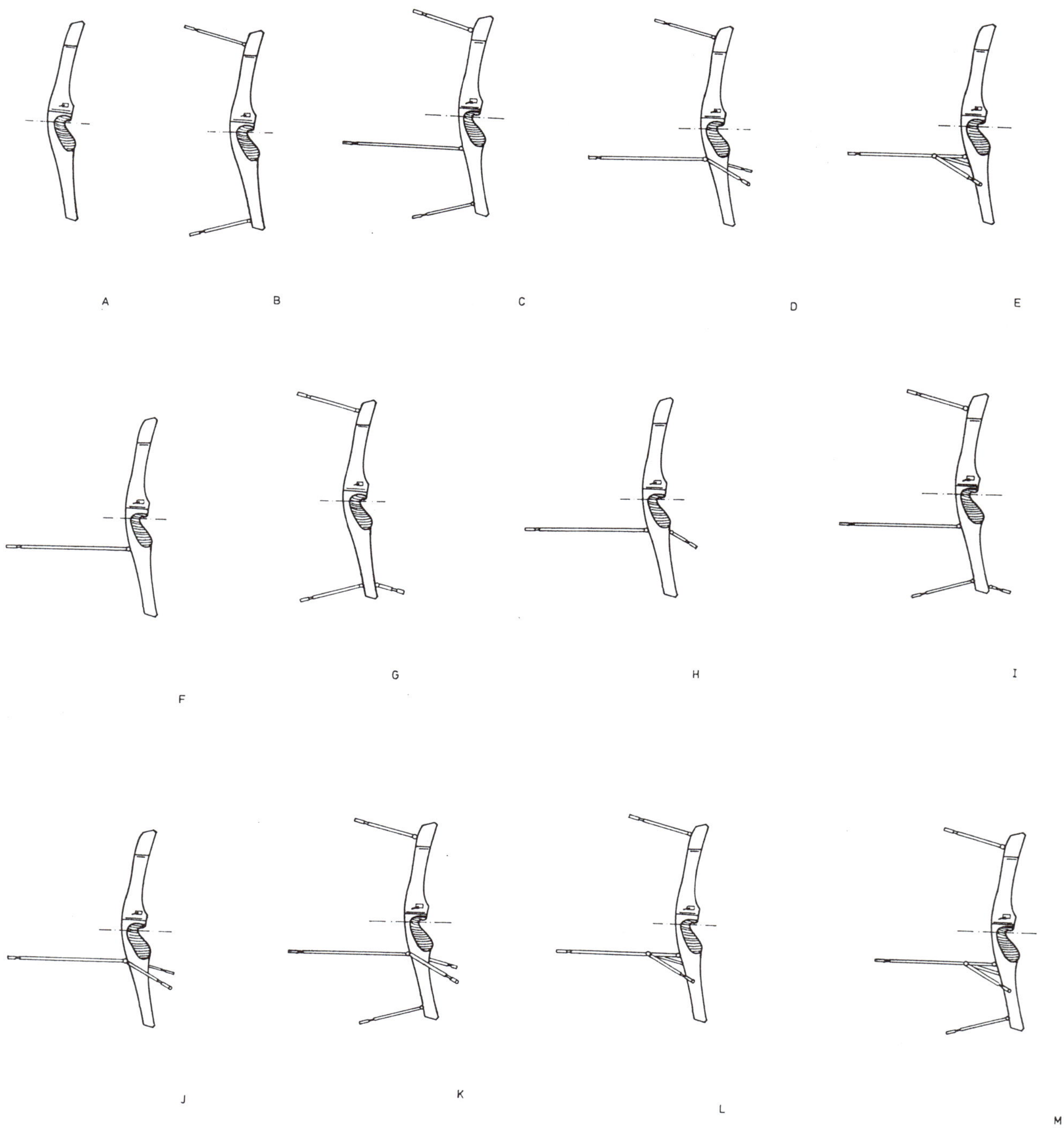

Abbildungen: Varianten der Stabilisatorenanordnung

Wie soll nun die Stabilisation gewichtsmäßig austariert werden?

Als Basiswert sollte man die Gewichtsverteilung (Länge des Verhältnisses Vorbau und Monostabilisator zu Konterstabilisatoren) so wählen, daß der Bogen 45 Grad nach vorne kippt, wenn man in die Pfeilanlagebohrung einen Pfeil oder Stift als Drehpunkt einführt. Diese Gewichtsverteilung kann sowohl über die Länge der Stabilisatoren inklusive den flexiblen Verbindungen als auch über die angeschraubten Gewichte austariert werden.

Ferner (bei verstellbaren Spinnen) durch Änderung des Spreizwinkels der Konterstabilisatoren und ggf. auch durch den Anstellwinkel der Konterstabilisatoren. Hierbei sollte jedoch nach den Erkenntnissen aus den Schwingungsverhaltungsmessungen der vertikale Anstellwinkel nicht höher als 10 Grad gewählt werden.

Eine gute Überprüfungsmöglichkeit der Dämpfungseigenschaften des Systems kann dadurch erfolgen, indem man einen Schlag auf das Griffstück des Bogens im Bereich der Wurfarmaufnahmen von der Sehnenseite her gibt. Bauen sich die Schwingungen nur langsam ab oder überlagern sich die Schwingungen von Bogen/Wurfarmen und Stabilisation, ist die Stabilisation nicht in Ordnung.

Letztendlich kann die Wirksamkeit beim Abschuß einerseits vom Schützen gut beurteilt werden (ruhiges Gefühl) als auch von einem Außenstehendem, der z.B. die Wurfarmtips beobachtet und deren Nachschwingen nach dem Abschuß beobachtet. Der Bogen sollte möglichst nur 2 kurze Nachschwingungsapplitüden in den Wurfarmen haben.

Ein gut stabilisierter Bogen läßt einerseits den Bogen angenehm in der Hand erscheinen und schützt andererseits das Material vor Überbelastung durch zu große Schwingungen. Letztlich führt er auch zu besseren Ergebnissen.

Ein Augenmerk ist auch auf die seitliche Ausgeglichenheit zu legen. Bedingt durch das Bogenfenster und die rechts angebrachten zusätzlichen Zubehörteile wie Visier, Pfeilanlage (Button) etc. kann leicht ein seitliches Kippen und insbesondere ein rechtsdrehendes Moment beim Abschuß entstehen. Dies kann durch die Stabilisation kompensiert werden. Wieweit dies nötig ist, ist im Einzelfall zu ermitteln, da insbesondere das seitliche Drehmoment auch von Eigenarten des Schützen (Druckpunkt der Bogenhand) abhängt. Ein leichtes rechtsdrehendes Moment ist empfehlenswert, da hierdurch eine bessere Pfeilfreigabe erreicht wird.

Etwas zum theoretischen, physikalischen Hintergrund

Bogen und Pfeil unterliegen während des Abschusses sehr intensiven Schwingungen, die sich auf das Ergebnis des Schusses äußerst schädlich auswirken können. Die elastische oder harmonische Schwingung ist sinusförmig und charakterisiert sich durch ihre Schwingungslänge (= Kehrwert der Frequenz) und ihre Schwingungsweite (= Amplitude) .
Diese beiden Größen hängen ab von der Federkonstante des Systems und von der schwingenden Masse. Je größer die Federkonstante ist, desto kleiner die Schwingungslänge, je größer die Masse, um so größer die Schwingungslänge.

Nachdem die Federkonstante = die Zugkraft des Bogens, in der Regel nicht veränderbar ist, sehen wir bereits, daß wir durch Anbringen zusätzlicher Massen (Stabilisatorgewichte) die Eigenfrequenz des Bogens beeinflussen können.

Die Pfeilstreuung hat mit der Geometrie der Sehnenbahnkurve gegenüber der Pfeilbahn zu tun. Wenn die Sehnenbahnkurve zu sehr von der Bahn des Pfeilschwerpunkts abweicht, erhöhen sich alle auftretenden seitlichen Beschleunigungen und Kräfte. Das System wird empfindlicher und somit anfälliger auf Lösefehler, die, wenn auch noch so gering, immer vorhanden sind. Die Streuung vergrößert sich.(Winkeländerungen).

Wie wir wissen, ist die Bahnkurve der Sehne eine sinusähnliche Schwingung mit einer bestimmten Schwingungslänge und einer bestimmten Schwingungsweite. Wie vorstehend erwähnt, können diese beiden Größen sich durch Verändern der Massenverhältnisse des schwingungsfähigen Systems beeinflussen lassen. Zusätzlich Stabilisatoren-Gewichte vergrößern die Schwingungslänge und verringern zugleich die Seitenabweichung, d.h., sie strecken die Sehnenbahnkurve. (**Siehe Kapitel 6 mit Abbildungen**).

Damit verändern sich auch die Winkelverhältnisse von Sehnenbahnkurve und Pfeilachse bzw. Pfeilschwerpunktsbahn. Es existiert also eine ganz konkrete Chance, die Streuung durch den Einsatz von Stabilisatoren zu verbessern. Da der Schütze jedoch normalerweise diese Bahngeometrie nicht feststellen kann, bleibt ihm nur die wirkungsvolle Methode des Ausprobierens.

Zur Erstabstimmung der Stabilisation empfiehlt es sich eine verstellbare Spinne zu wählen, womit sowohl der Spreizwinkel horizontal als auch der vertikale Anstellwinkel stufenlos eingestellt werden kann.

Verstellbare Spinnen haben jedoch den späteren Nachteil, daß durch Vibrationen sich die Klemmschrauben lösen können und diese Spinnen schwerer sind als fixe Ausführungen.
Deshalb empfiehlt es sich bei verstellbaren Spinnen nach der endgültigen Festlegung der Einstellung die Schrauben mit Kleber zu sichern oder eine feste Spinne mit den ermittelten Werten zu kaufen oder zu fertigen.

Einige wichtige Anmerkungen über die grundsätzlichen Eigenschaften der verschiedenen Spinnenwinkel:

Je mehr die Konterstabilisatoren nach unten abgewinkelt werden, um so weniger wird der Bogen eine Eigendynamik entwickeln und sich nach dem Abschuß bewegen. Je mehr die Konterstabilisatoren in Richtung Parallelität mit dem Monostabilisator stehen, um so dynamischer wird sich der Bogen verhalten während des Abschusses. Die horizontale Verstellung kann zwischen 0 und 45 Grad variiert werden.

Je größer der Spreizwinkel der Konterstabilisatoren ist, um so geringer wird die Reaktion des Bogens beim Abschuß sein, um so „langsamer“ wird der Bogen. Der übliche Spreizwinkel liegt zwischen 30 und 45 Grad.

Diese Verstellungen wirken sich auch auf das Wurfverhalten, d.h. auf die auf den Pfeil übertragene Kraft aus.

Dies bedeutet konkret: ***den größten Wirkungsgrad hat der Bogen bei horizontal stehenden Konterstabilisatoren mit geringer Spreizung.***

Als Grundeinstellung empfehle ich:

Spreizwinkel nach außen: ***40 Grad***
Anstellwinkel nach unten: ***0 bis 5 Grad***

Diese Werte stellen ein guter Kompromiß zwischen Wirkungsgradverlust und Dämpfung dar.

Bei den **Stabilisatorenlängen** kann man mit folgenden Maßen beginnen:

Spinnenvorbau:	3“
Monostabilisator:	28“+3“-TFC (Schwabbel, Gummi-Hydraulikschlauch) + Gewichte.
Konterstabilisatoren:	12“ + 1“ DOINKERS + Gewichte

Stabilisatorenausführungen/ -Materialien

Als Material für den Monostabilisator, den beiden Konterstabilisatoren und des Spinnenvorbaus sind verschiedene Varianten erhältlich und im Handel.

Aluminium war früher sehr populär, ist heute sehr preisgünstig, aber auch die schlechteste Wahl bzgl. den Dämpfungseigenschaften.

Unter dem Oberbegriff „Carbon“ werden eine Reihe von Systemen angeboten, die aber z.T. nicht den Anforderungen entsprechen. Dies trifft insbesondere auf die sehr verbreiteten, mit hauchdünnen Wandstärken versehenen „Hohlrohre“ zu, die zudem konisch und nicht zylindrisch sind.

Stabilisatoren dürfen nicht konisch nach vorne zulaufen, sondern ***müssen zylindrisch sein, um eine optimale Dämpfung zu erzielen.***

Einrohrstabilisatoren (= Monostabilisatoren) sollten also zylindrisch sein und aus einer homogenen Masse bestehen, die bei Recurvebögen etwa einen zylindrischen Durchmesser von 20-22 mm haben sollten.

Die Stabilisatoren sollten extrem steif sein und keine Eigenschwingungen während des Zielvorganges aufgrund von Tremor- oder Windeinflüssen entwickeln.

Deshalb haben sich Verbundmaterialien unter den Typenbezeichnungen: „Titan-Carbon“ und „Ceramic-Carbon“, und „Carbon-Keramik-Kevlar“ als optimal in ihren Eigenschaften herausgestellt. Empfehlenswert sind auch die den A/C- und X10 Pfeilen nachempfunden Typen.

In letzter Zeit sind die „Multirod“-Stabilisatoren populär geworden, die aus mehreren, meist 3 oder 4 einzelnen, in „Tunerblöcken“ zusammengefassten dünnen A/C-pfeilartigen Stäben bestehen . Hier dienen diese einzelnen Stäbe selber direkt als Stabilisatoren und Gewichte.

Um hier eine äquivalente Dämpfungseigenschaft zu Monosystemen zu erreichen, ist eine „Überlänge“ erforderlich, deshalb sind diese Systeme oft bis über 40“ lang ausgelegt. Dies geht auf das Gesamtgewicht, auch wenn dadurch Endgewichte gespart werden können. Die verschiedenen „Tunerblöcke“ können zwar verschoben werden und hiermit sowohl die Gewichtsaustarierung als auch die Dämpfungseigenschaft beeinflußt werden, jedoch sitzt das Gewicht der Tunerblöcke nicht am entferntesten Punkt, was von Nachteil ist.

Nach meinen Erfahrungen sind diese Systeme hervorragend geeignet für Compoundbögen, haben aber bei Recurvebögen m.E. den Nachteil, daß sie zu „flexibel“ sind und Tremorschwingungen zum Schwingen der Stabilisation führen kann.

5. 7 Die Pfeilanlage (Button, Plunger)

Die Pfeilanlage ist eine dämpfende Vorrichtung, um den seitlichen Druck des Pfeils während seines Reflexverhaltens zu dämpfen und dem Druck auch teilweise auszuweichen. Die Pfeilanlage wird häufig mit den englischsprachigen Bezeichnungen „Plunger“ oder „Button“ bezeichnet.

Die Pfeilanlage hat zwei Einstellmöglichkeiten. Durch das unterschiedlich weite Hereinschrauben in das Griffstück kann mit ihr der Seitenversatz bzw. die Zentrierung des Pfeils im Bogenfenster eingestellt werden.

Ferner kann durch den gefederten Anlageknopf die horizontale Dämpfung und das Ausweichverhalten beeinflußt werden. Hierzu stehen üblicherweise unterschiedliche Federn (weich, mittel, hart) zur Verfügung.

Die früheren Pfeilanlagen hatten einen relativ großen Durchmesser des Anlageknopfes. Für dünne A/C und Carbonpfeile wirkt sich dies jedoch oft störend aus, da der Anlageknopf dann den Weg des Pfeilauflagefingers beeinträchtigen kann. Deshalb sind Pfeilanlagen mit dünnen Anlageknöpfen zu empfehlen.

Beim Kauf der Pfeilanlage sollte man keine Kompromisse eingehen. Preisgünstige Ausführungen haben oft den Nachteil, daß sie nach einer gewissen Zeit nicht mehr gleichmäßig wirken und durch Korrosion oder Verschleiß klemmen.

Deshalb sind hochwertige Pfeilanlagen aus korrosionsbeständigen Materialien gefertigt. Das innere Führungselement sollte lang und präzise geführt sein, so daß kein Spiel auftreten kann. Gleichzeitig darf der federnde Teil nicht zu schwer sein, da er sonst den Reflex des Pfeils beeinträchtigen könnte.

Die sogenannten „Rasterbutton“ erleichtern die Tuningarbeit und lassen eine genaue Reproduktion eingestellter oder notierter Werte zu.

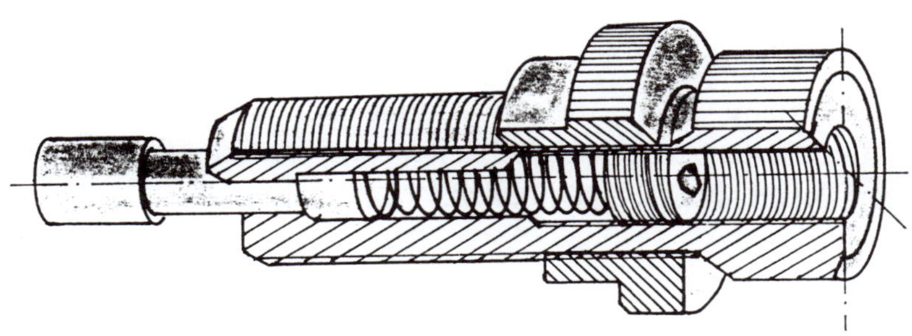

Abbildung: Schnitt durch eine Pfeilanlage

5.8 Die Pfeilauflage

.

Unumstritten sollte eine Pfeilauflage folgende Kriterien erfüllen:

- Keine Beeinträchtigung des Centerausschnittes des Bogens, daher auf der Pfeilhöhe keine unnötigen Einengungen des Schußfensters verursachen, also die Lenk/ Federmechanismen unterhalb oder außerhalb der Pfeilachse oder des Schußfensters haben. (eine dünne „Klebeplatte" ist selbstverständlich akzeptabel).

- Der Auflagefinger sollte sowohl stabil als auch leichtgängig sein.

- Die Pfeilauflage sollte so montiert bzw. konstruiert sein, daß der Pfeil genau auf Mitte Pfeilanlage auf der Pfeilauflage anliegt. Dies sowohl in der Höhen- als auch in der Seitenachse.

Umstritten sind bei uns in Deutschland jedoch die Vor- und Nachteile der verfügbaren Pfeilauflagen, die obige drei Hauptkriterien erfüllen. Hierbei gehen die Meinungen bezüglich der beiden grundlegenden Systeme, d.h., zwischen aufgeklebten Auflagen (oder gleiche mit zusätzlichen Befestigungsbohrungen) und Auflagen, die außerhalb des Bogenfensters sitzen mit Befestigungen an der Pfeilanlageverschraubung außen oder durch zusätzliche Gewindebohrungen im Griffstück hinten oder seitlich außen, auseinander.

Die außen montierten Systeme bieten meistens einige nicht fortdiskutierbare Vorteile wie: stufenlose Höhen- und Seitenverstellmöglichkeiten des Auflagefingers, um diesen den unterschiedlichen Pfeildicken anpassen zu können.

Diesen unbestreitbaren Vorteilen der Justierung stehen jedoch wichtige Argumente entgegen:

Der Auflagefinger ist zwangsweise sehr lang, zwar unterschiedlich bei den einzelnen Griffstücken und Auflagetypen, kann aber durch seine Länge instabil sein oder es werden zur Kompensation relativ dicke und schwere Finger verwendet. Dies kann zur Beeinträchtigung des Pfeilfluges führen, wenn der Finger von der Befiederung berührt wird. Ferner schleicht sich häufig nach längerem Gebrauch ein „Spiel" in der Fingerlagerführung ein. Man sollte sich, wenn man unbedingt ein solches System möchte, sorgfältig die angebotenen Typen ansehen, die Auflagefinger als solche und die benötigte Rückstellkraft prüfen. Der Hauptnachteil ist jedoch, daß der „Anstellwinkel" zu flach ist und deshalb der Pfeil über einen breiten axialen Bereich auf dieser Auflage aufliegt. Dadurch kann der Pfeil nach dem Lösen einen Reflex erhalten, der unerwünscht ist.

Wenn man sich die Weltelite ansieht, so wird man feststellen, das diese praktisch alle mit einfachen Aufklebeauflagen schießen, dies nicht ohne Grund. Auch die US-Professionals die ich kenne, schießen alle mit den Klebeauflagen. Der Vorteil dieser Auflagen ist klar und eindeutig:

- ***Finger ganz kurz***

- ***Finger im steilen Winkel zum Griffstück, dadurch punktuelle Pfeilauflage an der richtigen Stelle***

- ***Finger kann sehr dünn und leicht sein***

- ***Finger benötigt aufgrund seiner geringen Masse auch eine geringe Rückstell-Federkraft.***

Der Nachteil dieser Klebeauflagen war in der Vergangenheit, daß man keine Höhenverstellungen vornehmen konnte ohne die Auflage zu entfernen. Ferner, daß man je nach Pfeiltyp (dicke Alupfeile, dünne A/C-Pfeile) ebenfalls wegen der Fingerlänge die Auflage wechseln musste. Ein weiterer Nachteil war die evtl. sich bei Hitzeeinwirkung ergebende Verschiebung oder Lösung des Doppelklebebandes.

Die jedoch neuerdings erhältlichen aufklebbaren Pfeilauflagen, bei denen man , ohne diese zu entfernen, sowohl den Finger in der Höhe verstellen kann als auch den Finger auswechseln kann, sind meines Erachtens die vorzuziehenden Auflagen, die damit auch alle positiven Eigenschaften der außenliegenden Auflagen haben. Diese kann man, falls man Bedenken gegen die Haltekraft des Doppelklebebandes hat, mit einen Superkleber dauerhaft fest anbringen, da man die Finger ja so auswechseln und verstellen kann.
Wenn man sich die Weltelite ansieht, wird man feststellen, daß diese alle diese Art von Auflagen schießen. Zwei hervorragende Fabrikate aus sind derzeit auf dem Markt.

Pfeilauflagen sollten so montiert bzw. eingestellt werden, daß der Pfeil exakt vor der Mitte der Pfeilanlage aufliegt, was die Höhe anbetrifft. Ebenso wichtig ist, daß der Pfeil in der vertikalen Achse ebenfalls genau zentrisch der Pfeilauflage aufliegt. Dies ist meistens nur mit einer Auflage realisierbar, wo der Anstellwinkel des Auflagefingers kurz ist, was nur mit Klebeauflagen 100%ig realisierbar ist. Wenn der Pfeil nicht auf der Pivot-Point / Pfeilanlageachse anliegt, so kann er einen unerwünschten „Schlag“ beim Kippen des Bogens nach dem Lösen bekommen.

Die Auflagefinger sollten nur so lang sein, daß diese nur bis kurz hinter die Mitte des Pfeils reichen und in keinen Fall über den Pfeil herausragen. Dies bedeutet z.B., daß für A/C- und Carbonpfeile kürzere Finger montiert werden müssen als für Aluminiumpfeile. Herausstehende Finger können den Pfeilflug negativ beeinflussen und beschädigen oft die Befiederung.

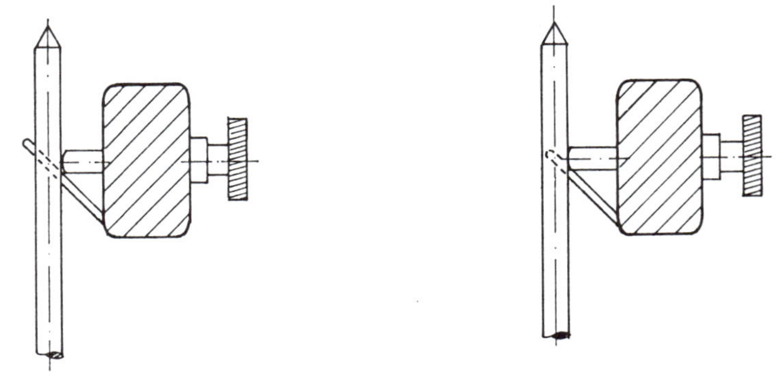

Abbildungen: Pfeilauflagepositionen: Oberansicht, falsch / richtig.
Finger sollte nicht über den Pfeil ragen

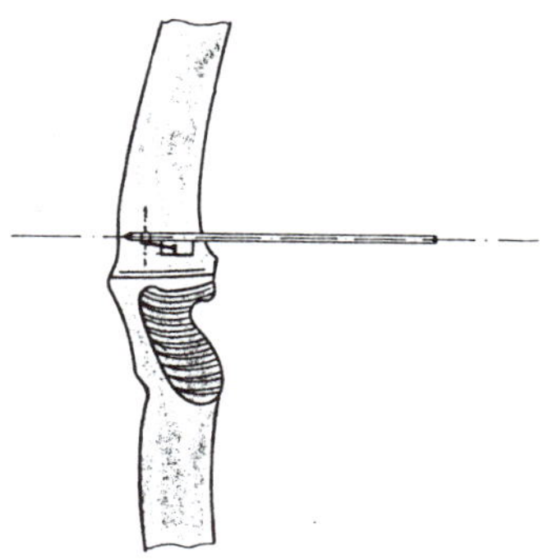

Abbildung: Pfeilauflageposition : Seitenansicht. Pfeil sollte genau vor der Anlage aufliegen

Ein weiteres wichtiges Kriterium ist der „Anstellwinkel" des Auflagefingers. Der Finger solle etwa 3-5° außen nach oben zeigen. Dies gewährleistet, daß der Pfeil am Pfeilanlageknopf anliegt. Dies verhütet ferner, daß der Pfeil von der Auflage abrutscht, nachdem der Klicker ausgelöst hat. Bei einer genau horizontalen Anordnung besteht immer die Gefahr, daß der Pfeil unterschiedlich von der Pfeilanlage weg plaziert sein kann nach der Klickerauslösung. In keinem Fall sollte der Auflagefinger außen nach oben gebogen werden! Dies gibt dem Pfeil beim Verlassen der Auflage einen „Schlag", der ihn zum torkeln und streuen bringen kann.

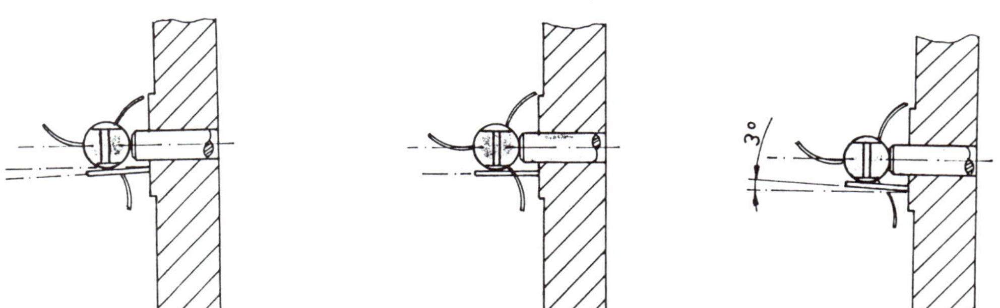

Sehr schlecht Schlecht Gut

Abbildungen: Horizontale Pfeilauflage-Fingerpositionierung

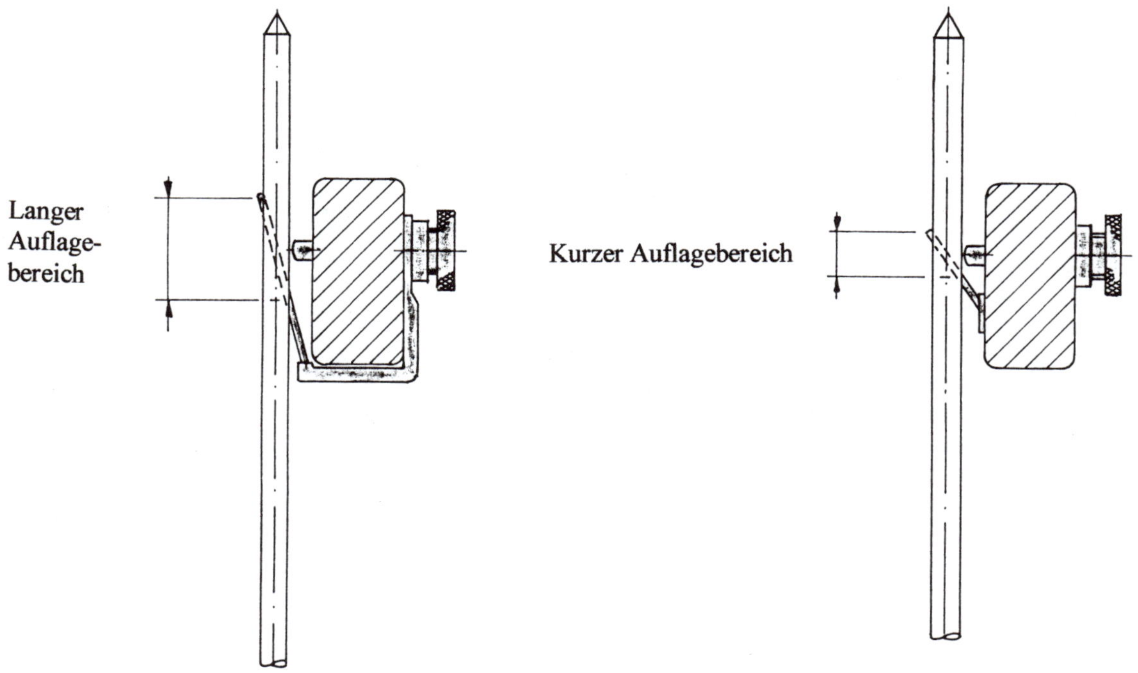

Abbildung: Vergleich langer Finger von Schraubauflage zu kurzem Finger von Klebeauflage

5. 9 Der Klicker

Der Klicker ist ein Hilfsmittel um die Auszugslänge zu kontrollieren und konstant zu halten.

Der Klicker sollte ein hohes Rückschnellverhalten haben. Hierzu gibt es Klicker mit unterschiedlicher Federkraft. Die Federkraft darf jedoch nicht so stark sein, daß bei einer weich eingestellten Pfeilanlage bereits der Anlageknopf eingedrückt wird.

Deshalb ist hier individuell beim Abstimmen der Ausrüstung ein geeigneter Klicker zu wählen. Klicker mit zu geringer Federkraft haben den Nachteil, daß das Klickergeräusch schwach ist und bei hohem Umgebungslärmpegel leicht überhört werden kann.
Als guter Mittelwert hat sich ein Klicker mit der „Härte" 0,25 herausgestellt.

Ferner ist darauf zu achten, daß die Klickerbefestigungsschraube nicht die Sicht durchs Visier beeinträchtigt, was speziell bei tief stehendem Korntunnel auf langen Distanzen der Fall sein kann. Flachkopfschrauben sind möglichst zu verwenden.

Der Klicker sollte so montiert werden, daß er möglichst senkrecht steht. Bei überlangen Pfeilen ist deshalb ein Klickervorbau zu verwenden. Schräg stehende Klicker können zu unterschiedlichen Auslösungen führen.

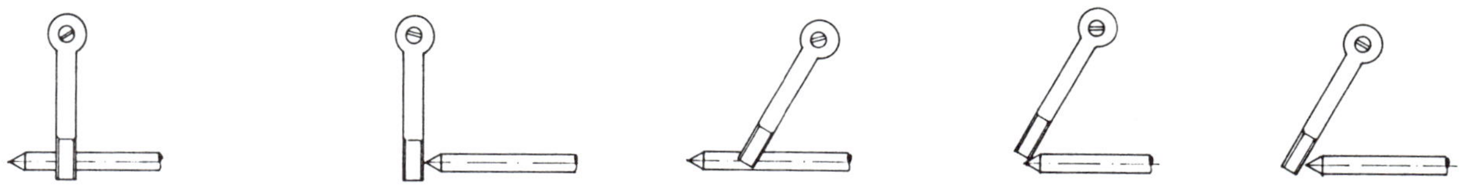

Abbildungen: Klickerpositionierungen, gut / schlecht

Es ist unumstritten, daß die Einführung des Klickers seinerzeit zu drastischen Ergebnisverbesserungen führte und seine Verwendung unerläßlich für einen Spitzenschützen ist. Dies nicht nur, weil die Auszugslänge konstanter wurde, sondern auch weil der Schütze gezwungen wurde die Körperspannung bis zum Lösen aufrechtzuerhalten.

5. 10 Das Visier

Ein Visier für FITA-Recurveschützen sollte verschiedene Kriterien erfüllen, um den Gegebenheiten für kurze Distanzen (18m) als auch für lange Distanzen (70 und 90 m) optimal Rechnung tragen zu können.

Um gerade auf den kurzen Distanzen mit dem Korntunnel das Gold formatfüllend anvisieren zu können, ist eine relativ weite Visierauslage erforderlich, andernfalls wäre z.B. bei einer kurzen Auslage das Rot noch mit im Sichtbereich des Korntunnels.

Aus diesem Grund sollte das Visier eine Auslage von mindestens 10“ (254mm) haben.

Ein weiteres Kriterium ist die Verstellmöglichkeit. Diese muß in drei Ebenen erfolgen können: Höhe, Seite und Auszug (näher an den Schützen heran oder von ihm weg). Dadurch sind feinste Korrekturen möglich.

Für den ambitionierten FITA-Schützen kommen folgende Grundbauarten in Frage:

- **Das Auslegervisier**. Dieses Visier hat die Führungsschiene für die vertikale Verstellung am Bogen. . Der Visierschlitten mit dem Korntunnel kann auf dem Ausleger wiederum in der Auszugstiefe verstellt werden, also näher zum Zielauge hin oder weiter weg.

- **Das Vorbauvisier.** Dieses Visier hat die vertikale Führungsschiene zur Höhenverstellung vorne am Vorbau befestigt. Hier kann der ganze Vorbau rein- und rausgefahren werden.

Als Materialien für beide Visierarten sind verschiedene Varianten erhältlich, von Stahlkonstruktionen über Aluminiumausführungen bis zu Carbonfaserausführungen.

Beim Kauf des Visiers sollte auf folgende Anforderungen geachtet werden, die leider nicht von allen angebotenen Visieren erfüllt werden:

- Die Befestigung am Bogen muß stabil ausgeführt sein.

- Der Ausleger muß stabil, verwindungssteif, schwingungsarm und trotzdem leicht konzipiert sein.

- Alle Verstellmöglichkeiten müssen mit Feststellschrauben arretierbar sein, wobei das Gewinde als Feingewinde ausgeführt sein sollte. Erfahrungen haben gezeigt, daß z.B. ein UNC-Gewinde in seiner Steigung zu groß ist und es deshalb sehr schnell durch Vibrationen zum Lösen der Arretierungsschrauben kommen kann. Das Gewinde sollte also entweder in UNF oder metrisch ausgeführt sein.

- Die Verstellung in alle Richtungen muß einfach und reproduzierbar sein.

- Ein weiterer Punkt ist das Gewicht. Dieses nimmt Einfluß auf die Austarierung der Stabilisation, da das gesamte Gewicht an einer Seite des Bogens hängt.

- Das Material des Visiers, speziell des Auslegers wirkt sich auf das Schwingungsverhalten des Gesamtbogens aus. Insbesondere beim Schießen mit A/C und Carbonpfeilen wirkt sich ein Carbonausleger in den Schwingungsamplitüden synchron zu den Pfeilamplitüden aus, so daß üblicherweise der Bogen sich ruhiger anfühlt und anhört.

Ob nun ein Auslegevisier oder ein Vorbauvisier gewählt wird, ist individuell zu beurteilen. Ein Auslegevisier hat den Vorteil, daß bedingt durch das geringere Gewicht am Ausleger ein möglicher Ermüdungsbruch geringer ist und auch Vibrationen reduziert werden. Der Nachteil ist, daß das Hauptgewicht fest mit dem Bogen verbunden ist und nicht wie dies praktisch beim Vorbauvisier der Fall ist, „entkoppelt“ weit weg vom Griffstück ist. Aus diesem Grund fungiert ein gutes Vorbauvisier ähnlich einem Stabilisator.

Beim Kauf des Visiers sollte man nicht auf den Euro schauen. Die sehr stabilen und präzisen Aluminiumvorbauvisiere, die von vielen Compoundschützen geschossen werden, sind für den Recurvebogen zu schwer und haben keine optimalen synchronen Schwingungsamplitüden.
Es gibt derzeit jeweils ein hervorragendes japanisches Vorbauvisier und ein sehr gutes deutsches Auslegevisier auf dem Markt.

Da bei allen Visieren der Korntunnel ausgewechselt werden kann, ist vom Schützen zu überprüfen, ob er einen Korntunnel wählt, in dem er einen „Lichtleiter“ –Visierpunkt einsetzen kann. Speziell bei schlechten Lichtverhältnissen haben diese Lichtleiter erhebliche Vorteile.
Den Durchmesser des Korntunnels sollte jeder Schütze nach seinem persönlichen Empfinden auswählen.

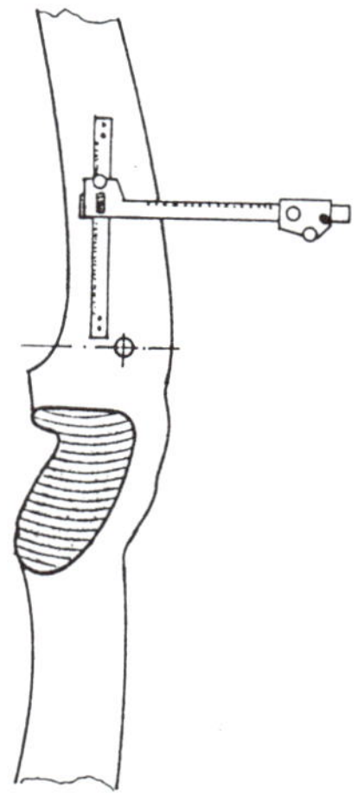

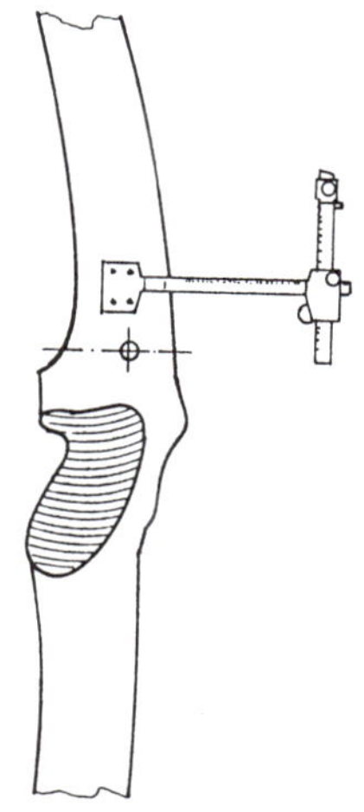

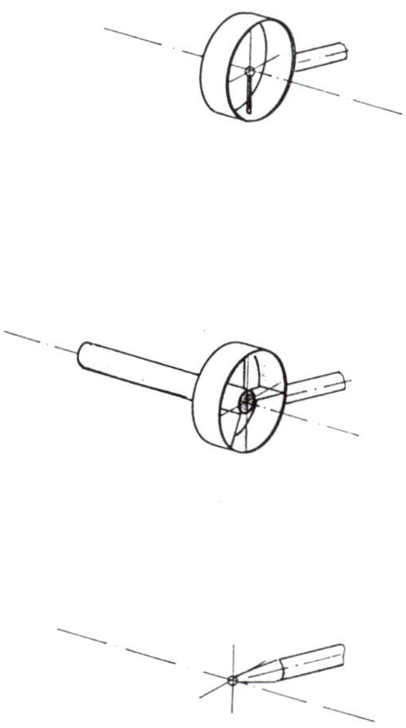

Abbildungen: Vorbauvisier, Auslegervisier / Visierkornarten

5. 11 Die Bogen-, Hand-, Fingerschlinge

Es ist, selbst für den Anfänger, unerläßlich zur Aneignung entspannter Finger des Bogenarmes und zur Verhütung des Festklemmens des Bogens, eine Schlinge zu benutzen. Für einen optimalen Schuß ist es notwendig, daß der Bogen in Schußrichtung sich frei bewegen kann und eine Eigendynamik entfaltet. Dies erhöht seinen Wirkungsgrad. Dies ist nur mit einer Schlinge und entspannten Fingern möglich.

Es gibt drei verbreitete Arten von Schlingen, die Fingerschlinge, die über den Daumen und den Zeigefinger oder auch den Mittelfinger gesteckt wird, die Bogenschlinge, die vorne am Bogen befestigt wird (üblicherweise in der Stabilisatorenbohrung) und durch die die Bogenhand gesteckt wird sowie die Handschlinge, die um das Handgelenk gelegt, um den Bogen geführt und dann mit einem Karabinerhaken am Handgelenk befestigt wird.

Wie wir wissen, springt (oder soll) der Bogen in Richtung Scheibe beim Abschuß. Diese dynamische Vorwärtsbewegung darf in keinem Fall gestoppt werden, bevor der Pfeil den Bogen verlassen hat. Dies wiederum setzt voraus, daß zum einen die Bogenhand des Schützen so entspannt ist, daß sie dieser Vorwärtsbewegung folgen kann und zum anderen die Schlinge erst wirksam wird, wenn der Pfeil den Bogen verlassen hat. Bei diesem Prozeß darf weder die Hand noch die Schlinge einen Einfluß auf den Bogen nehmen, die ihn sonst aus seiner Balance bringen würden.

Eine am Bogen befestigte Schlinge ist zu straff, um diese Dynamik voll mitzumachen und läßt im extremen Fall den Bogen sogar nach hinten kippen, bedingt durch die diagonale Rückhaltekraft der weit unterhalb der Pfeilachse angebrachten Befestigung. Der Bogen „sackt" beim Wirksam werden der Schlinge ab und verreißt ihn.

Für einen ambitionierten Schützen kommt deshalb nur die Fingerschlinge oder die Handschlinge in Frage.

Die Fingerschlinge ist gewöhnungsbedürftig und verführt auch am ehesten zum „Zugreifen", zudem ist es bei vielen erhältlichen Schlingen oft schwierig, diese auf die richtige Länge (Fingerabstand) einzustellen.

Die Handschlinge (egal ob mit fixem Band um das Handgelenk ausgeführt oder als offene Schnur konzipiert), ist eine sehr gute Lösung. Sie kann genau und individuell eingestellt werden und fängt die Vorwärtsbewegung des Bogens genau axial auf. Um das gewollte Herunterhängen des Bogens nach dem Abschuß durch eine völlig entspannte Hand muß man sich keine Sorgen bei dieser Schlinge machen, weil der Bogen oben am Griff verbunden ist und in die offene Hand „reinkippt". Die Schlinge muß jedoch so eingestellt sein, daß der Bogen nach dem Lösen sicher gehalten wird. Eine zu weite Schlinge verführt zum Nachgreifen, eine zu enge Schlinge verhindert eine entspannte Hand.

5. 12 Der Tab / Die Mundmarke

Der Tab ist in erster Linie eine Schutzvorrichtung für die Zugfinger des Schützen. Für den FITA-Schützen gibt es zwei verschiedene Grundarten von Tab's, den „normalen Tab" und den „Ankertab".

Beide jeweils noch in Ausführungen mit und ohne Fingertrenner.

Der normale Tab mit Fingertrenner ist der Tab, der von vielen Spitzenschützen bevorzugt wird. Er ermöglicht einen sehr guten Kontakt zwischen der oberen Handkante und dem Kieferknochen.

Der Ankertab stellt den Kontakt zwischen Kieferknochen und der Hand mittels einer kleinen Zwischenplatte her. Der direkte Kontakt der Hand zum Kiefer ist mit diesem Tab nur bedingt möglich. Der Ankertab hat sich jedoch insbesondere bei den Schützen bewährt, die einen „kurzen Kopf“ haben oder ein „rundes Kinn“. Durch die verstellbare Platte kann somit der Abstand Nockpunkt zum Auge vergrößert werden, was sich insbesondere vorteilhaft beim Schießen auf lange Distanzen auswirkt. Die Ankerplatte bietet bei runden Kieferknochen einen besseren Halt.

Das verwendete Material sollte wasserunempfindlich sein und einen guten Gleiteffekt haben. „Cordovan-Leder“ oder spezielle Kunststoffe („Syntax“) haben sich als am geeignetsten erwiesen. Diese Materialien benötigen auch keinen Gleitpuder. Von der Verwendung von Gleitpuder rate ich generell ab. Der „Gleiteffekt“ kann sich ändern, insbesondere bei Nässe verklebt der Puder. Nichtwasserabsorbierende Tab-Beläge sind vorzuziehen.

Alle Tabs sollen vom Schützen individuell so zugeschnitten werden, daß das Leder nicht unnötigerweise übersteht oder gar den Pfeil einklemmt. ***Bei Fingern in Greifposition sollte die Vorderkante des Tab-Leders schon mittig Fingerkuppen enden, also relativ kurz sein.***

Die Mundmarke, auch „Kisser“ genannt, darf auf der Sehne oberhalb vom Nockpunkt angebracht werden . Für Schützen mit einer stabilen Ankerposition (Mitte Nase/Mitte Kinn) ist eine Mundmarke überflüssig. Für Schützen mit leichtem Seitenanker stellt er eine zusätzliche Kontrolle dar. Die Justierung der Mundmarke muß exakt erfolgen, so daß diese beim Ankern die Schneidezähne des Schützen berührt. Die Mundmarke sollte mit Wickelgarn und Kleber auf der Mittenwicklung dauerhaft befestigt werden.

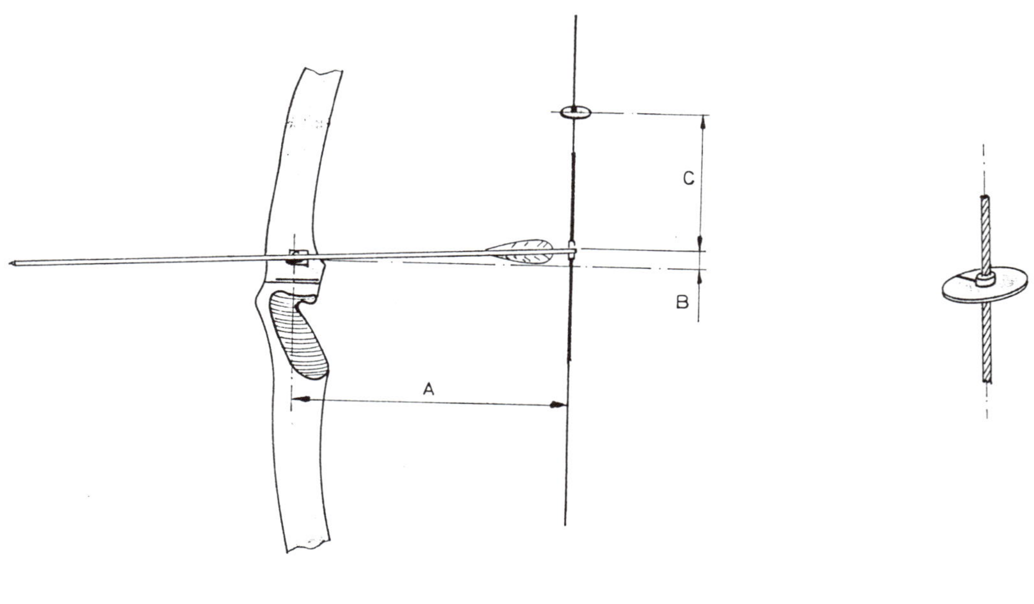

Abbildung: Positionierung der Mundmarke / Die Mundmarke

A= Sehnenstandhöhe, B= Nockpunktüberhöhung, C= Mundmarkenmaß

5. 13 Was ein Schütze sonst noch so braucht

1. Einen kurzen Armschutz sollte sicherheitshalber jeder Schütze tragen.
   Wenn der Armschutz jedoch häufig seine Funktion erfüllen muß, stimmt an der Haltung des Schützen oder an seiner Ausrüstung etwas nicht. In diesem Fall sollte zunächst auf das ausreichende Herausdrehen des Bogenarm-Ellbogens geachtet werden und auf die Handposition in der Griffschale sowie einer abgesenkten Bogenarmschulter. Ein weiterer Grund kann eine zu niedrige Standhöhe der Sehne sein.
   Gegebenenfalls muß im Extremfall auf einen offeneren Stand oder eine Ankerposition mehr seitlich zurückgegriffen werden.

   Bei Schüssen, wo gelegentlich die Sehne den Armschutz streift, ist das Ergebnis meist ein Treffer unten links (Bei RH-Schützen).

2. Ein Schuhwerk, welches einen festen und sicheren Stand gewährleistet, ist Voraussetzung eines kontinuierlich gleichmäßigen Schießergebnisses. Schuhe mit flachen, griffigen Sohlen sollten gewählt werden. (keine Jogging- oder sonstige Laufschuhe mit „Abroll-Design“ der Sohle). Draußen, im Gras, haben sich Golfschuhe bewährt, sie sind wasserdicht und garantieren einen sicheren Stand.

3. Einen stabilen, soliden Bogenständer, der zweckmäßigerweise folgende Eigenschaften haben sollte:

   - Die Möglichkeit einen Erddorn einzuschrauben, um den Ständer nebst Bogen bei Wind kippsicher zu machen.

   - Einen seitlichen Führungsschlitz für die Sehne, um den Bogen beim Absetzen direkt mit der Sehne in diesen Schlitz gleiten lassen zu können und zu stabilisieren. Die Versionen, wo die Sehne umständlich manuell eingehängt werden muß, sind unbequem zu handhaben.

   Die neuerdings erhältlichen Bogenständen, wo die Bogen „stehend“ mit dem Monostabilisator eingehängt werden, sind ebenfalls eine sehr gute Wahl.

4. Einen Köcher, wahlweise als „Holsterköcher“ oder als „Langköcher“ ausgeführt.
   Ein Langköcher schützt die Pfeile besser. Es gibt hier ganz hervorrangende Ausführungen mit Pfeilfachunterteilungen, Aufsatztaschen, Fernglashalter, Innensechkantschlüsselfächer etc.

5. Einen Gummi-Pfeilziehlappen oder eine ähnliche Vorrichtung, um festsitzende oder nasse Pfeile problemlos ziehen zu können.

6. Ein Fernglas, mindestens „10x40“ um insbesondere auf 70 und 90 m die Gruppierungen überprüfen zu können. Einschließlich einem entsprechenden Halteclip am Gürtel. Zusätzlich ist zu empfehlen: ein Monokular, möglichst mit 45 Grad Einblickokular nebst einem Stativ.
Aus Gründen der Wetterresistenz sollten die Gläser gummiarmiert sein. Diese Gläser erhält man z.B. in Jagdfachgeschäften.

7. Eine Kappe oder einen Hut für das Schießen bei Gegenlicht und bei Regen. Hierbei darf der vordere Schirm jedoch nicht länger als etwa 70mm sein, da er ansonsten mit der Sehne in Konflikt geraten könnte. Ein Nackenschutz ist bei Regen und Sonne von hinten ebenfalls sinnvoll.

8. Eine enganliegende Schießjacke für kaltes und nasses Wetter.

9. Einen Sonnen-/Regenschirm oder ein geeignetes Standzelt. Der Bogen sollte bei starker Hitze und starker Sonneneinstrahlung tunlichst im Schatten stehen.

10. Ein Handtuch zur Schweiß- und Regenabtrocknung.

11. Einen bequemen Stuhl ohne Seitenarmlehnen, um den Köcher nicht zu behindern.

12. Einen Brust-/Streifschutz zur Verhütung, daß sich die Sehne in der Kleidung verfängt.

13. Einen „Checker“ zur Sehnenstands- und Nockpunkthöhenkontrolle bzw. gegebenenfalls zur Mundmarkenkontrolle. Die entsprechenden Höhen sollten mit einem Filzstift dauerhaft auf dem Checker markiert sein.

14. Eine „Handheizung“, die die Bogenausrüster für kaltes Wetter anbieten und die gewährleisten, daß die Finger geschmeidig bleiben.

15. Einen Bogenkoffer, der die Ausrüstung problemlos aufnimmt und wirkungsvoll beim Transport schützt.

16. Benötigtes Werkzeug, Ersatzteile etc.

Der ambitionierte Bogenschütze hat zudem noch folgende Ausrüstungsgegenstände:

17. Ein Befiederungsgerät mit gerader Klammer und mit Drallklammer, wobei der Anstellwinkel verstellbar sein sollte. Das Gerät „Bitzenburger" hat sich hier sehr bewährt.

18. Einen Sehnengalgen zum Selbstherstellen der Sehne. Wer handwerklich geschickt ist, kann sich den Galgen selber bauen. (Anleitung in Kapitel IX)

19. Ein Pfeilschneidegerät für die A/C und Carbonschäfte. Diese werden im Handel angeboten. Für Aluminiumschäfte reicht ein kleiner, guter Rohrschneider aus dem Baumarkt.

20. Ein Pfeilricht- bzw. Pfeilprüfgerät.

21. Eine Grainwaage zum Auswiegen von Spitzen und Schäften.

22. Ein Pfeilgeschwindigkeitsmeßgerät. Ebenfalls im Bogenhandel erhältlich.

5. 14 Die Pfeile

Optimal auf den Schützen und seinem Bogenequipment abgestimmte Pfeile sind das „A und O“ des Erfolgs.

Es gibt eine Vielzahl von Pfeilen, **für den FITA-Leistungsschützen sind derzeit jedoch nur drei Arten von Bedeutung**:

- Aluminiumpfeile

- Aluminiumpfeile mit Carbonfaserummantelung, „A/C“-Pfeile genannt.

- Vollcarbonpfeile in verschiedener Konfiguration.

Holzpfeile und Glasfiberpfeile sind für den FITA-Leistungsschützen nicht geeignet.

Aluminiumpfeile sind aus präzisen, gezogenen Aluminiumlegierungen hergestellt und oberflächengehärtet.

A/C-Pfeile haben ein Innenrohr aus einer gezogenen Aluminiumlegierung und sind außen mit Carbon-Fasern, eingegossen in Kunstharzen, beschichtet.

Carbonpfeile werden in Formen hergestellt und entsprechend nachbehandelt, um eine entsprechende Rundheit zu garantieren.

Innerhalb der A/C-Pfeilgruppe gibt es Hochleistungspfeile, die im Durchmesser unterschiedlich sind, d.h., sie haben etwa mittig eine bauchige Form, um den Pfeil dadurch zusätzlich zu versteifen. Zur Nock- und zur Spitzenseite hin verjüngt sich dieser Pfeil.
Zusätzlich zur Versteifung gibt diese Form dem Pfeil auch eine bessere Aerodynamik und macht ihn extrem dünn.

Pfeilgeschwindigkeit und Flugbahn

Physikalisch gesehen wird die Flugbahn des Pfeiles von folgenden Faktoren bestimmt:

- Der Anfangsgeschwindigkeit

- Der Masse (Gewicht)

- Des Luftwiderstandes

- Der Schwerkraft.

Die Anfangsgeschwindigkeit ergibt sich aus der Wurfleistung des Bogens und des Pfeilgewichts. Für einen typischen Schützenbogen liegt sie bei etwa 55 m/s (198 km/h). Pfeile mit unterschiedlichem Gewicht beschreiben unterschiedliche Flugbahnen. Ein leichter Pfeil hat eine hohe Anfangsgeschwindigkeit und anfangs eine entsprechend flache Flugbahn, wird aber vom Luftwiderstand stärker abgebremst, da er eine geringere Massenträgheit besitzt als ein schwererer Pfeil. Ein schwerer Pfeil erhält demgegenüber eine geringere Ausgangsgeschwindigkeit, nimmt aber mehr Energie aus dem Bogen auf . Der schwerere Pfeil fällt dementsprechend durch den Luftwiderstand nicht so schnell ab und hat auf einer längeren Entfernung eine gleichmäßigere Durchschnittsgeschwindigkeit und behält bei Seitenwind die Grund-/ Ausrichtung besser bei.

Der Luftwiderstand des Pfeils wird durch seine Form und seine Befiederung geprägt. Durch die Dicke des Pfeils, die Spitzenart und (wie bei den neueren A/C, insbesondere X10-Pfeilen) eine nicht symetrische zylindrische Form wird der Widerstand beeinflusst. Insbesondere die Befiederung spielt hier eine große Rolle. Naturfedern „bremsen“ den Pfeil erheblich stärker als glatte Plastikfahnen.

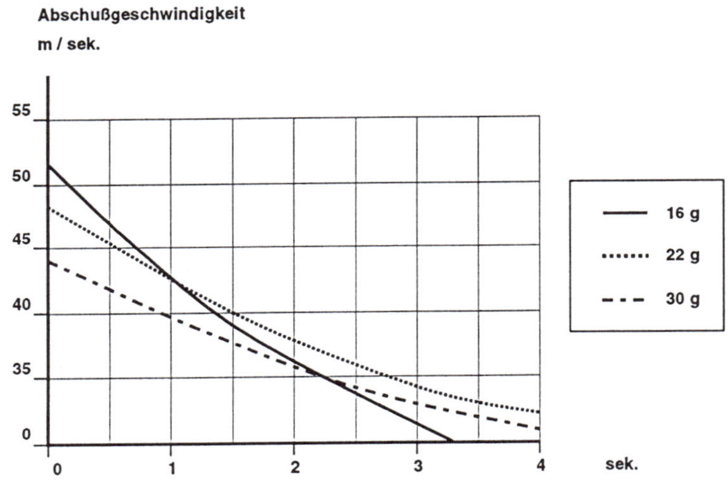

Abbildung: Unterschiedliche Geschwindigkeitskurven verschiedener Pfeilgewichte

Welcher Pfeil der obigen Sortimente soll nun gewählt werden?

Für das Schießen auf die langen Distanzen (50, 70, 90m) spielt das Pfeilgewicht eine entscheidende Rolle, um zu erreichen, daß der Pfeil auf dem kürzesten Weg, so präzise wie möglich und in kürzest möglicher Zeit zur Scheibe gelangt. Hier sind die A/C und die Carbonpfeile den Aluminiumschäften überlegen, da sie wesentlich leichter und aerodynamischer sind.

Aluminiumpfeile haben jedoch ihre Berechtigung beim Schießen auf kurze Distanzen, speziell in der Halle auf 18 und 25m.

Primäres Ziel der Pfeilauswahl und Entscheidung für eine Pfeilsorte bzw. eines Pfeilcodes sollte das optimale Gruppierungsverhalten sein.

Hier muß jeder Schütze gegebenenfalls die Investition für mehrere für ihn in Frage kommende Schäfte tätigen und die Pfeile nach erfolgter Rohschaftabstimmung auf Gruppierungsverhalten testen. Hierbei kann es sich ergeben, daß eine Pfeilsorte, die beim Rohschafttest sich als nicht ganz optimal erwiesen hat, bessere Gruppen erzielt als eine beim Rohschafttest besser abgeschnittene Sorte.
Die Pfeile sollten auch mit unterschiedlichen Spitzengewichten getestet werden.

Erfahrungen haben gezeigt, daß die verschiedenen Pfeilschaftarten unterschiedliche Schwerpunkte haben sollten. Hierbei kann man sich nicht auf die Herstellerangaben verlassen, da verschiedene Faktoren eine Veränderung des Schwerpunktes bewirken, wie z.B. die Befiederung und die verwendeten Inserts und Nocken.

Es sollten folgende Schwerpunktverlagerungen aus der Schaftlängenmitte Richtung Spitze angestrebt werden:

- Aluminiumschäfte: 7-9% für die Außen-FITA und etwa 15% für das Hallenschießen. Hierfür stehen entsprechende Sonderspitzen zur Verfügung.

- EASTON A/C/C : zwischen 9 und 11%

- EASTON ACE und X-10 : zwischen 11 und 16%

- Vollcarbonschäfte: 13-19%. (BEMAN und CARBOTECH/MC-Kinney)

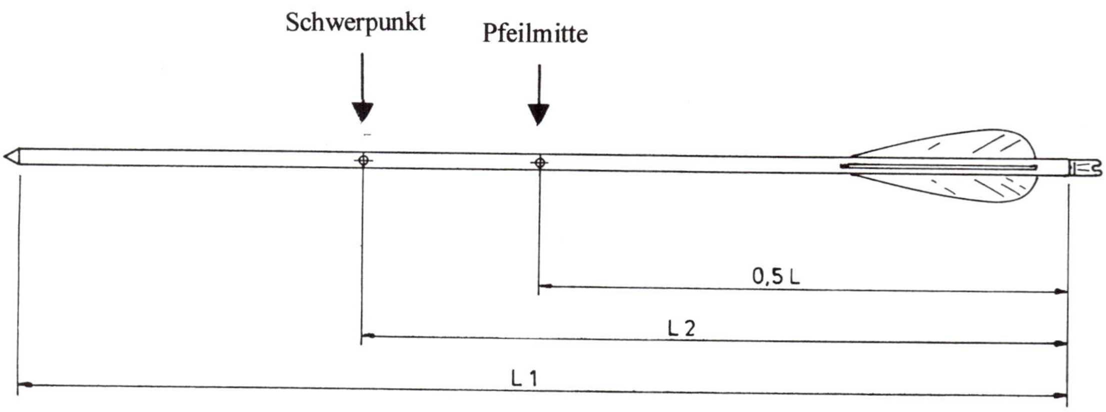

Abbildung: Ermittlung des Pfeilschwerpunktes.

Die Ermittlung der Schwerpunktverlagerung in Prozent ergibt sich aus folgender Formel:

Schwerpunktverlagerung in% = $\frac{100 \times (L2 - 0{,}5\, L1)}{0{,}5\, L1}$

Schwerpunkt „S"-effektiv = $\frac{(0{,}5\, L1 - Ls) \times 100}{0{,}5\, L1}$

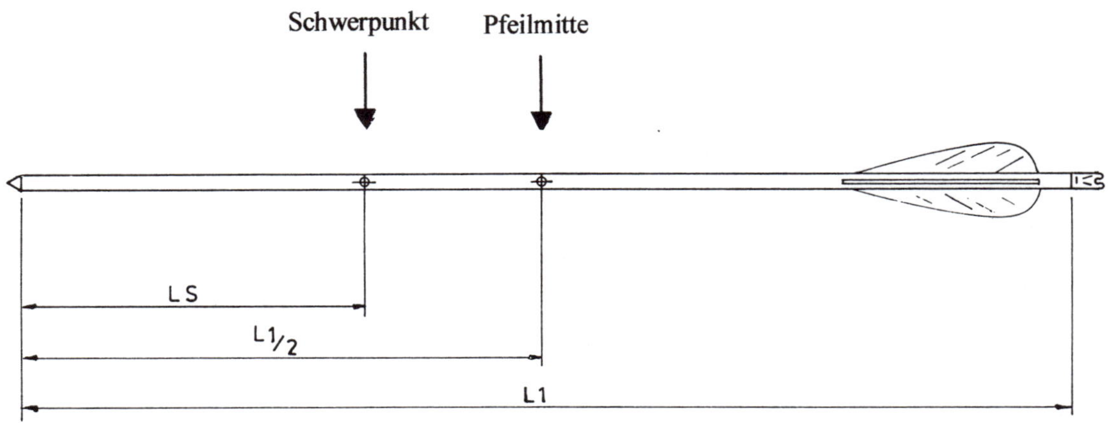

Abbildung: Ermittlung des effektiven Schwerpunktes

Welchen Einfluß z.B. die Befiederung auf die Schwerpunktverlagerung hat, sollen folgende Gewichtsangaben der unterschiedlichen Befiederungen verdeutlichen:

Eine 1 ¾" lange Sping-Wing Fahne wiegt etwa 4,0 grain

Eine 1 ¾" lange „Super-Flonite" Fahne (Hartplastikfahne) wiegt etwa 3,8 grain

Eine 2 ½" lange Weichplastikfahne wiegt je nach Fabrikat zwischen 15,1 und 24,7 grain.

Eine 2 ½" lange Naturfeder (Truthahn) wiegt etwa 6,4 grain.

Die unterschiedlichen Befiederungsgewichte haben nicht nur einen Einfluß auf den Pfeilschwerpunkt, sondern logischerweise auch auf das Gesamtpfeilgewicht und somit auf die Pfeilschnelligkeit. Auf einer 70m Distanz gruppieren die Sping-Wing-Fahnen und die Super-Flonite-Fahnen gleich hoch, gegenüber Weichplastikfahnen und Naturfedern (Je nach Bogen und nach Pfeiltyp) etwa 40-50 cm höher!! Das ähnliche Gruppieren der Naturfedern zu Weichpastikfedern trotz geringerem Gewicht liegt am höheren Reibungswiderstand (cW-Wert).

Für A/C und Carbonpfeile dürfen keine zu großen Fahnen verwendet werden. Die 1 ¾“ Typen haben sich als optimalste Lösung herausgestellt. Aluminiumpfeile sollten draußen mit etwa 2½“ Fahnen und in der Halle mit 3-3 ½“ Naturfedern geschossen werden.

Um die optimale Schwerpunktverlagerung zu erreichen, kann mittels des Spitzengewichts eine Korrektur vorgenommen werden. Für die Aluminiumschäfte gibt es z.B. von EASTON 7%, 8% ,9% F.O.C. (Front of Center) Spitzen, je nach Pfeilsorte. Mit schwerer Befiederung kann erfahrungsgemäß mit diesen Spitzen nicht der oben angeführte Wert erreicht werden. Hier muß dann auf die „Bullet-Points“ mit 100 bzw. 125 grain (für die kleineren Schäfte auch 68, 74, 82 grain) zurückgegriffen werden oder auf das „Variable Weight Point System“ mit 50, 70 und 180 grain Basisgewicht und einschraubbaren zusätzlichen Insertgewichten.

Für die A/C und Carbonschäfte gibt es eine Vielzahl von unterschiedlichen Spitzen, einschließlich den „abbrechbaren“ Spitzen, so daß hier problemlos ein Pfeil getrimmt werden kann. Für die „CARBOTECH/ MC Kinney“ Pfeile gibt es zusätzlich sogar Inserts zum Einschrauben in die Nockaufnahme zum Feintuning.

Der in den EASTON-Tabellen als „NIBB“ genannte Ausdruck bedeutet: „New Improoved Balance Bullet“. (Spitze mit neuer, verbesserter Schwerpunktlage).

Der Spine-Wert

Der in den Pfeilauswahltabellen angegebene Spine-Wert drückt die Steifigkeit es Pfeils aus.

Es gibt den statischen und den dynamischen Spine-Wert. Bei Fingerschützen (im Gegensatz zu Compound-Releaseschützen) verläuft die sich ergebende Biegung des Pfeils hauptsächlich seitlich.

Es ist wichtig, das exakte Biegeverhalten des Pfeils zu erreichen. Der Pfeilschaft und die Befiederung muß den Bogen ohne Berührung (außer an der Pfeilanlage) verlassen können.

Der statische Spine gibt den Durchbiegewert des Pfeils an, der bei einem 880 Gramm Gewicht erreicht wird, wenn der Pfeil hiermit zwischen zwei Punkten, die 28“ auseinander liegen, belastet wird. Hierbei ist der Pfeil selber 29“ lang.

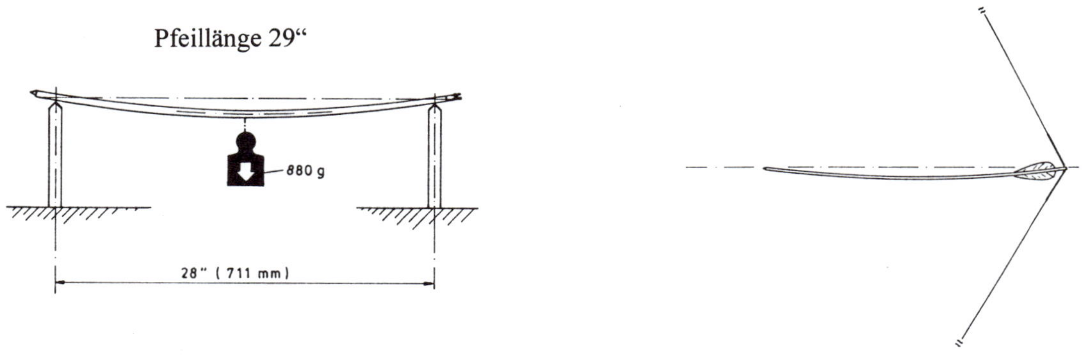

Abbildung: Statische Spinewertermittlung / Dynamischer Spine (Pfeil unter Beschleunigungskraft, seitlich von oben gesehen).

Hierbei biegt sich z.B. ein Pfeil mit einem statischen Spine-Wert von 600 = 0,600“ (Zoll) =15,24mm durch.

Der dynamische Spine beschreibt die Pfeildurchbiegung, die sich nach dem Lösen durch die Bogenenergie auf den Pfeil ergibt.

Wie schon erwähnt, geht der Trend dahin, möglichst leichte Pfeile zu verwenden um eine höhere Geschwindigkeit und somit eine niedrigere Flugbahn zu erreichen. Dies ist heute am leichtesten mit A/C und Carbonschäften zu bewerkstelligen.

Bei den Aluminiumschäften insbesondere kann man mittels der Wahl von unterschiedlichen Durchmessern und Wandstärken die verschiedensten Pfeile mit annähernd gleichem Spinewert selektieren.
Beispielsweise hat ein 2512er Schaft den gleichen Spinewert wie ein 2219er Schaft. Der 2512er Schaft wiegt hierbei jedoch z.B. 305 grain und der 2219er Schaft 413 grain.

Die Praxis hat ergeben, daß bei Aluminiumschäften die leichteren Varianten mit „12er“, „13er“ und „14er“ Wandstärke die besseren Flug- und Gruppierungseigenschaften für Recurveschützen haben, jedoch auf Kosten von höherer Empfindlichkeit.(Beschädigung).

Die erste Kennzahl eines Aluminiumschaftes gibt den Pfeilaußendurchmesser in /64.“ an und die zweite Kennzahl die Wandstärke in 1/1000“. Also zum Beispiel hat ein Schaft Typ 2112 einen Außendurchmesser von 21/64“ und eine Wandstärke von 12/1000“, hat also einen Durchmesser von 8,33mm und eine Wandstärke von 0,30mm.

Für die Hallendistanzen hat der Aluminiumpfeil nach wie vor seine Berechtigung und seine Vorteile.

Ein kompromißlos auf die 70/90 m Distanz getrimmter A/C oder Carbonpfeil mit kleinen Fahnen hat sich oft bei 18m noch nicht gerade ausgerichtet und würde ungruppiert und schräg einschlagen. Einen A/C oder Carbonpfeil mit extrem hohem Spitzengewicht und mit langen Naturfedern auszurüsten, ergibt keinen Sinn und ist technisch auch nur begrenzt möglich.
Außerdem würde die Abstimmung sich vollständig ändern.

Deshalb ist es sinnvoll in der Halle möglichst dicke, aber dünnwandige Aluminiumpfeile zu schießen mit 3-4“ langen Naturfedern versehen und mit Bulletspitzen. Dies ergibt sowohl bessere Gruppierungen und - letztlich nicht zu vergessen - mehr „angekratzte“ Ringe.

Auf Drall geklebte Naturfedern richten den Pfeil schneller aus, was auf kurze Distanzen Vorteile bringt.

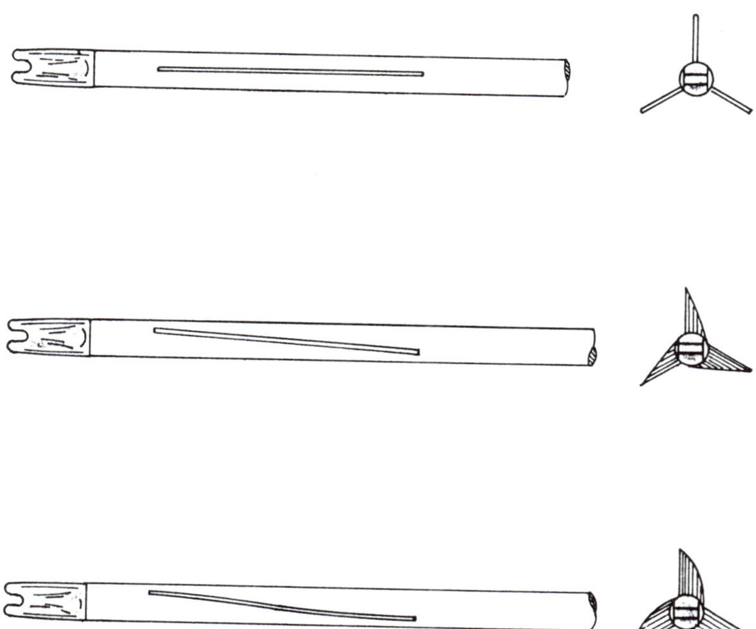

Abbildungen: Befiederungsarten: gerade, schräg, auf Drall

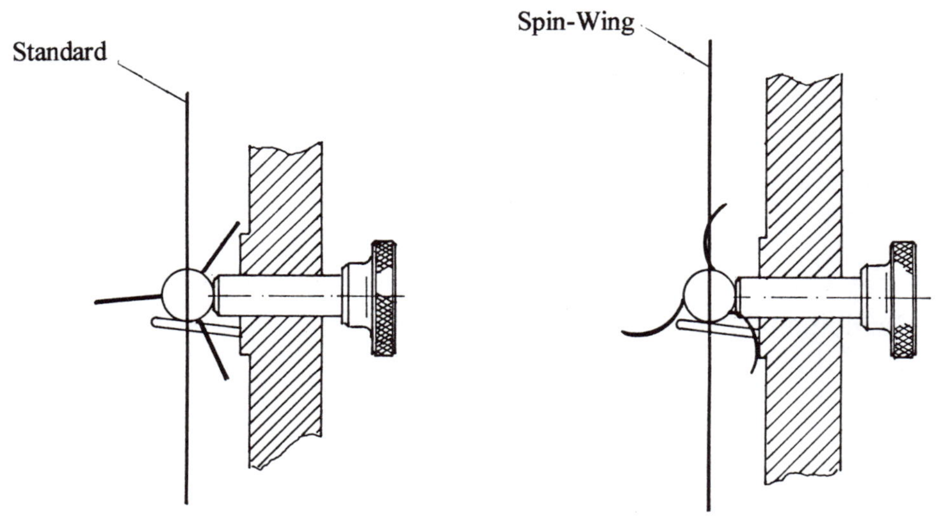

Abbildung: Übliche, bewährte Anbringung der Befiederung im Verhältnis zur Nockstellung
Natur- und Weich-/ Hartplastikfahnen, Sping-Wing-Fahnen

Das Festlegen der Pfeillänge für FITA-Recurveschützen.

Die Pfeillänge wird angegeben vom Nockbettboden bis zum Schaftende (ohne Spitze).

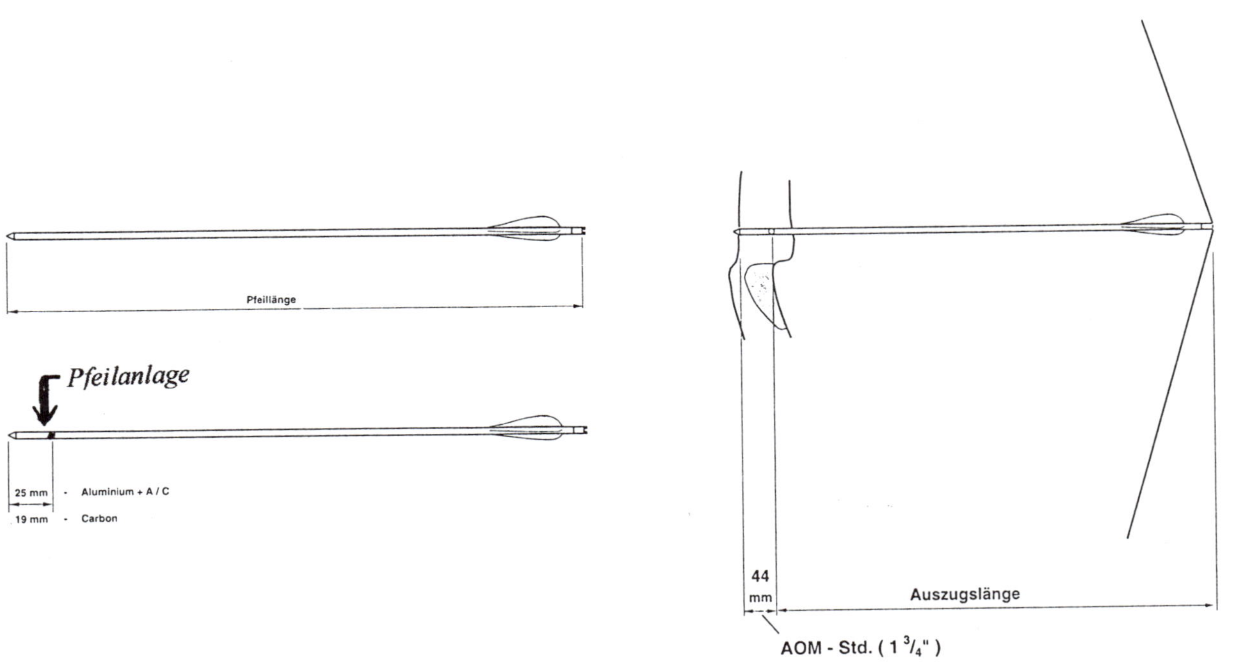

Abbildung: Auszugslänge/ Pfeillänge

Die wahre Auszugslänge ist die Länge, die beim vollen Auszug vom Nockboden des Pfeils bis Mitte Pfeilanlage ausgezogen wird.

Gemäß AMO-Standard wird zu dieser Länge 1 ¾“ (44mm) hinzugerechnet und als Pfeillänge definiert, was die Distanz bis Vorderkante Bogen ergibt.

In der heutigen Praxis rechnet man jedoch etwas anders. Schützen, die mit Klicker schießen, sollten bei Aluminiumpfeilen etwa 25 mm Schaftlänge hinzurechnen, bei A/C und Carbonpfeilen etwa 19mm. A/C und Carbonpfeile haben eine längere Spitze.
Hieraus ergibt sich dann die optimale Pfeillänge.

Die Errechnung des wirklichen Zuggewichtes, falls keine Auszugswaage vorhanden ist, erfolgt nach folgender Formel:

Wurfarm-Zuggewicht (AMO-Länge = 44 mm vor Button als 28“ (71,12 cm) dividiert durch 20 mal Zoll-Auszug der von 28“ abweicht.

Beispiel: Wurarmaufdruck 40 lbs bei 28“, tatsächlicher Auszug = 30“. Auszug ist also 2“ länger. Ergibt:

40:20x2 = 4 lbs , also tatsächliches Zuggewicht 44 lbs. Bei kürzerem Auszug als 28“ ist der errechnete Wert entsprechend abzuziehen.

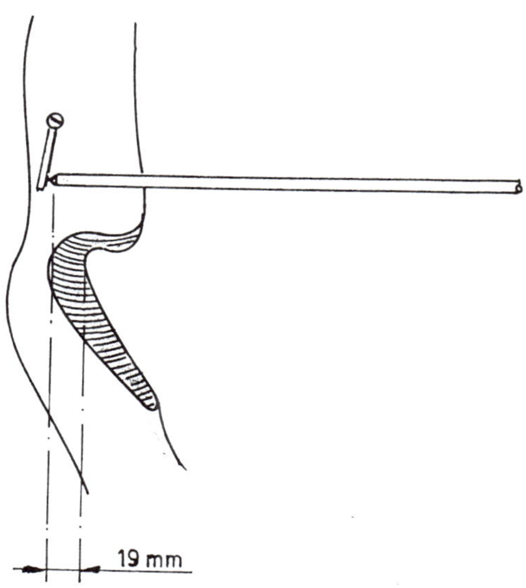

Abbildung: Die ideale Pfeillänge

Kapitel VI Das Bogentuning

Das Bogentuning soll dazu dienen, das Potential des verwendeten Materials voll auszunützen und gleichzeitig eine Ergebnisverbesserung zu erreichen. Gleichzeitig eine optimale Kombination aus den verschiedenen Materialien und Einstellungen zu finden.

Hauptziele, die mit dem Tuning erreicht werden sollen, sind:

- Die Energieabgabe des Bogensystems zu optimieren, d.h. den Wirkungsgrad zu verbessern.
- Die beste Kombination aus Zugkraft und Pfeilgewicht zu erreichen.
- Einen optimalen Energieübergang vom Bogen auf den Pfeil zu finden.
- Eine möglichst genaue Energiemitte zu finden, um die Reflexe auf den Pfeil klein zu halten und die Energie voll auszunutzen.
- Das Auswählen von Material. Hierzu gehören Pfeile, Federn, Nocken, Spitzen, Sehnen etc.

Primärziel des Tunings ist die Gruppierung der Pfeile zu verbessern. Dies bedeutet, zu erreichen, daß die Knoten des Pfeils exakt hintereinander fliegen und die Flugphasen aller Pfeile gleich sind.

Es gibt nur einen Weg, um zu einer optimal abgestimmten Ausrüstung zu kommen:

- ***Exakt testen***

- ***Exakt analysieren und protokollieren***

- ***Danach auswählen.***

6.1 Die Grundeinstellung des Bogens

Bevor mit dem eigentlichen Tuning begonnen werden kann, ist der Bogen grundeinzustellen. Hierzu ist es erforderlich, den Bogen genauestens im Detail zu überprüfen und die ermittelten Werte zu notieren.

Hierbei sollte man zunächst wie folgt vorgehen:

6.1.1 Bogenüberprüfung.

Das Mittelteil wird mit den Wurfarmen verschraubt, die Sehne auf die typische Standhöhe für die Bogenlänge eingestellt (Sehne auf- bzw. abgedreht), sofern der Bogenhersteller keinen abweichenden Wert empfielt, auf folgende Maße:

-64" Bogen	= 8,00" bis 8,50"	= Mittelwert 8,25"	= 209 mm
-66" Bogen	= 8,25" bis 8,75"	= Mittelwert 8,50"	= 216 mm
-68" Bogen	= 8,75" bis 9,25"	= Mittelwert 9,00"	= 228 mm
-70" Bogen	= 9,25" bis 9,75"	= Mittelwert 9,50"	= 241 mm

Nun wird die Wurfarmparallelität überprüft. Hierbei ist die „BEITER"-Wurfarmlehre eine gute Hilfe. Ansonsten sollte über die Bezugspunkte wie Bohrungen, Schrauben etc. der Verlauf der Sehne überprüft werden. Es kann auch ein Klebestreifen mit einer Wurfarmmittenmarkierung angebracht werden.

Ein Verwinden der Wurfarme bzw. ein asymetrischer Sitz in den Wurfarmtaschen oder gar ein krummes Mittelteil kann so leicht bei einer Fluchtung über die Sehne mit den Bezugspunkten festgestellt werden. Eine vorhandene Verdrehung der Wurfarme kann zusätzlich ermittelt werden, indem man an den Wurfarmtips zwischen der Sehne und den Wurfarmen einen Pfeil oder ein sonstiges Hifsmittel durchsteckt und dann über beide Pfeile eine Fluchtung bzgl. Parallelität vornimmt.

Nicht selten stellt es sich hierbei heraus, daß Griffstücke „krumm" sind oder Wurfarme verwunden sind oder die Wurfarmtaschen nicht gefluchtet und nicht parallel montiert sind.

Ehe man mit dem Tuning fortfährt, sollten so ermittelte Fehler ausgemerzt werden.

Als nächsten Schritt sollte der „Tiller" ausgemessen werden. Der Tillerwert ist die Differenz von der Wurfarmwurzel zu Sehne des oberen Wurfarmes zum gleichen Wert des unteren Wurfarmes.

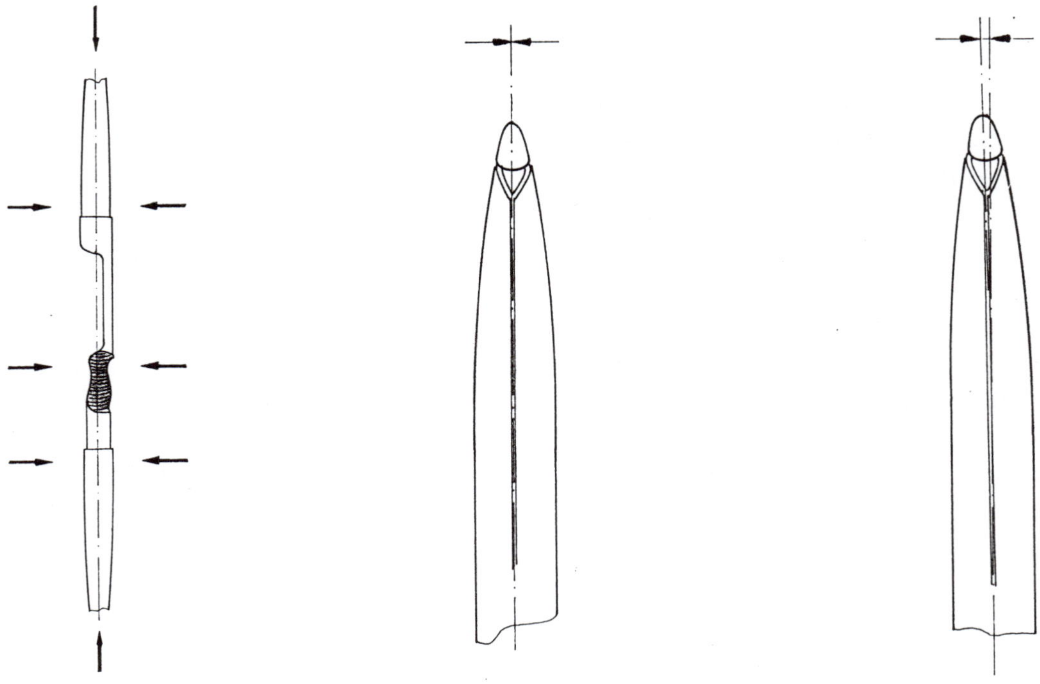

Abbildung: Center-Überprüfung, Wurfarmverwindungsüberprüfung

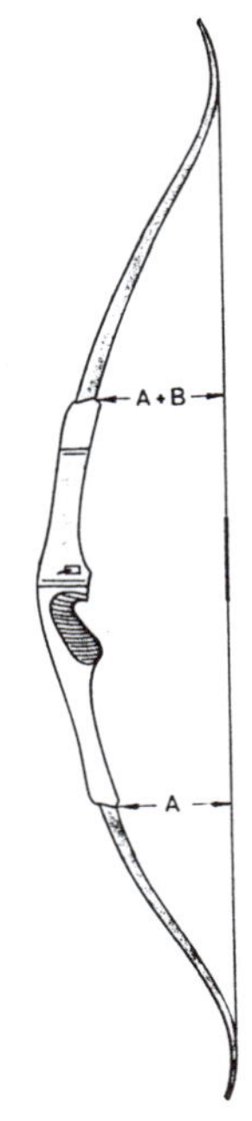

B = Tillermaß

Abbildung: Tillerüberprüfung

Der obere Abstand muß immer größer sein als der untere Abstand. Ein typischer Wert ist etwa 3 bis 8 mm. Falls der ermittelte Wert von dieser Spanne abweicht, liegt ein Fehler vor und man sollte den Tillerwert bei den Bögen, wo dies möglich ist, verstellen auf einen typischen Wert von etwa 6mm.

Die Tillerverstellung sollte niemals dazu verwendet werden, um das Zuggewicht des Bogens (außer im Mikrobereich) zu erhöhen. Sonst kann z.B. aus einem „neutralen" Bogen ein „reflexer" Bogen werden mit ganz anderen Charaktereigenschaften.

6.1.2 Einstellen der Pfeilauflage

Die Pfeilauflage sollte nun so angebracht oder verstellt werden, daß der Pfeil mittig des Druckknopfes der Pfeilanlage anliegt und der Finger der Pfeilauflage den Pfeil mittig der vertikalen Ebene der Pfeilanlage aufliegen läßt. Der Finger darf nicht über den Pfeil rausstehen und ist ggf. entsprechend zu kürzen. Ferner sollte der Auflagefinger leicht (1-3°) nach oben zeigen.

6.1.3 Vorläufige Nockpunktjustierung

Der Nockpunkt auf der Sehne sollte provisorisch etwa 1/8" (3mm) bis 3/8" (9mm) oberhalb des mittels Checkers ermittelten Auflagepunktes der Pfeilauflage angebracht werden. Es ist zu beachten, daß beim Wechsel des Pfeildurchmessers und einer entsprechenden Höhenverstellung des Pfeilauflagefingers sich auch die Nockpunkthöhe ändert!

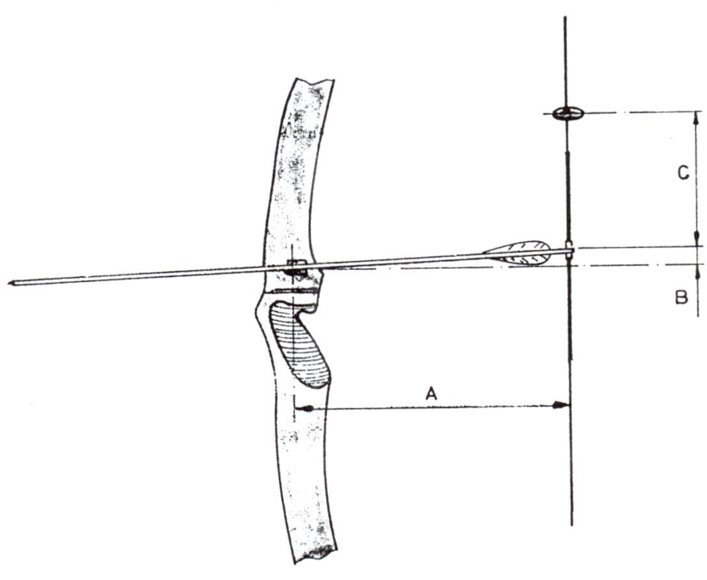

Abbildung: Nockpunktüberhöhung (Maß „B") und Mundmarkenabstand (Maß „C").

6.1.4 Einstellen der Pfeilanlage (Button, Plunger)

Die Pfeilanlage sollte bei eingelegtem Pfeil nun soweit herausgedreht werden, daß ein Aluminiumpfeil etwa 4mm mit der Spitze aus der Sehnenachse nach außen zeigt, ein A/C-Pfeil etwa 2-3mm und ein Carbon-Pfeil etwa 0-2 mm. Als Hilfsmittel kann (wie oben beschrieben) wieder eine BEITER-Lehre oder ein Klebeband auf den Wurfarmen als Zentrierungshilfe dienen.

Die „Härte" der Pfeilanlage sollte auf einen mittleren Wert eingestellt werden.

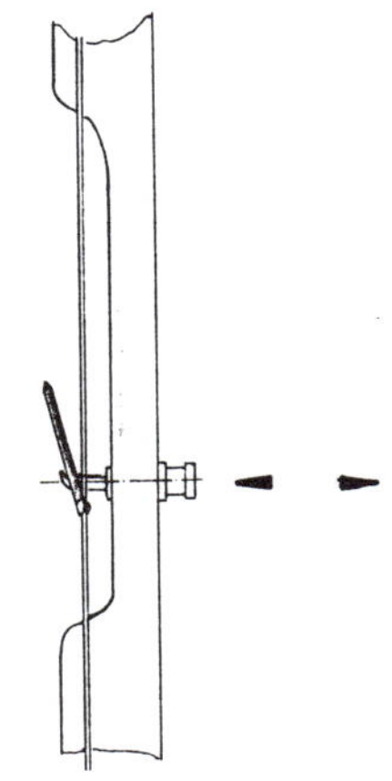

Abbildung: Pfeilzentrierung im Bogenfenster mittels Pfeilanlagenverstellung

6.1.5 Grundausbalancierung des Bogens

Jetzt sollte das restliche Zubehör an den Bogen angeschraubt werden. Hierzu zählt das Visier und die Stabilistion.

Nun sollte die Pfeilanlage vorläufig nochmals entfernt werden und durch die Griffstück-Pfeilanlagebohrung ein runder Stift (z.B. Schaft eines Schraubendrehers) gesteckt werden und die Ausbalancierung des Bogens überprüft werden. Der Bogen sollte hierbei etwa 45 Grad nach vorne kippen und nicht, wie viele glauben, um 90 Grad umschlagen! Entsprechend dieser Vorgabe sollten die Gewichte oder ggf. die Stabilisatorenlängen oder die Spinne eingestellt bzw. geändert werden.

Der Ausleger des Visiers sollte auf genaue Parallelität zur Schußachse (zum Stabilisator, wobei sichergestellt sein muß, daß dieser richtig ausgerichtet ist, bzw. zu einem auf Nullstellung im Bogenfenster mittels Pfeilanlage gebrachtem Pfeil) überprüft werden. Sonst können sich später beim „Reinholen" des Visierauslegers Probleme ergeben. Ebenso ist die Seitenverkantung des Visiers zu überprüfen. Dies bei höchster und niedrigster Stellung, wobei sich dabei wiederum derselbe Abstand zur Pfeil-Zentrumsachse ergeben muß. Ggf. ist die Anschraubplatte des Visiers zu planen, d.h. entsprechend abzuschleifen oder zu hinterlegen um eine Parallelität zu erreichen. Die Visier-Befestigungsschrauben im Griffstück sollten mit Schraubensicherungskleber eingesetzt werden.

6.2 Basisinformationen über den Pfeilflug und den Pfeilreflex

Sehnenbahnkurve und Pfeilbeeinflussung

Warum ist es wichtig, daß für Fingerschützen (im Gegensatz zu Compound-Release-Schützen) die Pfeilanlage so weit rausgedreht wird, daß die Pfeilspitze außermittig sitzt?
Ein Pfeil, der von einem Fingerschützen gelöst wird, beschreibt eine Oszillationskurve beim Verlassen des Bogens und auch noch auf dem Weg zur Scheibe.

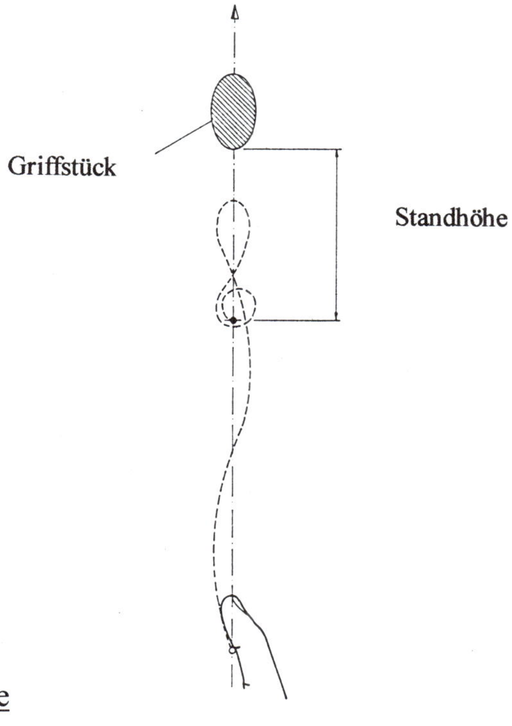

Abbildung: Sehnenbahnkurve

Der Grund hierfür ist, daß die Sehne beim Gleiten über die sich öffnenden Finger beim Lösen eine seitliche Kurve beschreibt (nach links beim RH-Schützen). Die Finger können sich nicht schnell genug öffnen, um diese Bewegung zu vermeiden. Dies verursacht eine seitliche Kraft, die auf das Nockende des Pfeils wirkt. Hierdurch wiederum wird der Pfeil in der Mitte Richtung Griffstück durchgebogen und presst sich an der Pfeilanlage an und drückt diese in das Bogenfenster rein.

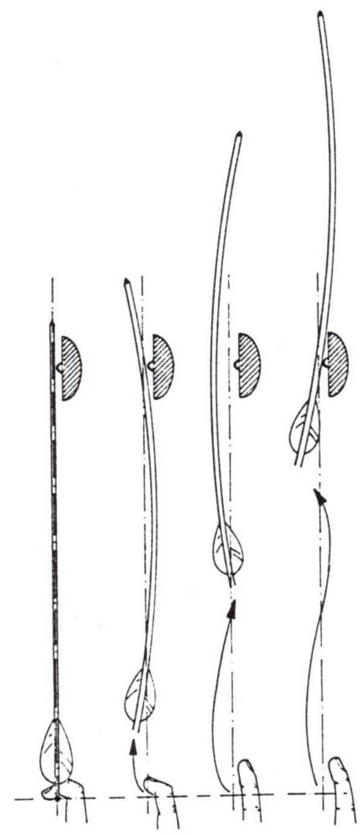

Abbildung: Pfeil-Oszillationskurve beim Verlassen des Bogens

Nach einer vollen Oszillationskurve schlägt diese dann in eine Gegenkurve um und der Pfeil biegt sich vom Bogen weg. Im angelsächsischen Sprachgebrauch nennt man dies „The Archer's Paradox".

Bei diesen beiden und auch den dann folgenden Durchbiegungskurven ergeben sich zwei Punkte, die sich jeweils treffen bzw. überschneiden müssen, dies sind die sogenannten „Knoten", einer im vorderen Bereich des Pfeils und einer im hinteren Bereich.

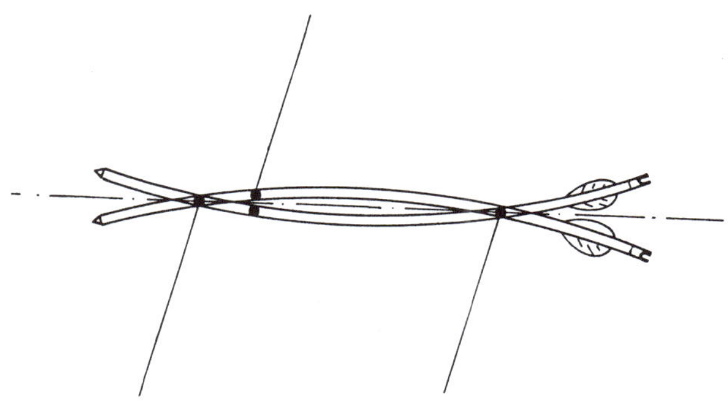

Abbildung: Pfeilknotenpunkte

Es ist nun wichtig, daß diese Knoten auf einer Linie (Achse) liegen. Nur bei einer Übereinstimmung der Knoten ist der Pfeil gut abstimmbar und hat einen sauberen Flug.

Die Knotenpunkte des Pfeils kann man mit einem einfachen Hilfsmittel finden. Halte den Pfeil ganz leicht zwischen dem Daumen und dem Zeigefinger, schlage mit der anderen Hand leicht gegen den Pfeil. Je näher du den Pfeil zum Knotenpunkt hin festhälst, um so größer werden sich die Vibrationen der Schwingungen bemerkbar machen. Je weiter du den Pfeil von den Knotenpunkten entfernt hälst, um so geringer werden die Schwingungsvibrationen zu spüren sein.

Die nachfolgende Abbildung zeigt, weshalb es wichtig ist, daß der Pfeil leicht außermittig im Bogenfenster anliegen sollte. Da der Pfeil sich vorne an der Pfeilanlage anlehnt und diese reindrückt, muß der Ausgangspunkt weiter außerhalb liegen, um zu gewährleisten, daß bei Abschuß der vordere Knotenpunkt genau axial zwischen dem hinteren Knotenpunkt und dem Ziel liegt. Nur so kann der Pfeil optimal fliegen.

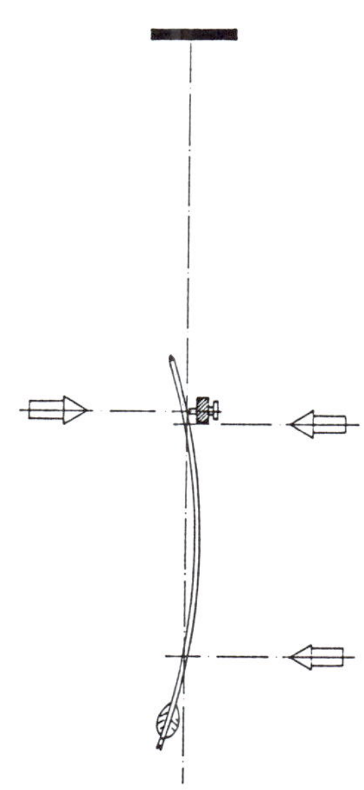

Abbildung: Pfeilausrichtung

Nach meinen Erfahrungen ist ein sauberer Pfeilflug nicht automatisch gleichbedeutend mit geringer Streuung.

Ich habe schon wiederholt erlebt, daß ein und derselbe Schütze mit schlecht fliegenden, „torkelnden“ Pfeilen gute Ergebnisse und mit anderen, gut fliegenden Pfeilen deutlich schlechtere Ringzahlen schoß. Schlechter Pfeilflug und starke Streuung müssen demzufolge verschiedene Ursachen haben.

Man kann es sich vereinfacht etwa so vorstellen:

Schlechter Pfeilflug: vertikales Torkeln tritt auf, wenn die Überhöhung des Nockpunktes gegenüber der Pfeilauflage nicht stimmt. Horizontales Torkeln ergibt sich, wenn der Höchstwert der seitlichen Abdrückkraft des Pfeils von der Pfeilanlage nicht im Bereich des Pfeilschwerpunktes liegt.

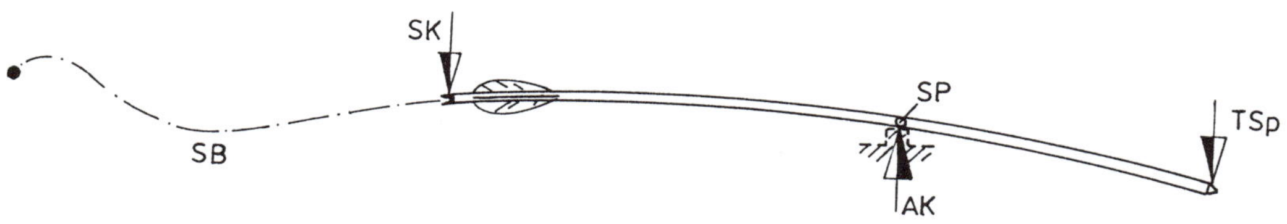

SB= Sehnenbahnkurve, SK = Seitenkraft der Sehne, AK = Andrückkraft des Pfeils an der Pfeilanlage, TSp = Trägheitskraft der Pfeilspitze

Abbildung: Pfeilschwerpunkt und Trägheitskraft

Diese Fehler lassen sich, solange der Pfeilspine in etwa zum Bogen passt, mit den bekannten Einstellmethoden für Nockpunkt und Pfeilanlage sowie mit der Verwendung von Trimm- oder „Bullet“-Spitzen bzw. „Variable Weight Point System“ verhältnismäßig leicht korrigieren.

Die Streuung dagegen hat mit der Geometrie der Sehnenbahnkurve gegenüber der Pfeilbahn zu tun. Wenn die Winkel der Sehnenbahnkurve zu sehr von der Bahn des Pfeilschwerpunktes abweichen, erhöhen sich alle auftretenden seitlichen Beschleunigungen und Kräfte. Das System wird empfindlicher und somit anfälliger gegen Lösefehler, die, wenn auch noch so gering, immer vorhanden sind. Die Streuung vergrößert sich. Deshalb ist eine Abstimmung zu finden, die eine möglichst kleine Abweichung der Sehnenbahnkurve bewirkt.

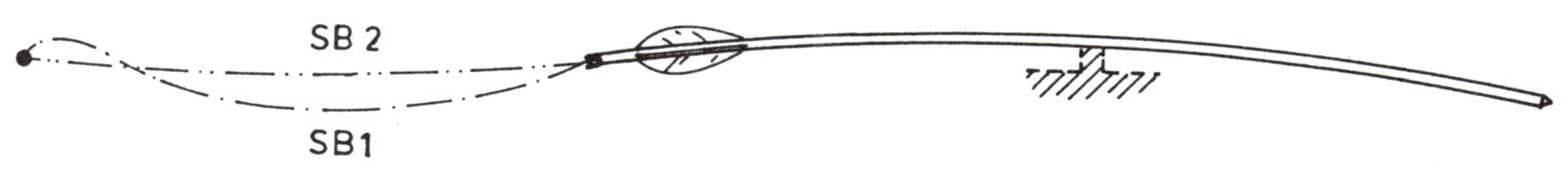

Abbildung: Sehnenbahnkurve mit geringen Winkelabweichungen = Geringe Streuung (SB 2)
Sehnenbahnkurve mit großen Winkelabweichungen = Starke Streuung (SB1)

Mit der Federspannung des Pfeilanlage und mit dem außermittigen Rausdrehen des Anlageknopfes der Pfeilanlage wird der Bogen so abgestimmt, daß die Knotenpunkte wie vorstehend erwähnt, in einer Linie hintereinander zu liegen kommen. Hierdurch wird auch wohl verständlich, daß alleine mit der Verstellung der Pfeilanlage und der Erhöhung/Reduzierung der Federspannung der Pfeilanlage nur eine geringe Feinabstimmung des Pfeils möglich ist. Extrem harte oder weiche, extrem aus dem Center herausgestellte Pfeilanlagen können nur scheinbar einen Pfeil „passend“ machen. Spätestens beim Rohschafttest auf unterschiedliche Entfernungen wird sich herausstellen, daß man so keinen Pfeil „hinbiegen“ kann. Wie in obiger Abbildung dargestellt, sollte eine Sehnenbahnkurve mit geringen Winkelabweichungen erzielt werden.

Eine sehr wichtige Größe zum Erreichen, daß die Pfeilknotenpunkte hintereinander „fliegen“ ist die Sehnenstandhöhe. Durch die Standhöhe wird der Pfeilreflex wesentlich beeinflusst. Verläßt nämlich der Pfeil die Sehne in einem ungünstigen Punkt der Oszillationskurve, erhält der Pfeil einen Reflex in den Nock, der den Pfeil zum unkontrollierbaren „Ausbrechen“ aus seiner Flugkurve bringt. Nachstehend ist dies dargestellt. Der Pfeil muß die Sehne möglichst in der Mitte der Sehnenkurvenschwingungen verlassen. ***Deshalb ist das Austesten von verschiedenen Standhöhen nicht nur eine Frage der Optimierung der Wurfkraft, sondern insbesondere der Knotenabstimmung. Am Abschußgeräusch läßt sich dies oft erkennen.***

Mit Erreichen dieser Abstimmung hat man die ideale Einstellung erreicht.

Ich habe diese vorstehenden Ausführungen bewusst ausführlich erklärt, um die nachfolgenden, wohl den meisten Schützen bekannten Rohschafttestmethoden verständlicher zu machen.

Siehe Abbildung nächste Seite.

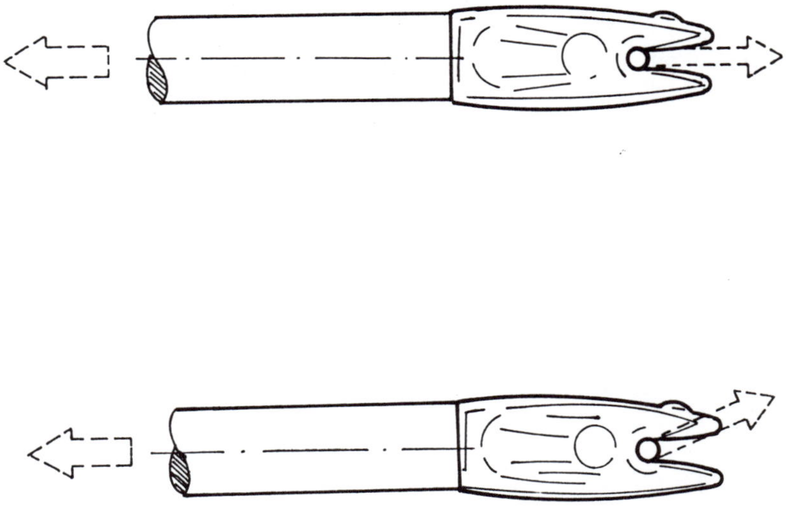

Abbildungen: Unterschiedliche Nocklösestellungen bei unterschiedlichen Standhöhen
(Siehe auch Abbildung Sehnenbahnkurve)

6.3 Vorbereitungen zum Rohschafttest

Ehe nun mit dem Rohschafttest begonnen wird, sollten folgende Punkte nochmals überprüft werden:

- Sitzt der zu schießende Schaft mit seiner äußeren Wölbung genau mittig der Pfeilanlage?
- Ist der Finger der Pfeilauflage einige Grad nach oben angestellt? (in den Zehntelsekunden zwischen dem Klicken des Klickers und dem Abschuß kann bei einem nach unten geneigtem Auflagefinger der Pfeil abrutschen, was zu Streuungen im Trefferbild führt!)
- Steht der Auflagefinger nicht über den Außenradius des Pfeils raus? Wenn ja, ist er zu kürzen.
- Sind die Nocks der Pfeile richtig zur Befiederung ausgerichtet?
- Sitzt der Nock richtig auf der Sehne? Ist er weder zu fest/ zu locker, wird er von einem Nockpunkt beim sich ergebenden Auszugs-Sehnenwinkel eingeklemmt?
- Ist der Klicker in einer fast senkrechten Stellung und ragt unten über den Pfeil heraus?
- Stimmt die Standhöhe?
- Stimmt der Tiller?

Die Ablösekraft des Nocks sollte auf geraden Zug nicht über 0,1 bis maximal 0,5% der Bogenzugkraft betragen. Nachstehend eine entsprechende Tabelle:

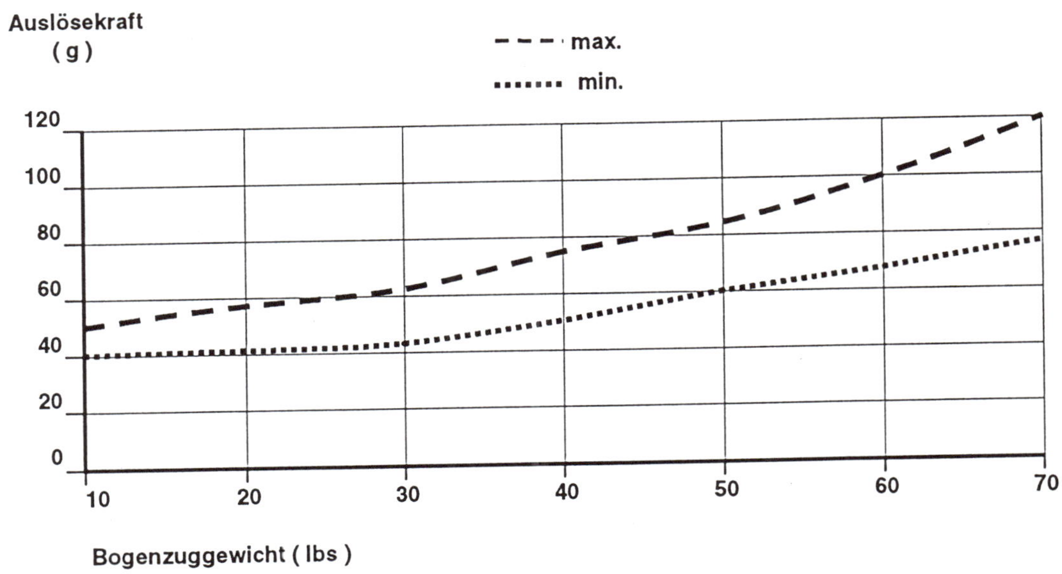

Abbildung: Nockablösekraft für unterschiedliche Zuggewichte des Bogens (Die Ablösekraft kann mit einer Fein-Federwage wie z.B. einer „Hängebriefwaage" gemessen werden).

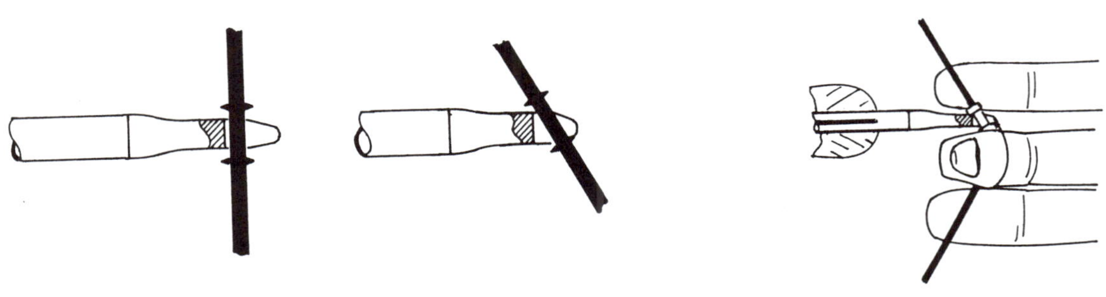

Abbildung: Spiel des Nocks im Nockpunkt

Zu den vorstehenden Punkten, wo Eingangs dieses Kapitels noch nichts zu angemerkt wurde, im Einzelnen folgendes:

1. Nur ein mittig der Pfeilanlage sitzender Pfeil gewährleistet, daß der innere Führungsstift der Pfeilanlage sich nicht verkantet und eventuell klemmt bzw. unterschiedlich reagiert.

2. Ein über den Pfeil rausstehender Auflagefinger kann, auch wenn man dies nicht bemerkt, zur Berührung mit der Befiederung führen, was zu einem unsauberen Pfeilflug führt und zumindest bei kurzen Distanzen zu Streuungen führt.

3. Eine richtige Ausrichtung des Nocks zur Befiederung ist wichtig. Um hier sicherzugehen, sollte überprüft werden, ob die Befiederung weder am Auflagefinger noch an der Pfeilanlage noch sonstwo am Bogenfenster Berührung hat. Dies kann auf verschiedene Arten überprüft werden. Die einfachste Methode ist, den Pfeil im hinteren, befiederten Bereich , einschließlich der Befiederung mit einem Puder einzustäuben und den Pfeil dann vorsichtig, ohne den bepuderten Bereich zu berühren, zu schießen. Beim eingeschlagenen Pfeil (der natürlich nicht durch andere Pfeile berührt werden darf) läßt sich dann prüfen, ob Schleifspuren erkennbar sind. Gegebenenfalls ist ein leichtes Verdrehen des Nocks vorzunehmen (in beide Richtungen) bis keine Schleifspuren mehr erkennbar sind. (siehe Abbildung Kapitel 5.9). Es ist zu beachten, daß Sping-Wing-Fahnen eine andere typische Nockposition benötigen.

4. Ein zu fest auf der Sehne sitzender Nock kann insbesondere bei Bögen mit geringem Zuggewicht zu erheblichen Problemen beim Abstimmen führen. Durch eine zu hohe Ablösekraft kann der Pfeil einen ungewollten Reflex erhalten und beim Verlassen des Bogenfensters Torkelbewegungen ausführen. Ein zu leicht sitzender Nock birgt die Gefahr, daß er unbemerkt von der Sehne beim Auszug rutscht und zu einem „Trockenschuß" führt. Ferner ist dabei zu beachten, daß die Nocken aller Pfeile gleichartig auf der Sehne festsitzen. Diesem Punkt sollte entsprechende Aufmerksamkeit geschenkt werden. Mittels einer kleinen Zugwaage kann die benötigte Kraft genau ermittelt und verglichen werden. Die ideale Nockablösekraft beträgt bei Bögen mit einem Zuggewicht bis 30 lbs. etwa 50 Gramm, bei Bögen mit höherem Zuggewicht etwa 60 Gramm. Diese Werte haben sich bei High-Speed Filmaufnahmen als diejenigen herausgestellt, die die geringste Pfeilflugbeeinflussung haben.

5. Wenn mit einem Doppelnockpunkt auf der Sehne geschossen wird, bzw. mit einem eingewickelten Mononockpunkt oder dem Beiternockpunkt, sollte auf ein ausreichendes Spiel des Nocks geachtet werden, damit er nicht bei Vollauzug eingeklemmt wird. Asymetrische BEITER-Nocks haben sich hier bestens bewährt und sie sind zugleich extrem formstabil und sehr leicht.

6. Der Klicker sollte immer möglichst senkrecht stehen. Ein schräg stehender Klicker kann unterschiedlich auslösen und zugleich besteht auch die Gefahr, daß er den Pfeil von der Pfeilauflage abheben kann (siehe Abbildung in Kapitel 5.9).Deshalb ist z.B. bei überlangen Hallenpfeilen unbedingt ein Klickervorbau zu verwenden. Es gibt Bögen, wo ein Vorbau mitgeliefert wird.

7. Die richtige Standhöhe der Sehne ist ein oft vernachlässigter Tuningpunkt. Die in vorherigen Kapiteln erwähnte Basisstandhöhen für die einzelnen Bogenlängen sollten nur als Anhaltspunkte dienen. Der Pfeil hat seine Oszillationskurve, die Sehne ebenfalls. Hieraus ergibt sich logischerweise, daß es für die Kombination Pfeil und Standhöhe ein Optimum gibt, wo der Pfeil die Sehne genau in dem Moment verläßt, wo die Knotenpunkte hintereinander liegen. ***Also, verschiedene Pfeile ergeben auch eventuell verschiedene erforderliche Standhöhen.*** Wenn der Nock zum Zeitpunkt des Lösens von der Sehne schräg steht, wird sich ein Reflex auf den Pfeil ergeben, der zu Streuungen führt. Gleichzeitig führt dies glücklicherweise meistens auch zu einem erhöhten Geräusch. Man will natürlich die Wurfkraft des Bogens möglichst hoch halten, d.h., mit einer möglichst geringen Standhöhe schießen. Deshalb sollte man die Standhöhe mit dem jeweiligen Pfeil über das Abschußgeräusch optimieren. Hierzu beginnt man mit der niedrigstmöglichen Standhöhe, die im Toleranzfeld des Bogens liegt. Hiervon ausgehend sollte man die Sehne sukzessive 2 Umdrehungen jeweils aufdrehen, bis ein „sonoriges" Abschußgeräusch sich ergibt. Dies ist die optimale Basisstandhöhe für den geschossenen Pfeil als Ausgangspunkt für das spätere Feintuning.

6.4 Der Rohschafttest

Im Kapitel V wurde bereits auf die generellen Auswahlkriterien für den richtigen Pfeil eingegangen. Nachdem dieser an Hand der verfügbaren Tabellen oder des erhältlichen Softwareprogramms vorausgewählt wurde, kann mit dem eigentlichen Rohschafttest begonnen werden. Ich empfehle hier aber ausdrücklich, Tests mit mehreren in Frage kommenden Pfeilen zu absolvieren. Erfahrungen haben einfach gezeigt, daß bezogen auf den Schießstil des Schützen und auf seine spezifische Ausrüstung hin oft ein Pfeil, der nach Tabellen „nicht stimmt", ein besseres Gruppierungsverhalten zeigt.

Es gibt eine Vielzahl von Empfehlungen zur Durchführung des Rohschafttests. Viele davon können jedoch bestenfalls als Grundtest dienen. Hierzu zählen alle Methoden, die den Test entweder auf kurze Distanzen oder auf nur eine Entfernung durchführen. Typische Arten dieser Methoden sind der „Papiertest", der „Styropurblocktest" oder alle Tests die z.B. auf 12 oder 18m als feste Distanzen durchgeführt werden. Aber selbst Tests auf längere Distanzen, wie z.B. 30 m geben alleine keine Aussage.

Wie am Anfang dieses Kapitels dargelegt, hat der den Bogen verlassende Pfeil eine oszillierende Flugkurve. Diese Kurve wird bis mindestens 30 m Entfernung wechselweise die axialen Linie Bogen-Ziel mehrfach in beide Richtungen durchbrechen. Wenn man nun seinen Rohschafttest auf nur eine Entfernung macht, kann es sich ergeben, daß man zufälligerweise genau auf die Entfernung schießt, wo diePfeilflugkurve sich mit der axialen Linie Bogen-Ziel kreutzt und es wird einem vogegaukelt, daß er Pfeil stimmt.

Nur eine Rohschafttestmethode, die mit wechselnden Entfernungen arbeitet, ist aussagekräftig.

An dieser Stelle sei Gerhard Gabriel gedankt, der Ende der 70er Jahre als Erster erkannte, daß der Pfeil keine gleichmäßige Bogenkurve fliegt, und auch erkannte, daß die Knotenlage ein wichtiges Kriterium zur Pfeilgruppierung darstellt.

Diese „Gabriel-Methode“ wurde später von den unterschiedlichsten Trainern in abgewandelter Form verwendet und stellt nach meine Meinung auch heute noch die einzige, aussagekräftige und wirksame Pfeilabstimmungsmethode dar.

Die „Gabriel-Methode“ zeigt uns auch, daß mit der Verstellung der Pfeilanlage (sowohl das Rein- und Rausdrehen als auch die Federkraftveränderung) sich das Streuverhalten der Pfeile beeinflussen läßt, sich jedoch nur eine geringe Spinewertbeeinflussung erzielen läßt. Pfeile, die nicht stimmen, können nicht über die Pfeilanlagenverstellung zu gut fliegenden Pfeilen getrimmt werden.

Die „Gabriel-Methode“ geht richtigerweise von der Überlegung aus, daß eine Pfeil-Bogenkombination erst dann optimal abgestimmt ist, wenn der befiederte Pfeil **genau dieselbe Flugbahn beschreibt**, wie der Rohschaft. Der befiederte Pfeil verläßt in diesem Fall den Bogen bereits in der endgültigen Lage und Richtung und benötigt daher keine Anfangskorrekturen durch seine Befiederung, was besonders bei Wind von entscheidender Bedeutung ist. (= Pfeilknoten fliegen hintereinander).

Die nachfolgende Anleitung basiert im Wesentlichen auf die Gabriel-Methode, beinhaltet jedoch auch die „Ed Eliason“-Methode zur Vereinfachung. (Ed Eliason ist ein erfahrener U.S.-Schütze und Coach).

6.4.1 Das Auschießen der Nockpunktüberhöhung

Alle Tests mit Pfeilen sollten bei Idealbedingungen, ohne Wind, ohne Regen etc. durchgeführt werden, um keine zusätzlichen Störgrößen von außen zu bekommen.

Protokolle sollten genau geführt werden. Unter Kapitel 8.10 ist ein entsprechender Auswertungszettel als Beispiel dargestellt. Da die persönlichen Eigenarten des Schützen eine wesentliche Rolle bei der Durchführung der Tests und der Ergebnisse spielen, ist eine generelle Aussage oder Meßmethodik zur Optimierung nicht möglich.

Nun zum eigentlichen Test:

Hierzu nehmen wir die Rückseite einer 80 cm- oder einer 122 cm Auflage.

Hierauf zeichnen wir mit einem dicken Filzstift ein diagonales Kreuz. Der Schnittpunkt des Kreuzes ist unser Zielpunkt. Wir stellen das Visier auf 18m Entfernung ein.

Nun gehen wir bis 3m an die Scheibe ran und schießen je einen befiederten und einen unbefiederten Pfeil. Die Einschlagspunkte werden markiert und zwar unterschiedlich, so daß der Einschlagspunkt des befiederten und des unbefiederten Pfeils voneinander unterschieden werden können.

Das Gleiche machen wir jetzt mit jeweils 3m weiteren Entfernungen bis zum Abstand von 30m. Falls sich hierbei eine deutliche Tendenz der Abweichung in der Höhe zwischen befiedertem und unbefiedertem Pfeil schon bei den ersten 3 Distanzen ergibt, ist der Nockpunkt zu korrigieren. Liegt der Rohschaft höher als der befiederte Schaft, so ist der Nockpunkt zu niedrig, liegt der Einschlagspunkt des Rohschaftes deutlich unter dem des befiederten Pfeils, ist der Nockpunkt zu hoch.

Dies ist solange zu wiederholen, bis auf alle 10 Distanzen von 3m bis 30m die Höhe beider Einschlagstellen gleich sind. Die jeweilige seitliche Abweichung ist hierbei unwichtig.

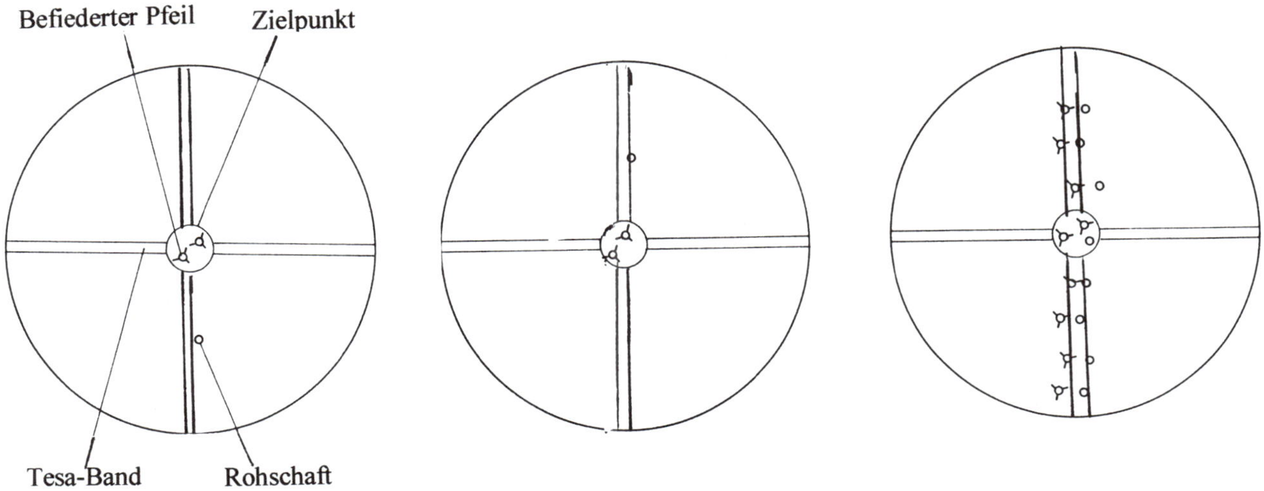

Abbildungen: 1,2,3: Nockpunkttest

1.) Der Nockpunkt ist zu hoch. Der Rohschaft liegt tiefer als die Gruppe der befiederten Pfeile.
2.) Der Nockpunkt ist zu niedrig. Der Rohschaft liegt zu hoch.
3.) Der Nockpunkt stimmt! Der Rohschaft und die befiederten Pfeile liegen auf einer Höhe.

Noch ein Tipp: Schieße den unbefiederten Pfeil aus beiden Nockpositionen, also einmal zusätzlich um 180 Grad gedreht. Prüfe, ob der Pfeil in beiden Positionen auf der gleichen Stelle in die Scheibe einschlägt. Dann ist anzunehmen, daß er unbefiederte Pfeil gerade ist und der Nock richtig sitzt. (Achtung: bei asymetrischen BEITER-Nocken geht das so nicht, hier muß der Nock um 180 Grad verdreht werden).

Ein weiterer Tipp: Klebe um das Schaftende des Rohschafts ein Tesaband, um das Gewicht der Befiederung zu simulieren.
Es hat sich als vorteilhaft erwiesen, wenn der Rohschaft auf 30m etwa 1-2 cm unter dem befiederten Pfeil einschlägt, d.h., daß der Nockpunkt ganz leicht überhöht montiert wird. Um dies zu verifizieren sollten entsprechende Gruppentests später durchgeführt werden.

6.4.2 Die Spineabstimmung

Hierfür wird wiederum eine Auflagenrückseite verwendet. Diesmal jedoch mit 3 vertikalen Linien versehen, eine als Centerlinie und zwei parallele Linien im Abstand von jeweils 7 cm. Im oberen Drittel wird ein Zielpunkt auf der Centerlinie markiert.. Das Visier wird wieder auf die 18m Einstellung gebracht.

Nun wird wiederum je ein befiedeter Pfeil und ein Rohschaft geschossen und die Einschlagpositionen markiert, wie oben mit Symbolen für den Rohschaft und den befiederten Schaft.

Anschließend werden die aufgetragenen Punkte des jeweiligen Schafts mit einer Linie verbunden, so daß sich zwei Kurven ergeben.

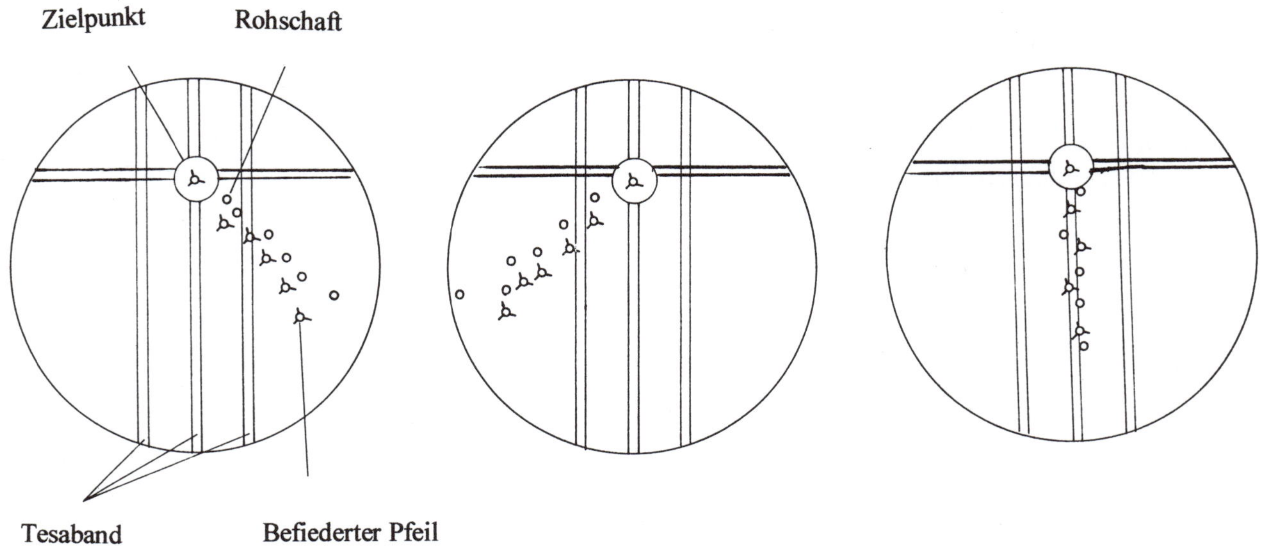

Abbildungen: Spinewertermittlung

1.) Pfeilauflage ist zu weich eingestellt
2.) Pfeilauflage ist zu hart eingestellt
3.) Ideales Testbild

Analyse der Ergebnisse:

Weicht nun der Rohschaft aus dem 7 cm breiten Toleranzfeld ab 15 m Entfernung immer weiter aus, so ist dies ein nicht geeigneter Pfeil. Wenn die Kurve nach links ausbricht, ist der Pfeil mindestens eine Code-Stufe zu hart, weicht die Kurve nach rechts aus, ist der Pfeil mindestens eine Code-Stufe zu weich.
Hier ist mit Pfeilanlagentuning nicht mehr zu erreichen. Es muß ein anderer Pfeil gewählt werden.

Bricht die Kurve jedoch erst ab etwa 24m aus, kann normalerweise mittels Verstellen der Pfeilanlage eine Abstimmung erfolgen.

Weicht die Kurve zuerst (im Bereich 3m bis 18m) nach links leicht aus dem Toleranzfeld aus und kommt dann zurück und geht auf die rechte Seite raus, so ist sowohl der Pfeil zu weich als auch die Centerstellung der Pfeilanlage falsch. Hier sollte deshalb zunächst die Pfeilanlage insgesamt geringfügig in das Griffstück reingedreht werden. Umgekehrt beim Ausbrechen zunächst nach rechts und dann nach links. Hier ist die Pfeilanlage geringfügig aus dem Griffstück herauszudrehen.

Bleiben beide Schäfte bis 21m im Toleranzfeld und bricht dann der Rohschaft nach links aus ist die Federkraft der Pfeilanlage zu verringern, also weicher einzustellen, beim Rechtsausbrechen entsprechend härter einzustellen.

Wandern die Kurven jedoch insgesamt stark im Toleranzfeld von links nach rechts (Zick-Zack) und umgekehrt, sind also stark gezackt, bedeutet dies, daß der Pfeil zwar passt, aber eine sehr starke Streuung hat. Diese kann man versuchen, durch geringfügige Manipulationen an der Pfeilanlage sowohl bzgl. der Centerstellung als auch der Härte wegzubekommen. Ein weiteres Mittel ist eine geringfügige Veränderung der Standhöhe und der Stabilisationsabstimmung. Ist diese Streuung nicht wegzubekommen, sollte man einen anderen Schaft mit etwa gleichem Spinewert versuchen. Bei Aluminiumschäften ein Schaft mit einer dickeren Wandung, also z.B. statt des geschossenen 2112 einen 2014 mit annähernd gleichem Spinewert .

Wenn die Schäfte geringfügig zu weich sind, kann auch durch ein geringfügiges Kürzen des Schafts der Spinewert erhöht werden. Bei zu hartem Verhalten kann ggf. der gleiche Pfeil in etwas längerer Version getestet werden . Ansonsten: siehe nachfolgende Zusammenfassung der Korrekturmöglichkeiten.

Zusammenfassung der Korrekturmöglichkeiten

Rohschaft verläßt das Toleranzfeld nach rechts (Pfeil ist zu weich):

Bei Entfernungen unter 15m	= nächst höheren Pfeilcode verwenden
Bei Entfernungen über 15 m	= Schaft kürzen, ggf. leichtere Spitze verwenden.
Bei Entfernungen über 21 m	= Pfeilanlage härter einstellen, ggf. Sehnenstandhöhe vergrößern.Sehnenstrangzahl erhöhen.

Rohschaft verläßt das Toleranzfeld nach links (Pfeil ist zu hart):

Bei Entfernungen unter 15m	= nächst niedrigeren Pfeilcode verwenden.
Bei Entfernungen über 15 m	= Schwerere Spitze verwenden. Gleichen Pfeil in längerer Ausführung testen. Dickwandigeren Pfeil desselben Spinewertes verwenden.
Bei Entfernungen über 21 m	= Pfeilanlage weicher einstellen. Ggf. Standhöhe verringern oder schwerere Spitze verwenden. Sehnenstrangzahl evtl. verringern.

Rohschaftkurve und Kurve des befiederten Pfeils stark gezackt (Pfeil streut):

= mit geringfügigen Center- und Härteverstellungen sowie mit geringfügigen Sehnenstandshöhenverstellungen versuchen eine mittige Trefferlage zu erreichen. Ggf. auf einen anderen Schaftcode mit gleichem Spinewert ausweichen.

Wenn die Kurven eine S-förmigen Verlauf nehmen, z.B. zunächst nach links und dann über das Center nach rechts, so ist der Pfeil zu weich und zugleich die Centerstellung falsch eingestellt. Hier ist bei diesem Beispiel die Pfeilanlage weiter zurück in das Griffstück zu drehen und die Federspannung zu erhöhen.

6.5. Das Makrotuning

Für einen Anfänger und Durchschnittsschützen reicht es aus, seinen Bogen nach den Methoden des vorstehenden Kapitels zu tunen. Für höhere Ergebnisse ist es jedoch erforderlich, die einzelnen technischen Komponenten des Bogens detailliert zu optimieren. ***Es ist sinnvoller eine optimal getunte preisgünstige Ausrüstung zu haben, als eine teure Ausrüstung, die schlecht abgestimmt ist.***

Du brauchst nicht unbedingt Materialexperte zu sein, um deinen Bogen tunen zu können. Es reicht, wenn du die Geduld hast alle Ausrüstungsgegenstände systematisch durchzutesten.

Für den Spitzenschützen ist im nächsten Kapitel noch ein zusätzliches „MIKROTUNING“ beschrieben. Aber auch hierfür sind die nachfolgenden Grundeinstellungen Voraussetzung.

Die Makrotuningmethode beruht auf dem Ausschlußprinzip, bei dem du systematisch Abweichungen von den empfohlenen Standardwerten vornimmst. Alle Abweichungen bei den ersten Tuningzyklen sollten so groß sein, daß sie deutlich andere Schießergebnisse bringen. Bei weiteren Zyklen verringerst du die Abweichungen um die Hälfte u.s.w.

Jeder Tuningzyklus soll aus circa 5 bis 6 Passen à drei Pfeilen bestehen. Du sollst jedesmal den Umkreis der Pfeilgruppierung messen, unabhängig davon, wo die Pfeile die Scheibe treffen. Addiere diese Maße und errechne einen totalen Umkreis.

Der Zyklus, der den geringsten Gesamtumfang ergibt, kommt dem Idealwert am nächsten.

Nach der Ausschlußmethode kannst du eine Vielzahl an Ausrüstungsdetails prüfen, wie zum Beispiel:

- Standhöhe der Sehne
- Strangzahl der Sehne
- Aufdrehungswindungen der Sehne
- Sehnenmaterial
- Centerverstellung der Pfeilanlage
- Nockpunktüberhöhung

- Befiederungsarten
- Winkel der Befiederung im Verhältnis zum Nockpunkt (Verdrehen des Nockpunktes)
- Verschiedene Rohschaftsorten und Spinewerte
- Gewichte der Pfeilspitzen
- Stabilisatoranordnung / Gewichte

Es darf jedoch immer nur ein Detail zur gleichen Zeit getestet werden.

Am Beispiel Sehne können folgende unterschiedliche Varianten ausgetestet werden:

Sehnenstandhöhe : +/- 15 mm, Sehnenstrangzahl +/- 4 Stränge, Sehnenlänge bei der Fertigung +/- 15mm, Aufdrehungen der Sehnen +/- 10 Umdrehungen etc. etc.
Hierbei ist es natürlich erforderlich, sich eine ganze Anzahl von unterschiedlichen Sehnen anzufertigen und diese vor dem eigentlichen Test auch einzuschießen!!

Tuning kostet Zeit und Mühe.

Es ist nicht ausreichend, wenn jemand anders dieses Trimmen für dich durchführt. Dein Schießstil beeinflußt den Pfeilflug nämlich nachhaltig. Deshalb kann es sein, daß eine Zusammenstellung, die für den einen Schützen gute Werte bringt, bei einem anderen Schützen gar nicht funktioniert obwohl beide fast identisches Material schießen.

6.6 Das Mikrotuning

Das Mikrotunig ist ein Feinsttuning für den fortgeschrittenen Bogenschützen. Es hilft die Guppierungen zu verbessern.

Für Schützen, die auf dem FITA-Turnier mindestens 1100 Ringe und bei den Hallendistanzen über 540 Ringe schießen, bringt das Mikrotuning etwa 3-5 Ringe je Distanz und Durchgang.

Voraussetzung für das Mikrotuning ist, daß der Rohschafttest bis ins Detail genau vorher erfolgte und ein Makrotuning in den relevanten Bereichen durchgeführt wurde.

Das Mikrotung soll zwei Hauptziele erreichen: zum einen eine 100%ige Überprüfung des verwendeten Materials und zum anderen eine Feinstjustierung.

Viele Schützen unterliegen dem Irrtum, zu glauben, was die Industrie in ihren Prospekten schreibt.

Wir fangen zunächst bei den Pfeilkomponenten an. Hierzu benötigen wir eine Präzisionswaage, dies kann auch die im Bogenhandel erhältliche „Grain-Waage“ sein. Wir kürzen nun zunächst 12-18 Rohschäfte des ausgeschossenen Typs auf die entsprechende Länge.

Danach wiegen wir diese aus. Ebenfalls wiegen wir die ermittelten Spitzen zu diesen Schäften aus. Wir werden oft feststellen, daß einige Schäfte und insbesondere Spitzen erheblich von den Werksangaben-Gewichte abweichen. Bei den Spitzen können wir uns helfen, indem wir diese umtauschen bzw. direkt im Laden auswiegen.
Alle Spitzen sollten innerhalb einer Gewichtstoleranz von 1 grain (0,0648 Gramm) liegen. Abweichende Schäfte stellen ein Problem dar, man sollte sie in jedem Fall aussortieren.

Nun setzt man die Spitzen unter Verwendung von möglichst gleich viel Kleber ein. Dann setzt man die Nocken ein.

Nun markiert man alle Schäfte mit Nummern und schießt zunächst auf 30m und dann auf 50m Entfernung. Man notiert sich sorgfältig die Einschlagspunkte der Rohschäfte. Die Schäfte, die nicht eng gruppieren, sortiert man wiederum aus, ggf. kann man 2 Gruppen von Pfeilen ermitteln, die gleiche Gruppierungseigenschaften haben. Führe die Versuche mehrfach durch, um sicherzugehen.

Die Pfeile, die zusammen gruppieren, sind nun der Satz, der für Turniere befiedert wird. Zwei der selektierten Pfeile sollten als Rohschaft weiterhin unbefiedert bleiben. Nach Befiederung der restlichen Pfeile ist ein „Rohschafttest“ wiederum auf 30 und 50m vorzunehmen. Die unbefiederten und befiederten Pfeile sollten auch jetzt in einer Gruppe zusammen plazieren.

Wenn dies der Fall ist, sollte das gleiche auf 60m und 70m Entfernung erfolgen. Bei diesen Entfernungen ergibt sich dann spätestens eine Überprüfungsmöglichkeit, ob die Rohschaftabstimmung sorgfältig genug durchgeführt wurde. Insbesondere läßt sich jetzt erst eindeutig feststellen, ob der Centerversatz der Pfeilanlage 100%ig stimmt. Hierzu muß eine zweite Person den Pfeilflug beobachten. Wenn der Pfeil den Bogen verläßt, wird entweder die Spitze nach links zeigen und der Nock nach rechts oder umgekehrt. Dies ist über eine weit zu verfolgende Distanz (immer auf den Rohschaft bezogen) beobachtbar.

Hier gilt jetzt die Regel: ***Drehe die Pfeilanlage in die Richtung, wo die Pfeilspitze hinzeigt. Wenn der Pfeil den Bogen so verläßt, daß die Pfeilspitze nach rechts zeigt und der Nock nach links zeigt, ist die Pfeilanlage zu weit im Bogen. Drehe sie etwas heraus***. (Bei nach links zeigender Spitze drehe die Pfeilanlage etwas herein).

Üblicherweise sollte man nun die Federspannung der Pfeilanlage jeweils in die entgegengesetzte Richtung verändern, d.h., beim Herausdrehen der Anlage die Federspannung verringern und umgekehrt. Hierdurch wird dann die Gesamtgruppierung wieder erreicht, jedoch hat sich herausgestellt, daß durch diese Mikrotungmethode die Gruppierung der Pfeile enger wird!

Wir reden hier von Größenordnungen von ¼ Umdrehungen jeweils. Durch diese Methode wird (siehe vorangegangene Kapitel) erreicht, daß die Pfeilknoten 100%ig hintereinander fliegen.

Es kann sich hierbei durchaus ergeben, daß die „Grundregeln" des Pfeilversatzes drastisch über- oder unterschritten werden. Dies sollte nicht beunruhigen.
Der U.S.-Spitzentrainer Don Rabska hat diese Methode zusammen mit Rick Mc Kinney entwickelt und diese Methode wird inzwischen von den meisten Spitzenschützen praktiziert.

Als nächstes sollte nun ein Mikrotuning der Nockpunkthöhe erfolgen. Hierzu wird auf 70 und auf 90 m geschossen und im Zehntelmillimeterbereich der Nockpunkt verschoben und die sich ergebende Gruppierung überprüft. Hierzu sollten mindestens 36 Pfeile geschossen werden, um Zufälle auszuschließen. Sorgfältig ist die Grupppierung auf ein Merkblatt zu übertragen und auszuwerten. Falls die Verschiebungen keine Verbesserung bringen, ist wieder auf den Ursprungswert zurückzugehen.

Gleichfalls ist dies nun mit der Federspannung der Pfeilanlage in ¼ Umdrehungen in beide Richtungen zu überprüfen.

Gleiches sollte jetzt mit der Standhöhe im Rahmen von 1mm gemacht werden.

6.7 Die Tilleroptimierung

Bauartbedingt ist es beim Recurve-Turnierbogen nicht möglich, die Energie-/Kraftmitte und den Drehpunkt (Pivot-Point) auf einen Punkt zu bringen. Die Kraftmitte des Bogens liegt, je nach Hersteller , etwa 40mm oberhalb des Pivot-Points, bzw. der symetrischen Mitte.

Die Wahl der Griffschale und die Eigenart der Krafteinleitung in die Griffschale durch den Schützen verlagert den theoretischen Pivot-Point. Diese und auch noch andere Gegebenheiten, verändern das gesamte vorgegebene asymetrische System der Vortillerung.

Für einen Spitzenschützen reicht es nicht, einen „Durchschnittswert" des Tillermaßes einzustellen oder -was häufig geschieht- die Tillerverstellung so vorzunehmen, daß die Nockpunktüberhöhung auf einen „üblichen" Wert kommt.

Man unterscheidet zwischen zwei Arten von Tiller, den dynamischen und den statischen Tiller.

Der dynamische Tiller ist die unterschiedliche Kraft, die auf den Pfeil durch die Wufarme einwirkt im Moment des Abschusses. Er soll bewirken, daß die Wurfarmenden gleichzeitig synchron nach vorne geschnellt sind, wenn der Pfeil die Sehne verläßt.

Der statische Tiller drückt aus, was bei vollem Auszug passiert. Die Ausgeglichenheit des synchronen Wurfarmauszugs und die sich hierbei ergebenden Kraftverhältnisse wirken sich entscheidend auf den Pfeilflug aus. Eine falsche Tillereinstellung wirkt sich auch direkt auf das „Gefühl" des Schützen bei vollem Auszug aus.

Der Bogen liegt unterschiedlich (je nach zu geringer oder zu hoher Tillerung) in der Bogenhand an. Wenn die Kraft des oberen Wurfarms zu hoch eingestellt ist, wird der Bogen beim Auszug „nach unten kippen", was bedeutet, daß die Kraft auf den unteren Teil des Handballens erhöht wird und der Schütze automatisch versucht den Bogen „oben" nach vorne zu drücken. Umgekehrt wird ein zu stark eingestellter unterer Wurfarm bewirken, daß der Bogen aus der Bogenhand heraus nach „oben" kippt und man kaum den Druck auf der „Maus" spürt und die Kraft in den Zwischenraum zwischen Daumen und Zeigefinger eingeleitet wird.

Dies ist bei starker Über- bzw. Untertillerung spürbar.

Üblicherweise empfehlen die Hersteller einen Tillerwert zwischen 1/8" und 3/8" als Basis -Tillermaß, also etwa 3-9 mm. Dieser Wert kann aber im Einzelfall abweichen. Wie ermittele ich nun den für mich, bzw. meinen Bogen zutreffenden Tillerwert?

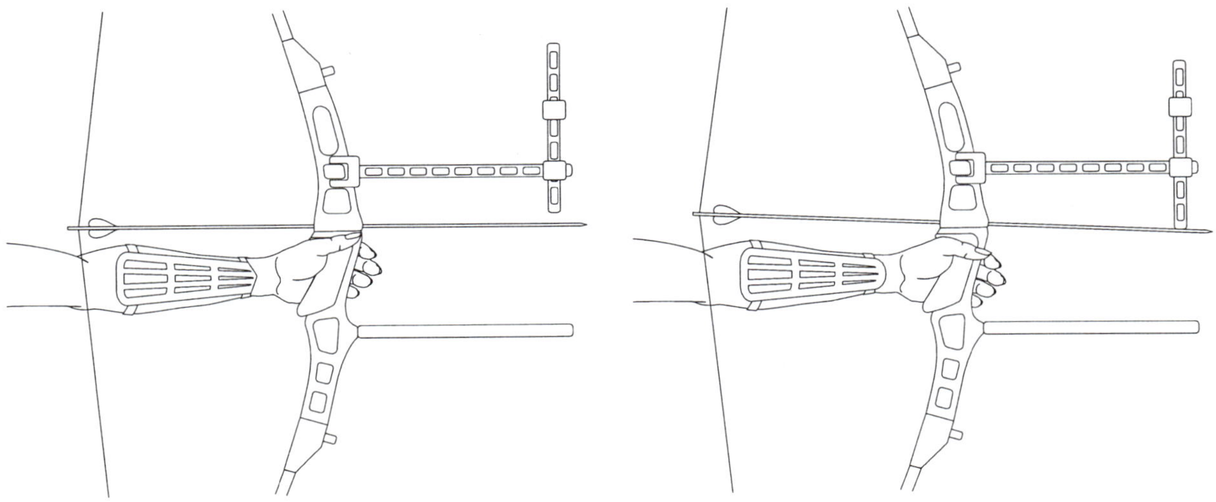

Abbildungen: Veränderung des Bogens bei Unter-/Übertillung
Die erste Abbildung zeigt den typischen Fall, wo die obere Kraft des Wurfarms zu stark eingestellt ist, die zweite Abbildung den Fall, wo der Bogen übertillert ist.

Zur individuellen Ermittlung gibt es zwei einfache Methoden, die sicherheitshalber vor einer Tillerkorrektur beide überprüft werden sollten.

Methode 1

Ziele im Abstand von etwa 15 m auf einen Zielpunkt mit leicht vorgespannten Bogen. Achte hierbei darauf, daß dein Zugarm horizontal steht (nicht wie üblicherweise hinten höher) in einer Achse zum späteren Ankerpunkt. Nun ziehe ganz langsam den Bogen zum Ankerpunkt aus, ohne vertikale Bewegungen weder mit der Zughand noch mit der Bogenhand zu machen. Halte dabei möglichst das Visier im Zielpunkt. Extrem langsames Ausziehen ist hier gefragt.

Wenn der Korntunnel nun während des Ausziehens nach oben wandert, muß der Tillerwert erhöht werden (oberer Wurfarm ist zu stark). Wandert das Korn nach unten, ist das Tillermaß zu groß und muß reduziert werden. Wenn das Korn nicht oder nur geringfügig wandert, ist die Tillerung in Ordnung.

Methode 2

Hierzu ist eine zweite Person erforderlich, die sich seitlich von dir stellt und bei deinem Auszug (wie bei Methode 1) entweder die Vorderkante deines Visiers oder den Monostabilisator gegen einen Bezugspunkt im Hintergrund beobachtet. Wenn das Visier oder der Monostabilisator beim Auszug nach oben wandert, muß wie bei Methode 1 der Tillerwert erhöht werden, wandert das Visier oder der Monostabilisator nach unten, ist das Tillermaß zu groß und muß reduziert werden.

Du wirst erstaunt sein, daß nicht nur die Gruppierungen nach einer Tilleroptimierung wesentlich besser werden, sondern auch das Schießen viel entspannter vonstatten geht, da unnötige Torsionskräfte nicht mehr in der Bogenhand auftreten und du deine Bogenhand wesentlich entspannter lassen kannst!

Neben der vorstehend beschriebenen einfachen optischen Tillerüberprüfung kann natürlich auch eine Überprüfung auf einer stationären Vorrichtung durchgeführt werden, wo der Bogen horizontal aufliegt und über eine Mittenachse der Bogen Stück für Stück ausgezogen wird und die Synchronität der Wurfarmbiegung auf Querachslinien verfolgt wird. Dies ist die Methode, wie die Hersteller vorgehen. Für den individuellen Schützen jedoch kann, bedingt durch unterschiedliche Druckpunkte der Bogenhand, sich ein ganz anderes Verhältnis ergeben, deshalb rate ich für die obige optische Methode.

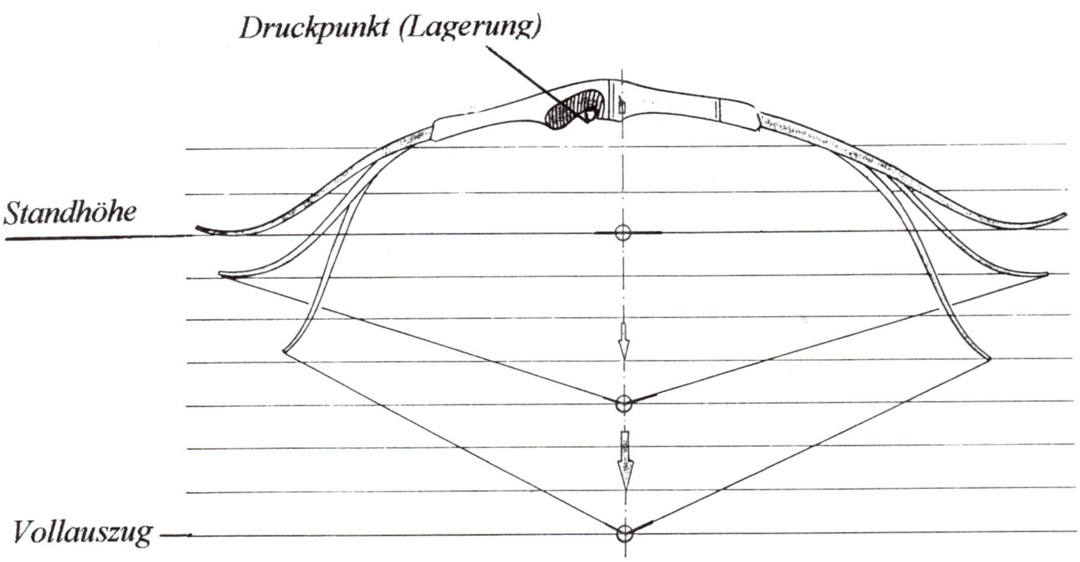

Abbildung: Tiller-Messung auf der Richtplatte

Kapitel VII Fehlerkorrekturen und –Analysen

7.1 Der Einfluss der Schießtechnik auf das Schießergebnis

Es gibt eine Vielzahl von Schützen, die im Training scheinbar hervorragende Ergebnisse schießen, bei Turnieren und Meisterschaften jedoch fast immer einen Einbruch erleiden. Worin ist die Ursache zu suchen?

Meistens sind dies Schützen, die beim Training bei weitem nicht so viele Pfeile schießen wie während des Turniers.

Betrachtet man solche Schützen eingehender, so stellt man häufig fest, daß ihre Schießtechnik nicht ideal ist und oft erhebliche Mängel aufweist.

Die Mängel liegen in diesen Fällen überwiegend an der falschen Schießhaltung. Das wichtigste Haltungselement ist, daß der Bogenarm mit den beiden Schultern, sowohl in der Seitenansicht, als auch insbesondere in der Oberansicht eine exakte gerade Linie bildet. Damit ist zunächst gewährleistet, daß die Kraft des Bogenauszugs sich direkt am Körperskelett abstützen kann und zur seitlichen Stabilisierung des Bogenarms nur geringe Muskelkräfte erforderlich sind.

Die Haltung des Zugarmes ergibt sich nun aufgrund der Körpergeometrie des Schützen eigentlich von selbst. Es ist nur wichtig, daß der Zug am Ellbogen mindestens in Höhe der Schulter, möglichst aber über Schulterhöhe, zu stehen kommt. Ob sich nun die Linie des Zugunterarmes exakt mit der Pfeillinie deckt oder nicht, ist durchaus von zweitrangiger Bedeutung. Der Zugunterarm darf ohne weiteres in einem leichten Winkel zur Pfeillinie stehen.

Die Wirbelsäule soll senkrecht und gerade stehen und mit den beiden Schultern das obligatorische „T“ bilden. Die Fußstellung ist so zu wählen, daß der Körper nicht unnötig verdreht werden muß, also bei einer „offenen Fußstellung“ ist darauf zu achten, daß der Körper ab der Hüfte beim Vollauszug weitestgehend parallel mit der Schießachse steht.

Aus dieser Haltung kann der Schütze, soweit der Bogen nicht in seinem Zuggewicht zu hoch gewählt ist, jeden Schuß zu dem richtigen Zeitpunkt abgeben. Der Schütze braucht keine Klickerprobleme zu befürchten. Diese Probleme treten immer dann auf, wenn die Bogenarm-Schulterlinie nicht gerade ist, d.h., wenn der Bogenarm und die Schulterlinie einen Winkel einschließen. Dann nämlich ist die Haltung instabil und je mehr der Schütze die Sehne zurückzieht, um so mehr zieht er den Bogenarm mit zurück und vergrößert im Endeffekt nur den Winkel zwischen Arm und Schulterlinie. Ursache hierfür ist in erster Linie eine nicht erfolgte Schulterverankerung und eine nicht parallele Oberkörperstellung zur Schußlinie.

Zu diesem auftretenden Kraftverlust trägt auch die Auszugs- und Zielzeit bei. ***Die Gesamt-Auszugszeit sollte etwa 7 Sekunden und die Zeit nach dem Auffassen des Zieles bis zum Lösen etwa 3 Sekunden betragen.*** Während all dieser Zeit ist eine stetige Rückwärtsbewegung des Zugarm-Ellbogens in einer Kreisbewegung um die Zugschulter nach rückwärts zu vollziehen.

Nach dem Lösen erfolgt das freie und ungezwungene Rückwärts-Schnellen der Zughand. Gekünstelte und unnatürliche Rückwärtsbewegungen der Zughand nach dem Lösen deuten lediglich darauf hin, daß der Bogenarm und die Schultern nicht in einer Linie waren und die Bogenschulter somit „weich" war und ***gleichzeitig keine Rückenspannung aufgebaut wurde.***

Fazit:
Die meisten Schützen, die im Training teilweise beachtliche Ergebnisse schießen und im Turnierverlauf „unerklärliche" Einbrüche haben, haben in den überwiegenden Fällen eine falsche Schießgeometrie, die dazu führt, daß die Schießhaltung im Laufe des Turniers „zusammenbricht". Nur ein Verriegeln der Bogenarmschulter gegen das Skelett und ein enger, am Körper langführender Zugaufbau und ein enger Kraftwinkel ermöglichen ein konstantes Schießen. Ferner ist ein konstanter Aufbau der Rückenmuskulaturspannung Voraussetzung eines konstanten Schießstils.

7.2 Das Problem des sauberen Release und Follow Through

Grundsätzlich kann man das Auslassen der Sehne, also das Auslösen des Schusses, in zwei Arten unterscheiden:

1. In den **„Dead-Release"**, bei dem die Zughand keinerlei Aktionen nach dem Öffnen ausführt, die Hand bleibt am Ankerpunkt. Die meisten Schützen schießen diesen „Release", selbst wenn sie versuchen den sogenannten „Follow-Through", also das nach hinten Gleiten der Zughand zu imitieren.

2. In den echten **„Follow-Through"**, bei dem die Zughand, bedingt durch die aufgebauten Rückenspannungen, sich nach hinten bewegt.

Größte Schwierigkeiten zur perfekten Umsetzung ergeben sich selbst für Meisterschützen in unseren Regionen, da der „Follow-Through" ein Maximum an Konzentration und ein gewisses technisches Können erfordert. Dies basiert auf dem Verstehen der physikalischen Vorgänge beim Schießen. Von einem Anfänger ist ein derartiges Lösen schon darum nicht zu bewerkstelligen, als es das Spannen des Bogens ausschließlich mit den Rückenmuskeln voraussetzt! Der gesamte Oberkörper ist dabei locker und entspannt.

Das nicht selten erblickte Zerrbild eines Bogenschützen, der versucht, den letzten Millimeter bis zum Klicker zu „schaffen“ , zeigt nur allzu deutlich, wie wenige Schützen sich mit dem Problem (?) des Spannens -der Voraussetzung für ein „geistiges“ Auslassen der Sehne-befasst haben!

Hier bedarf es einer vertiefenden Erklärung dieser Behauptung: die lapidare Aussage, daß nämlich die Sehne ausschließlich mit der Rücken- und Nackenmuskulatur gespannt werden darf, ist so einfach nicht zu handhaben, wie es viele Schützen glauben. Anzunehmen, man könnte dieses Spannen mit dem Bogen in der Hand erlernen, ist falsch, ja es verunmöglicht den direkten Einsatz der Rückenmuskulatur von vornherein.

Um es vorwegzuschicken: das Spannen der Sehne mit der Nacken- und Rückenmuskulatur ist nur zu erlernen, wenn der Bogenarm nicht belastet wird. (Ausnahme: Übungen mit dem „FOREMASTER“ , einer im Bogenhandel erhältlichen Übungsvorrichtung, die es dem Schützen ermöglicht, nach dem Lösen den richtigen Einsatz der Rückenmuskeln „zu spüren“).

Die eindeutige Richtigkeit dieser Art des Spannens wird nicht in Frage gestellt. Nur wenn mit der Nacken- und Rückenmuskulatur gezogen wird, kann die Schulter niedrig und der Bogenarm locker bleiben, eine Haltung also erreicht werden, welche von jedem Schützen angestrebt wird. Ist hingegen die Oberarmmuskulatur mit eingesetzt, so „sperrt“ sich die Schulter und das Gelenk wird wie ein Widerlager geblockt. Resultat: der Bogenarm verkrampft sofort. Somit gibt es herkömmlich nur drei Möglichkeiten, diese Technik zu erlernen:

1. Ein Gummiband in Schulterhöhe an der Wand fixieren. Nun kann mit der Schulter gezogen werden, während der linke Bogenarm (RH-Schütze) nur in „Anschlag“ gebracht wird, also nicht belastet wird. Dieses Gummiband kann man mit zunehmender Kondition natürlich verstärken. (Expander mit mehreren Kardelen).

2. Die zweite Möglichkeit ist, den Bogen in Schulterhöhe anzubringen oder von einem Kameraden halten zu lassen, um dann wiederum ohne Bogenarmbelastung das Ziehen aus der Schulter zu üben.

3. Übungen mit dem „FOREMASTER“.

Spätestens bei der 2. Übung wird man erkennen, wie hoch doch eigentlich das Zuggewicht des eigenen Bogens ist. Damit sind wir bei der nächsten Voraussetzung für ein richtiges, für ein „geistiges“ Lösen.

Ein zu hoch gewähltes Zuggewicht verdirbt nicht nur die Haltung, sondern es läßt von vornherein keinen sauberen Stil zu, ermöglicht also kein gutes Lösen. Demzufolge ist ein zu hohes Zuggewicht immer einen Nachteil für den Schützen. Zumal bei der heutigen Technik im Bogenbau mit minimalen Zuggewichten die 70- und 90m Distanzen überwunden werden können und das ohne überhöhte Flugbahn des Pfeils. Soviel sei zum Thema: “richtiges Spannen,“ einer unbedingten Voraussetzung für das Lösen eines guten Schusses, vorangeschickt.

Weiter ist festzustellen, daß von 10 Turnierschützen mindesten 8 den Bogen nicht richtig spannen können!

Damit kommen wir zur zweiten, noch weniger bekannten Größe des Phänomens Spannen, zur Atmung.

Wie in dem separaten Kapitel „Atemtechnik" ausführlich dargelegt, ist dies eine leicht antrainierbare Technik, die jedoch leider wenig beherrscht oder trainiert wird. Ist nämlich bei fast allen Schützen das Problem der Beherrschung der Rückenmukulatur während des Spannens zumindest prinzipiell bekannt, so stehen ebensoviele Schützen dem Faktor Atmung hilflos gegenüber und erachten darüber hinaus die Atmung für gar nicht so wichtig bzw. nicht übenswert. Neben dem richtigen Atemrhytmus, wie im Kapitel IV ausführlich dargestellt, spielt die generelle Atemtechnik in der Schußvorbereitung eine wichtige Rolle.

Hier können wir auf die Methoden der ZEN-Meister (siehe reichlich vorhandene Fachliteratur, z.B. von Professor Herrigel) zurückgreifen.

Beim Schützen geht es darum, herauszufinden, was der ausschlaggebende Faktor ist, daß vom Gehirn der Befehl über Nervenimpulse gegeben wird, die Finger der Zughand zu entspannen. Mit dieser Aussage sind wir wieder einen Schritt näher an das Problem herangetreten: ***es ist also wichtig festzuhalten, daß nicht etwa die Finger bewusst geöffnet werden sollen, sondern vielmehr wird die Hand entspannt, wenn die Abschuß-Motivation positiv ist***. In dieser Aussage besteht eine enge Verbindung zum ZEN-Schützen. Heißt es doch, daß beim ZEN-Schützen der Schuß von ihm abfällt, nachdem er seine eigene Mitte, die Mitte der Mitte, nämlich gefunden hat. Eine überaus positive Motivation also, die wir erreichen müssen.

Den meisten Schützen fehlt die innere Sicherheit, die gelockerte, gleichzeitig entspannte und somit bewußt positive Abschuß-Motivation.

Das beginnt wiederum zuerst mit der psychologisch positiven Selbstbeeinflussung, wobei sich der Schütze z.B. bewusst ist, gut trainiert zu sein, daraus resultiert ein durchaus positives Selbstvertrauen, was noch gestärkt wird durch die Vorstellung, wie gut auch seine psychologische Verfassung ist. Es wird eben alles positiv beeinflußt, wie auch z.B. ohne Verbitterung ein Fehlschuß hingenommen und daraus lediglich die Konsequenz gezogen wird, nicht mehr zu unaufmerksam zu sein, was nämlich den Fehlschuß verursacht hat.

Mit anderen Worten: ***der Schütze mit positiver Selbstbeeinflußung ist den meisten Schützen moralisch schon überlegen***. Gleichzeitig wird mit der Erläuterung des Begriffs des positiven Abschuß-Motivators die Frage nach dem "wann" der Abschuß geschehen soll, gegeben:
(Siehe nächste Seite).

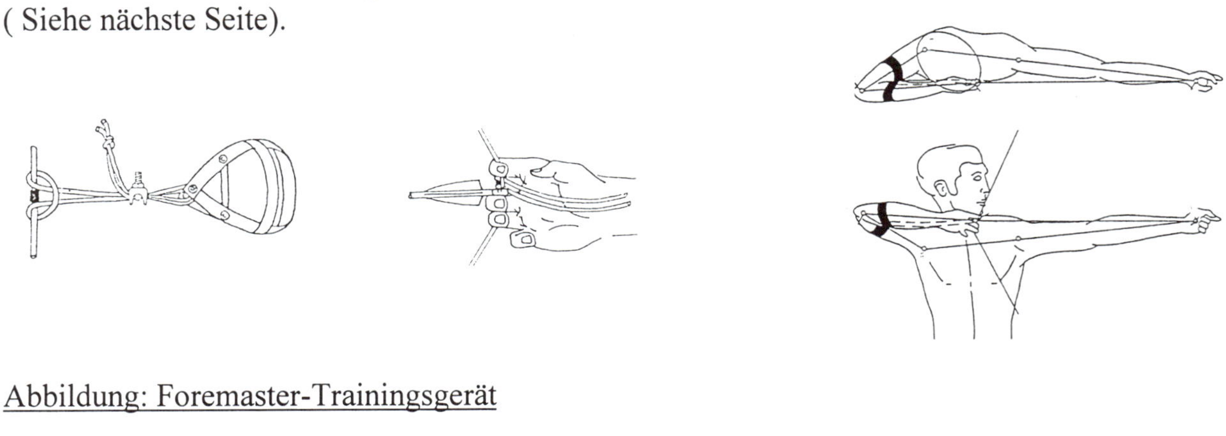

Abbildung: Foremaster-Trainingsgerät

Hat der Schütze auf sich selbst, und damit auf die Mitte der Mitte gezielt, oder verständlicher: ***steht die Visiernadel völlig ruhig genau im Zentrum, so ist die Absicht positiv! Es kann keine bessere Ausgangsbasis mehr geschaffen werden.***

Damit bleibt keinerlei Raum für irgendwelche Zweifel. Hier ist die Spannung erfüllt, der Schuß wird jetzt fallen.

Und nun zum „wie" : ***Entschlossen, ohne zu zögern und unwiderruflich wird vom Gehirn über Nervenimpulse der Befehl gegeben, die Finger zu entspannen. Das ist der Release des Meisterschützen und das ganze Geheimnis ist die Konzentration „auf die Mitte"!***

Nun verlangt langes und konzentriertes Visieren sicherlich eine konditionell gute Form, nach meiner Meinung ist hingegen die Beherrschung des Willens wesentlicher. Darum sei hier angemerkt, wie man nach Ansicht amerikanischer Lehrer trainieren muß, um zu einem derartig „beherrschten" Abschuß zu gelangen.

Voraussetzung ist wiederum, daß das Zuggewicht des Bogens für den Schützen keinesfalls zu hoch ist. Zweite Voraussetzung: Ruhe und Ausdauer, ***denn richtig trainieren heißt*** beim Bogenschießen ***nicht unbedingt viel schießen!***

Am Anfang beginnt man damit, sich in 2 bis 3m Entfernung vor die Scheibe zu stellen und auf ein Zentrum zu zielen, welches im Verhältnis zur Entfernung viel zu groß ist, also z.B. eine 122cm Auflage. Da es demzufolge einfach ist, die Visiernadel relativ ruhig ins Zentrum zu führen und dort zu belassen, muß das ganze Augenmerk auf die Beherrschung des Willens in der Form gerichtet sein, ***daß der Abschuß wirklich erst dann „befohlen" wird, wenn die Visiernadel tatsächlich, und das muß dem Schützen bewusst werden, im Zentrum „ruht".***

Wichtig ist nun ferner, daß nach jedem derart konzentriert abgegebenem Schuß eine größere Pause gemacht werden soll (etwa 2 Minuten). Der Bogen wird beiseite gestellt und der Schütze hat sich auf den neuen Schuß zu konzentrieren. Es gilt der längst bekannte Grundsatz, daß 10 bis 20 gut konzentriert und locker geschossene Pfeile mehr Training darstellen, als eine überhastet geschossene FITA-Runde. Muskelkraft soll man sich mit anderen Übungen holen.

Nachdem so einige Wochen mit Erfolg trainiert wurde, kann der Schütze sich einige Meter weiter von der Scheibe aufstellen und analog gilt alles vorher gesagte zum Trainingsablauf. Ein solches Training verlangt Ruhe und Konzentration, ich sagte es schon, zumal es ein ausgesprochenes Leistungstraining ist und darum auch ein wenig eintönig. Dennoch ist es unter anderem, nach Meinung führender amerikanischer Trainer , die einzige Möglichkeit für den fortgeschrittenen Schützen, das Trefferbild entscheidend zu verbessern und in den USA ist Bogensport professioneller Sport in einer Art, wie wir es uns hier in Deutschland gar nicht vorstellen können.

In den vergangenen Zeilen habe ich versucht, den sogenannten „inneren Abschuß“ zu beschreiben, ohne ihn als solchen zu deklarieren. Kommen wir nun also zum „äußeren Abschuß“, dem sichtbaren also, und ich möchte vorweg schicken, daß dieser äußerliche nach meiner Meinung nicht im mindesten so entscheidend ist, wie der innere Abschuß, der letztlich alles entscheidet. Sprechen wir nun also vom „Follow-Through“, worauf so viele Schützen reflektieren.
Vorstehende Ausführungen bzgl. der Übungen des „langen „Zielens“ beziehen sich auf die Trainingseinheiten. Die Zeitspanne des Auszugs und des Zielens sollte beim Finaltraining und beim Wettbewerb, wie in vorangegangenen Kapiteln ausgeführt, etwa 7 Sekunden betragen, wobei der reine Zielvorgang etwa 3-4 Sekunden betragen sollte.

Äußerlich erkennt man einen guten Follow-Through im wesentlichen an zwei Kriterien:

Die Zughand muß nach hinten gleiten, egal wie weit und ohne Unterbrechung und ohne Schlenker und eng am Hals entlang. Der Bogen muß in der Bogenhand nach vorne „springen“. Bewegt sich der Bogen hingegen zusätzlich noch in eine andere Richtung, so kann man keinesfalls von einem sauberen Follow-Through sprechen! ***Die äußeren Erkennungsmerkmale liegen also nicht nur bei der Zughand und dem Zugarm, sondern auch in der Bogenhand!***

Es besteht wohl keine Frage, daß es auch ***augenscheinlich falsch ist***, kurz vor dem Auslassen der Sehne mit dem Zielvorgang „fertig“ zu sein, um dann **- bewußt- zu Lösen**! Darüber sprachen wir schon. Vielmehr: nachdem ich geankert habe, alle verschiedenen Überprüfungen durchgeführt sind, ***konzentriere ich mich auf den Zielvorgang und befinde mich immer noch im Ziel, wenn der Pfeil einschlägt!***

Irgendwo dazwischen liegt der Abschuß!

Zusammengefasst:

Die gesamte Möglichkeit eine gute Gruppierung der Pfeile, vom Lösen/Release bedingt ausgehend zu erzielen, basiert auf der Zeitspanne zwischen dem Lösen und dem Zeitpunkt, wo der Pfeil den Bogen verläßt!

Spitzenschützen versuchen immer, den Blick im Ziel zu halten, vom Zeitpunkt des Lösens bis zum Einschlagen des Pfeils in der Scheibe. Dieses „Stehenbleiben“ im Gold ist der kritische Faktor bei vielen Schützen. Bei genauer Analyse aller Einflüsse und Fähigkeiten von Seiten des Schützen, bleibt letztlich die Definition, daß dieses Stehenbleiben einzig und allein Konzentration = Kondition heißt!

Hierbei kann man Kondition mit permanenter physischer Kraft interpretieren und annehmen, daß diese durch fleißiges Training zu erlangen ist, wenn nicht von vorne herein ein zu schwerer Bogen gewählt wurde.

Mit der Konzentration hingegen ist das so eine Sache. Gewiß läßt sie sich auch zu einem Teil trainieren. Allerdings den Nerv zu haben, erst dann zu lösen, wenn der Bogen mit Hilfe des Visiers ruhig und konstant im Gold verweilt, ist dagegen schon eine „innere Meisterschaft“, die nur wenige Schützen haben! Bei vielen wird schon alles „abgelassen“, wenn das Korn gerade in der Acht ist, der Bogenarm vielleicht sogar noch in einer Korrekturbewegung, weil eben alles anfängt „abzuschlaffen“. Hier wäre es besser, man setzt ab und baut den Schuß neu auf!

Zur Entwicklung und zum Erlernen des optimalen Abschusses sollte man versuchen, nach dem Öffnen der Zugfinger so gut es überhaupt möglich ist, die Position zu halten. Reaktionsbewegungen sind falsch!

Verfolge, wohin der Bogen zielt, nicht aber dem Pfeil nachschauen. Falls nun der Bogen z.B. nach links außen schwingt, wird auch der Pfeil auf der linken Hälfte der Scheibe zu finden sein, wenn nicht noch andere Fehler mit hineingebracht oder diese Fehler kompensiert wurden.
Sofort muß der Bogen zurück auf die ehemalige Position, also „Zentrum Gold“, genommen werden.

Erst jetzt ist der erste Schuß getan und es kann abgesetzt werden.

Gerade dieses Zurücknehmen ist äußerst wichtig. Nachdem nämlich diese Korrektur einige Mal ausgeführt worden ist, wird man feststellen, daß die „Nachbesserungen“ der Bogenhand immer kleiner werden.

7.3 Trefferbildanalyse

Nachstehend typische Ursachen für abweichende Treffergebnisse. Hierbei habe ich die Fehlerquellen weggelassen, die dabei auftreten können, wenn ohne Klicker geschossen wird. Ein Schießen mit Klicker ist für einen fortgeschrittenen Schützen obligatorisch.

7.3.1 Hohes Trefferbild

Am Schützen liegend

+ Anheben des Bogenarms beim Lösen.

+ Herunterdrücken des Pfeiles mittels des Zeigefingers der Zughand.

\+ Änderung des Ankerpunktes durch Öffnen des Mundes oder mehr seitliches Ankern.

\+ Ungleichmäßiges Lösen, wobei der Ringfinger zuletzt öffnet.

\+ Druckpunkt in der Griffschale zu tief, Bogen kippt nach oben. Der Tillerwert ändert sich.

\+ Bogenhand lockerer als gewöhnlich , erlaubt dem Bogen höhere Eigendynamik zu entwickeln.

\+ Falsches, zu hohes Zielen

\+ Versäumnis, Rückenwind zu kompensieren.

<u>Am Material liegend</u>

\+ Pfeil ist leichter als die anderen Pfeile (anderer Code oder andere Chargennummer oder anderes Insert oder anderes)

\+ Andere Befiederung als die anderen Pfeile (Drall/Schrägstellunterschied)

\+ Nockpunkt zu niedrig

\+ Pfeilnocke verbogen / beschädigt.

\+ Geänderte, kürzere Sehnenstandhöhe = höhere Wurfleistung des Bogens

7. 3. 2 Tiefes Trefferbild

<u>Am Schützen liegend</u>

\+ Frühzeitiges Absenken des Bogenarms nach dem Lösen.

\+ Spannungszusammenbruch nach dem Lösen.

\+ Unsaubere Freigabe des Pfeiles, Sehne streift Körper, Kleidung, Armschutz

\+ Bogenhand-„Maus“ zu hoch in der Griffschale

\+ Höherer Ellbogen de Zugarms

\+ Verfolgen des Pfeiles beim/ nach dem Lösen.

\+ Verkrampfte Zugarmfinger (zusätzlich meist auch Linkslage der Pfeile)

\+ Zugfinger und Handrücken sind nicht in einer Linie mit dem Unterarm (zusätzlich meist auch Linkslage der Pfeile)

\+ Zu langes Halten = „Durchwürgen" durch den Klicker

\+ Nichtberücksichtigung von starkem Gegenwind

Am Material liegend

\+ Pfeil streift Auflage oder Bogenfenster, falscher Spinewert oder falsche Einstellung

\+ Nockpunkt ist zu hoch

\+ Nasses oder beschädigtes Tab-Leder

\+ Sehnenstandhöhe zu hoch = Wurfleistungsverlust

\+ Pfeilnocke ungerade

\+ Pfeilspitze zu schwer

\+ stärkerer Drall oder größere Schrägstellung der Befiederung

7.3.3 Linkes Trefferbild

Am Schützen liegend

\+ Druckpunkt der „Maus" in der Griffschale zu weit nach rechts

\+ Verkanten des Bogens oben nach links

\+ Fehlende Rückenmuskulaturspannung

\+ Zurücklehnen des Oberkörpers

+ Sehne streift Streifschutz oder Armschutz oder Kleidung (meist auch tiefes Trefferbild). Schulter nicht abgesenkt oder Bogenarmellbogen nicht rausgedreht

+ Verreißen der Sehne beim Abschuß durch unsauberes Lösen (Zughand geht nach außen.)

+ Spannungszusammenbruch beim Lösen

+ Nichtberücksichtigung eines von rechts kommenden Seitenwinds

<u>Am Material liegend</u>

+ Pfeilnocke klemmt auf der Sehne

+ Pfeilnocke verbogen

+ Pfeil ist zu steif

+ Pfeilauflage ist nicht zentrisch Pfeilanlage

7.3.4 Rechtes Trefferbild

<u>Am Schützen liegend</u>

+ Druckpunkt der „Maus" in der Griffschale zu weit links

+ Verkanten des Bogens oben nach rechts

+ Bogenarm-Handgelenk knickt beim Lösen nach links ein

+ Nichtberücksichtigung eines von links kommenden Seitenwinds

+ Bogenarm wandert beim Lösen nach rechts

<u>Am Material liegend</u>

+ Pfeil ist zu weich

+ Pfeilanlage ist nicht weit genug rausgedreht

+ Zu geringe Standhöhe (meist auch zu hohe Pfeile)

Kapitel VIII Das Training

8.1. Zusammenarbeit des Trainers/ Coaches mit dem Schützen

Leider gibt es keine hinreichende deutsche Fachliteratur, die sich detailliert mit Trainingsmethoden und Trainingsplanungen befasst.

Ebenso sind die Lehrgänge, die für den angehenden Schützen hierzulande angeboten werden, meist nicht intensiv genug, um einen Schützen nach vorne zu bringen. Wenn man nicht zum Kader des Nationalteams gehört, hat man leider kaum Chancen intensiv trainiert zu werden . Die Vereinstrainer sind oft überlastet und z.T. nicht auf dem aktuellen Stand der Methoden und der Technik.

Denjenigen, die wirklich bereit sind, ihren Schießstil zu optimieren, kann ich nur empfehlen ihren Urlaub für Trainingsseminare in den USA zu opfern. Dort gibt es die Möglichkeit bei verschiedenen professionellen „Bogensportschulen" mit Spitzentrainern, Spitzentunern, Olympiasiegern und Weltmeistern zusammen zu trainieren und sorgfältig analysiert zu werden, um anschließend im Schießstil verbessert zu werden. Gleichzeitig erfährt man die letzten Erkenntnisse der Materialwahl und des Mikrotunings.

Empfehlenswert ist hier z.B. das „World Archery Center" in Stroudsburg, etwa 70 Meilen von New-York entfernt. Ferner die „Arizona Academy of Archery" in Phoenix, Arizona.

Ich habe selber dort einen Großteil meiner Kenntnisse und „Erkenntnisse" erworben, und der Umgang mit Meisterschützen wie Darrell Pace und Rick Mc Kinney ist ein Erlebnis.

Man unterscheidet dort auch zwischen „Trainer" und „Coach". Ein Coach ist ein Koordinator der Fähigkeiten, der Wünsche und Kenntnisse des Athleten und muß deshalb in der Lage sein, die guten Punkte der Leistungen des Athleten zu erhalten und zu steigern / fördern. Ferner die verbesserungswürdigen Punkte zu ändern. Der Coach muß permanent seinen Schützling „studieren" und als Fazit wissen, wie er dem Athleten helfen kann, seine besten Leistungen zu erbringen.

Während der Arbeit mit dem Schützen ist es manchmal schwer zu definieren, wo das Lehren aufhört und das Coachen beginnt, da es nur einen subtilen Unterschied dazwischen gibt.

Coaching beginnt dort, wo Training aufhört. Dieser Punkt ist der, wo der Schütze konstante Gruppen schießt und eine wiederholfähige Form erreicht hat. Der beste Lehrer braucht nicht zu wissen wie man coached, wenn er nur mit Bogensportanfängern arbeitet.

Aber die Trainer, die auch nur gelegentlich mit guten Schützen arbeiten, sollten über die defizilen Fertigkeiten des Schießens Kenntnis haben und wissen, wie sie den individuellen Schützen in seiner Technik verbessern können.

Es ist wichtig, sich darüber im Klaren zu sein, daß jeder Schütze ein Individuum ist. Nur das Ziel das Gold zu treffen, ist bei allen Schützen identisch. Physische Gegebenheiten, mentale Einstellung, Form, Ausrüstungs-Setup und Schießtechnik variieren. Ebenso gibt es kein magisches System, um einen Schützen zu einer höheren Ringzahl zu verhelfen, nur harte Arbeit und aufmerksames Beobachten der Details.

Der Coach wird dann zu einer Person, die den Schützen ermutigt, unterstützt, fördert und ihm hilft, das Ziel zu erreichen, höhere Leistungen zu erbringen.

Dies schließt alle mechanischen und technischen Aspekte ein und insbesondere als Wichtigstes die mentale Einstellung.

Coaching erfordert Kenntnisse darüber, wie man einen Bogen optimal herrichtet, feintuned als auch über die Beurteilung der Tagesform und wie beides abweicht von dem, was erwünscht ist.

Der Coach muß dann erwägen, was er zur Korrektur tun kann und was er so belassen sollte, wie es ist.

Bogensport ist, wie viele andere Sportarten auch, eine permanente Wiederholung des gleichen Bewegungsablaufes.

Wenn ein Schütze zum ersten Mal um Hilfe bittet, muß der Coach in der Lage sein zu vergleichen, was der Schütze tatsächlich macht, mit dem was er behauptet zu machen. Um dies zu realisieren kann der Coach ihn bitten einige Passen zu schießen, um ihm dann zu erläutern, wie er glaubt, daß er seine Pfeile schießt. Der Coach kann dann Vergleiche anstellen. Wenn die Gegebenheiten nicht übereinstimmen, müssen Änderungen gemacht werden. Dies ist die Basis auf der das Coach-Schützen-Verhältnis aufgebaut sein muß.

Hilfsmittel für den Coach sind hierbei Sachen wie ein leichtgewichtiger Trainingsbogen, ein Meßpfeil, eine Haltungsschablone, Filme/Videos, ein dreiseitiger Spiegel sowie insbesondere eine Videokamera nebst Monitor. Das Videoband ist hierbei das wichtigste Instrument, da der Schütze hierbei direkt sehen kann, was der Coach meint und entdeckt hat.

Bei einer längeren Zusammenarbeit des Coaches mit dem Schützen wird der Coach die Details des Setup der Ausrüstung des Schützen sowie seinen Schießstil detaillierter kennenlernen. Dies kann nicht sofort geschehen. Erst durch längerfristiges Beobachten des Schützen bei vielen Übungen kann dies erfolgen.

Danach muß der Coach dem Schützen helfen die Stiländerungen und die Ausrüstungsänderungen und –abstimmungen soweit durchzuführen, wie es nötig ist. Die Materialempfehlungen in den Kapiteln dieses Buches sollen helfen, hier eine optimale Selektion treffen zu können.

Schlechte Angewohnheiten im Basisstil sind die schwierigsten zu korrigierenden Eigenschafen, insbesondere dann, wenn der Schütze nicht bereit ist, zunächst einige Ringzahlen zu opfern im Hinblick auf eine spätere höhere Ergebniszahl.
Dies mag partiell schwierig sein, wenn der Schütze in einem Stil schießt, der drastisch von den Lehrsätzen des Schieß- und Bewegungsablaufes abweicht, der Grundlage jedes erfolgreichen Schießens ist.

Ehe der Coach helfen kann, muß der Schütze gewillt sein zu kooperieren und letztlich neue Techniken zu probieren oder, falls erforderlich, neu zu erlernen wie man einen Schuß richtig aufbaut.

Hierzu muß der Schütze klar wissen, was sein Ziel ist und bereit sein, hierfür Opfer zu bringen.

Bei der Schießstilverbesserung oder -änderung muß der Schütze auf eine auflagenlose Scheibe in 10-15 m Abstand schießen. Bei dieser Distanz kann der Coach dann den Schützen dazu bringen, einen Schuß mit geschlossenen Augen aufzubauen bis der Pfeil durch den Klicker gezogen ist, bzw. der Release erfolgt ist.

Auf diese Art kann der Schütze die richtige Positionierung des Körpers und der Arme fühlen und die korrekte Schußsequenz ohne die Störung eines Zielprozesses aufbauen.

Dies ist besonders hilfreich, wenn der Schütze Releaseprobleme hat.

Außer bei der Arbeit und der Lösung eines ganz speziellen Problems zwischen dem Coach und dem Schützen, sollten die Übungen grundsätzlich unter gleichen Bedingungen ablaufen, wie sie während eines Turniers stattfinden.

Da alle Turniere und Meisterschaften nur z.B. zwei Probepfeil-Durchgänge gestatten, sollte der Schütze dies bei seinen Übungen genau so praktizieren, dann eine Anzahl von Pfeilen auf die Distanzen schießen, die auch im Wettbewerb geschossen werden.

Dies erzielt zwei Zwecke , es bewahrt den Schützen davor, eine schlechte Passe zu ignorieren und ermöglicht zweitens über die Zeitperiode einen Durchschnittswert seiner Leistungen zu ermitteln.

Dies gibt beiden, dem Coach und dem Schützen eine bessere Einschätzung des Trends der erzielten Gruppen sowie eine Vorstellung, zu welchen Leistungen der Schütze bei einem Turnier effektiv fähig ist.

Ein Schütze sollte nicht mit der Einstellung zu einem Turnier gehen, daß er dort Ergebnisse über seinem Durchschnitt erzielt. Auch wenn dies im Einzelfall geschieht, die meisten guten Schützen schießen auf einem Turnier ihre typische Durchschnittsringzahl. Dies auch bedingt dadurch, daß auf einem Turnier mehr Anspannung und Druck auf dem Schützen lastet als beim Training.

Praktische Schießübungen sollten unter allen äußeren Konditionen stattfinden wie bei Wind, Regen oder extrem heißem oder kaltem Wetter.
Während dieser Übungsstunden sollte der Coach ermitteln, ob der Schütze bei allen Bedingungen mit der gleichen Konstanz und Form schießt und der Zeitsequenz folgt, die er unter idealen Bedingungen für ein Turnier ermittelt hat.

Wenn ja, sollte er nur die richtigen Änderungen für die äußeren Gegebenheiten des Tages besprechen und durchführen. Dies wird dem Schützen Erfahrung mit den auftretenden widrigen Umständen vermitteln und ihn lehren, sich darauf einzustellen. Wenn dann bei einem Turnier etwas unverhofftes eintritt, wird er nicht überrascht sein und aus der Ruhe kommen und seinen Stil gleichmäßig weiter praktizieren.

Vor einem Turnier ist es in der Verantwortung des Coaches, die Ausrüstung des Schützen in einenTop-Zustand zu versetzen, aber ebenso sollte der Schütze an der Ausrüstung mitarbeiten um im Notfall sich auch selber helfen zu können. Pfeile sollten auf Geradheit, beschädigte Federn und Nocken untersucht werden und insbesondere auf beschädigte Spitzen, die bei Klickerschützen sonst zu erheblichen Problemen führen können.

Es sollte möglichst eine komplette zweite identische Ausrüstung bereit stehen, um im Notfall beim Verlust oder beim Bruch von Material hierauf zurückgreifen zu können. Es ist wohl selbstverständlich, daß auch eingeschossene Ersatz-Sehnen greifbar sind.

Während des Turniers sollte der Schütze strikt sich allein überlassen werden. Er mag vielleicht nicht die Ergebnisse schießen, die er schießen würde, wenn der Coach mit ihm permanent seine „Performance“ diskutieren würde, aber er wird lernen, sein Schießen einzuschätzen und die Unterschiede und Gründe erfahren zwischen seinem Schießen und den Ergebnissen. Dies ist eine wertvolle Erfahrung für spätere Turniere.

Nur im Falle eines absolut unerwarteten Ereignisses sollte der Coach eingreifen oder helfen.

Dies soll nicht bedeuten, daß der Coach aus der Nähe des Schützen weggehen sollte, wenn dieser auf der Schützenlinie steht. Dies ist die Zeit, wo der Coach den Schützen unter Wettbewerbsbedingungen beobachten kann und irgendwelche Abweichungen von den Übungssessionen feststellen kann, wie Schießstil, mentale Einstellung, die der Schütze im Laufe des Turniers hat oder entwickelt.

Aus diesen Beobachtungen heraus kann der Coach entscheiden, ob Änderungen bei den zukünftigen Trainingseinheiten nötig sind.

Manche Turniere sind einfach und verlaufen so, wie es sich der Schütze und der Coach erwünscht haben. Andere dagegen werden zu einem quälenden Kampf, um noch halbwegs akzeptable Ergebnisse zu schießen.

Ursachen für diese Indisponiertheit können selten abgestellt werden, wenn der Schütze gut vorbereitet angetreten ist. Dies ist oft eine Frage der mentalen Vorbereitung, die im Laufe des Turniers kaum noch geändert werden kann.

Ob es sich nun um eine Trainingssitzung handelt oder um ein wichtiges Meisterschaftsturnier, der kritische Punkt ist das Beibehalten des gleichförmigen Schießaufbaus und –ablaufs, wie er antrainiert wurde. Das Erlernen des mechanischen Ablaufs ist der erste Schritt, ***aber der Schütze muß das Verlangen und die Entschlossenheit haben sowie die innere Verbissenheit, das zu tun, was notwendig ist, um den Pfeil dahin zu schießen, wohin er ihn haben will.***

Er muß alles vergessen, was war und was um ihn ist, er muß den Pfeil schießen, den er eingenockt hat und zwar dorthin, wo er ihn hinhaben will.

Jeder Pfeil ist ein Einzelpfeil und der als Letzter geschossen wurde, hat keine Beziehung zum nächsten Pfeil. Nur im Gedächtnis des Schützen gibt es einen Zusammenhang.

Gerade, wenn der letzte Pfeil nicht im Zentrum gelandet ist, sollte der Schütze den Schuß sofort vergessen und den nächsten Pfeil so schießen, als wenn der letzte im Zentrum gelandet wäre.

Jeder Pfeil, wenn er einmal eingenockt ist, wird eine eigenständige Schußaufgabe mit keiner Beziehung zu dem, was bisher passierte, was jemand anders macht oder zur möglichen Gesamtringzahl, die er schießen will. Gedanken hierüber sind nur Ablenkungen und führen zu Verwirrungen.

Ein mental richtig eingestellter Schütze denkt über frühere Siege nach, ein falsch eingestellter Schütze über frühere Niederlagen.

Um ein „Siegertyp“ zu werden, mußt du nur alles geben, was du hast.

Wenn ein Turnier schlecht verläuft , ist das Einzige, was ein Coach eventuell tun sollte, den Schützen zu unterstützen und ihn dazu zu motivieren, weiterzumachen. Der Schütze kann hierbei viel mehr lernen als wenn er gut schießen würde und alles nach Plan verlaufen würde. Außer, wenn der Grund etwas ganz Eindeutiges und leicht zu Korrigierendes ist, ist jeder Versuch, Korrekturen während des Turniers vorzunehmen etwas, was nur noch mehr die Konzentration des Schützen stören und zu Verwirrungen führen würde.

Nach dem Turnier sollte der Coach mit dem Schützen das diskutieren und erörtern, was er bei den Beobachtungen während des Turniers festgestellt hat. Wenn es Abweichungen zu dem trainierten Stil gibt, dann ist mehr Arbeit während der zukünftigen Trainingseinheiten erforderlich.

Coaching ist schwierig. Beide, Schützen und Coach müssen einander mögen und sich gegenseitig respektieren und der Schütze muß Vertrauen in den Coach haben. Aber für die lange Dauer eins Turniers muß der Coach den Schützen vorher so aufbauen, daß er selbständig alle Situationen, die auf ihn während des Turniers zukommen meistern und lösen kann und hierfür die entsprechenden Kenntnisse bekommt.

Alles in allem müssen beide für das gleiche Ziel arbeiten: Erstklassiges Schießen. Es erfordert Zeit, Anstrengungen und letztlich Zuneigung. Aber die Belohnung mag größer sein als man es sich vorstellen kann.....

Der mittelmäßige Trainer redet,

der gute Trainer erklärt,

der Spitzentrainer demonstriert,

der geniale Trainer inspiriert. **(Stan Patterson).**

8.2 Das allgemeine Training

Um heute zu der Leistungsspitze in unserem Sport zu zählen, bedarf es hinsichtlich des Trainings und der Vorbereitung anderer Überlegungen als noch vor einigen Jahren.

Wohl hat sich vielerorts schon die Erkenntnis durchgesetzt, daß wir mit Schießübungen allein nicht weiterkommen können und wir etwas mehr tun müssen als morgens nach dem Aufstehen zweimal zu gähnen und dies als Frühsport zu bezeichnen.

Nur Beharrung führt zum Ziel **(Konfuzius).**

Von einer intensiven Organschulung, von einer Einteilung des sportlichen Trainings in Perioden oder von einem Aufwärmen der Muskulatur vor dem Training und dem Wettkampf, sowie vom mentalen Training und Entspannen beim autogenen Training, wollen leider nur wenige etwas wissen.

Mit einem Trainingsprogramm, in dem sportmedizinische und sportpsychologische Erkenntnisse ebenso Berücksichtung finden wie eine eigene Erfahrung in diesem Sport, möchte ich einen Beitrag zur Leistungsförderung für alle die leisten, die das Bogenschießen als Leistungssport betreiben wollen und keinen geeigneten Lehrer zur Verfügung haben.

8.2.1 Organtraining

Das Herz- und Kreislauftraining wird leider von den wenigsten Bogenschützen beachtet, und dabei ist es auch für uns überaus wichtig.

Bei einer guten Funktion des Herzens und des Kreislaufsystems erfolgt nicht nur eine bessere Durchblutung der Muskulatur, sondern es wird das ganze Nervensystem besser mit Sauerstoff versorgt. Die ist eine unerläßliche Voraussetzung für eine gute Leistung!

Da eine direkte Belastung des Herzens und des Kreislaufs bei der Ausführung unseres Sports nicht erfolgt, ist dieses Organtraining unbedingt notwendig und an die erste Stelle zu setzen.

Wie viele anderen Muskeln hat sich auch der Herzmuskel in diesem, bei uns so bewegungsarmen Zeitalter, zu wenig entwickelt oder wegen abnehmender Belastung zurückentwickelt.
Nun ist bekannt, daß der Muskel nicht mit Medikamenten und dergleichen gekräftigt werden kann, sondern nur durch Belastung.

Alle Übungen, bei denen man sehr „außer Atem“ kommt, wie Laufen, Radfahren, Seilspringen, Schwimmen und dergleichen sind für das Organtraining geeignet. Beim Schwimmen, das sehr zu empfehlen ist, weil gleichzeitig eine Lockerung und Entspannung der Muskulatur damit verbunden ist, muß darauf geachtet werden, daß die Dauerbelastung auch erfolgt. In einem überfüllten Schwimmbad, wo du nach 10m stoppen mußt oder anstößt, wirst du die erforderliche Belastung für das Organtraining nicht erreichen.

Ein besonders guter Trainingseffekt wird auch dann erreicht, wenn du intervallmäßig trainierst, also in Abständen immer Belastung und Entspannung erreichst. Bei der Belastung sollte dabei ein Puls von ca. 180 Schlägen pro Minute (für einen älteren Schützen weniger) und bei der Entspannung einer von circa 100 Schlägen erreicht werden. Ein allgemein gültiges Programm für das Organtraining aufzustellen, ist kaum möglich. Ein Büroangestellter, der acht Stunden am Schreitisch sitzt, wird entschieden mehr tun müssen als ein Handwerker, der andauernd im Bewegung ist.

Allgemein kann gesagt werden, daß ein Ruhepuls von circa 60 Schlägen pro Minute erreicht werden soll. Wenn dies erreicht wird, genügt dann bereits eine tägliche Belastung von 10-15 Minuten, um diese Form zu behalten.

8.2.2 Konditionstraining

Als allgemeines Konditionstraining empfiehlt sich Gymnastik mit und ohne Gerät, bei der eine Kräftigung unseres Körpers erreicht und ein Ausgleich für die einseitig belastete Muskulatur geschaffen wird.

Als spezielles Konditionstraining soll eine Ausbildung und Kräftigung der Muskelgruppen vorgenommen werden, die wir speziell für unseren Sport Bogenschießen brauchen. Dabei soll auch besonders auf die Übungen geachtet werden, die eine Entspannung und Lockerung dieser Muskulatur zur Folge haben. Es soll zudem vermieden werden, sich Muskeln anzutrainieren, die dem Bewegungsablauf eines Schützen hinderlich sind, wie z.B. Bizeps und die gesamte Brustmuskulatur.

8.2.3 Schießtraining

Leider wird auch heute noch von vielen Schützen das Schießtraining falsch aufgefasst und betrieben. Wir brauchen dazu wohl unsere Ausrüstung, aber nur selten eine Scheibenauflage. Wir sollten beim Schießtraining einen technisch perfekten Bewegungsablauf üben und diesen so gut wie nur möglich automatisieren.

Dabei ist es notwendig, daß einzelne Elemente, wie das Ziehen der Sehne aus der Rückenmuskulatur, das richtige Atmen, der Druck des Bogenarms zur Scheibe und ein lockeres Lösen, einzeln und als Gesamtes geübt werden müssen. Um sich ganz auf diese Übungen, die oft als Abschußübungen bezeichnet werden, konzentrieren zu können, hat man dabei die Augen geschlossen. Erst wenn diese Übungen perfekt sitzen, sollten diese auch mit offenen Augen durchgeführt werden, ohne dabei schon zu zielen.

Fast alle Trainer der führenden Bogennationen sind sich darin einig, daß über die Wintermonate ein leichterer Bogen benutzt werden sollte. Der Grund dafür wird in der Hauptsache darin gesehen, daß mit einem leichten Bogen ein technisch perfektes Schießen gelernt wird, denn alle die vorgenannten Übungen werden damit besser zu Wege gebracht. Die Trefferlage ist vorerst Nebensache, sie wird, bei Beachtung eines gleichmäßigen Bewegungsablaufes, in kurzer Zeit sowieso eine enge Gruppe bilden.

Richtiger ist, die „Abschußübungen" in einer Trainingsstunde 20x rhytmisch gleichmäßig, unter Brücksichtigung aller Merkmale, durchzuführen als diese 50x schnell hinter sich zu bringen, um dann noch eine Serie „zählen" zu können. Nicht nach dem Prinzip: Viel hilft viel, sondern eine sinnvolle Einteilung des Trainings muß beachtet werden.

Auch Leistungskontrollen müssen sein, aber bitte nicht beim technischen Training und auch nicht an jedem Trainingstag.

Zu den genannten Abschußübungen, die diese allein nicht sind, wir sie aber dennoch so bezeichnen wollen, kommt der Stand, das Halten des Bogens und das Ankern noch dazu, was gleichfalls sehr wichtig ist und beachtet werden muß.

Als nächste Übung kommt das Zielen dazu und hierbei werden oft sehr große Fehler gemacht, weil man sich zu sehr auf den Zielpunkt, die Scheibe, konzentriert. Auch beim Bogenschießen ist es wichtig, beim Zielen sich auf die Visierung und nicht auf die Scheibe zu konzentrieren, denn die Vernachlässigung der Visierung ergibt grobe Fehler auf der Scheibe. Erst wenn man den Zielvorgang durch immer wieder üben auch gefestigt hat, soll zum Leistungs- und Wettkampftraining übergegangen werden. Beim Wettkampftraining kann und darf nicht mehr darüber nachgedacht werden, ob nun auch richtig aus der Schulter gezogen wird oder man mit dem Ring- oder Zeigefinger mehr ziehen muß. Dies ist und war Aufgabe des technischen Trainings.

Bei dem Wettkampftraining muß unbedingt angestrebt werden, so nahe als nur möglich an die Wettkampfsituation heranzukommen. Dabei ist es auch erforderlich, daß man sich ein Ziel setzt, welches jedoch den Realitäten entsprechen muß.

Eine schlechte Passe bei einer Leitungskontrolle nicht aufzuschreiben ist Selbstbetrug!

Auch ein rhytmisch gleichmäßiges Schießen soll ebenso beachtet werden wie eine Beachtung, daß nur immer Passen mit äquivalenter Anzahl von Pfeilen geschossen werden, früher waren dies immer drei Pfeile, heute jedoch muß man sich auf drei und sechs Pfeile einstellen, je nach Turnierart.

Die Trefferlage soll auf einem dafür vorgesehenen Vordruck, nach Möglichkeit mit einem Mehrfarbstift, festgehalten werden. Bei einem Vergleich lassen sich sehr oft interessante Schlüsse daraus ziehen und Fehler erkennen. Weiter ist es auch wichtig, öfters einmal bei schlechtem Wetter (Wind, Regen) zu trainieren und auch unter diesen Bedingungen Leistungskontrollen zu schießen. Dadurch kann die Angst vor dem schlechten Wettkampfwetter genommen und Erfahrungen gesammelt werden.

Siehe Anhang: Schußzettelmuster (8.10)

8.2.4 Taktische Schulung

Diese Schulung beginnt bereits mit dem Trainingsaufbau. Kein Sportler der Welt wird sich im Verlauf seiner sportlichen Betätigung ständig in Höchstform befinden.

Periodisch erwirbt er die Form, erhält sie dann einen gewissen Zeitraum und verliert sie darauf zeitweilig wieder. Durch das immer mehr aufkommende Hallen-Schießen in den Wintermonaten ist eine Periodisierung des Jahrestrainings in einem zwei- bzw. fünffachen Zyklus unumgänglich. Wenn man also Winter-Hallenturniere mit dem Ziel eines Erfolges einplant, dann soll bereits Anfang November die Vorbereitungsperiode beginnen. Da der Schwerpunkt der Wettkampfzeit im Sommer (Juni bis September) liegt, sollte die Wettkampfperiode der Hallenmeisterschaft spätestens im März enden.

Wählt man für den Trainingsaufbau einen „zweifachen Zyklus“, der drei Trainingsperioden umfasst, kann mit der Vorbereitungsperiode erst im Dezember begonnen werden. Die Teilnahme an einem Hallenturnier im Februar sollte dann nur als Leistungskontrolle angesehen werden.

Einen Überblick über das Jahrestrainingsprogramm mit den Verhältnis der Entwicklungsphasen oder sportlichen Form zu den Trainingsperioden ist im späteren Verlauf des Kapitels 8 dargestellt.

Ein wesentlicher taktischer Punkt ist die unmittelbare Wettkampfvorbereitung, die bereits mit dem Schlafengehen am Abend vor dem Wettkampf beginnt. Man sollte keinesfalls zu sehr von seinen Gewohnheiten abweichen. Am Wettkampftag sollte mindestens zwei bis drei Stunden vor Wettkampfbeginn aufgestanden werden. Die gewohnte Morgengymnastik von ca. 15 Minuten sollte dabei auf keinen Fall ausgelassen werden.

Spätestens 1,5 Stunden vor Wettkampfbeginn sollte die letzte Mahlzeit eingenommen werden, die aus leicht verdaulichen Speisen bestehen sollte.

Wird eine FITA-Runde an einem Tag geschossen, ist gewöhnlich eine Pause von ca. einer Stunde eingeplant. ***Auch hier soll darauf geachtet werden, daß man bereits bei Beginn der Pause nur wenig und leicht verdauliche Kost zu sich nimmt.***

Das Aufwärmen der Muskulatur, wie es in allen anderen Sportarten üblich ist, wird bei uns noch viel zu wenig beachtet. Es soll aber nicht nur vor Wettkämpfen, sondern auch vor dem Training durchgeführt werden. Ein Aufwärmprogramm ist in diesem Kapitel später auch dargestellt.

Gleichfalls ein sehr wesentlicher und entscheidender Punkt der Wettkampftaktik ist das Verhalten des Schützen während des Wettkampfes. Man sieht innerhalb eines Wettkampfes oft sehr unterschiedliche Verhalten der Schützen. Ich hatte oft Gelegenheit, Weltspitzenschützen dahingehend zu beobachten. Ich fand darunter keinen, der sich durch viel Reden oder durch auffallende Informationslust bemerkbar machte.(Siehe auch Kapitel II)

Einen Konkurrenten auf irgend eine Art beeinflussen zu wollen oder eigene Nervosität auf andere zu übertragen, zahlt sich selten aus. In den meisten Fällen ist dies ein Eingeständnis der eigenen Schwäche.

Auch die Beachtung der Wettkampfkleidung gehört zur taktischen Schulung. Es sollte nie mit einem neuen Pulli erstmals im Wettkampf geschossen werden. Zu schnell schiebt man Fehler auf die neue Kleidung, die in Wirklichkeit ganz woanders liegen.

Gleichfalls zur taktischen Schulung gehört, daß man mit einer in Ordnung befindlichen Ausrüstung zum Wettkampf geht. Die einfachsten und selbstverständlichsten Dinge werden zu oft vernachlässigt.

Bei Wind kann das Beobachten anderer Scheiben von Vorteil sein, sonst ist es jedoch abzulehnen. Es stört die eigene Konzentration. Gegen eine Zigarette in den Pausen, bei starken Rauchern, ist nichts einzuwenden.

Um eine Sportart wettbewerbsmäßig betreiben zu können, ist es notwendig, das Regelwerk und die Vorschriften zu kennen. Im Bogensport ist das die Sportordnung des Deutschen Schützenbundes , des DBSV sowie die Regeln des internationalen Verbandes, der FITA.

Besonders wichtige Punkte, die jeder Schütze wissen sollte, sind:

- Die Kleiderordnung.
- Die verschiedenen Markierungen und Bereiche vor- und hinter der Schießlinie.
- Das Verhalten bei Materialdefekten.
- Das Verhalten bei der Trefferaufnahme an der Scheibe und die Art der Aufnahme.

8.2.5 Atemtraining

Es ist allgemein bekannt, daß ein ruhiges, gleichmäßiges Atmen mit ein entscheidender Faktor für unsere Leistungsfähigkeit ist.

Dennoch wird das richtige Atmen nur selten, ober überhaupt nicht, geübt. Folgende zwei Übungen sollten trainiert werden:

8.2.5.1 Reinigende Atmung

Seitgrätschstellung, Augen geschossen, vollkommen entspannen, negative Gedanken ausschalten und sich auf die Übung konzentrieren. Durch den Mund völlig ausatmen und dann beginnen, durch die Nase langsam gleichmäßig einzuatmen in der Reihenfolge Bauch-, Mittlere- und Obere Atmung, die sich zu einer Wellenbewegung verbinden. Gleichzeitig langsam die Arme hochführen bis senkrecht über den Kopf. Kurze Atempause, dann plötzliches Beugen nach vorne, auch die Arme nach vorn herabhängen lassen, gleichzeitig kräftiges, hörbares Ausatmen durch den Mund.

8.2.5.2 Bauchatmung

Rückenlage, kann auch sitzend oder stehend durchgeführt werden. Das Bewußtsein auf die Nabelgegend lenken, die Hände sind zur Kontrolle leicht am Bauch angelegt. Mit der Ausatmung wird die Bauchwand leicht eingezogen. Durch die Nase wird langsam eingeatmet, während das Zwergfell herabgelassen, die Bauchwand nach außen gewölbt und der untere Lungenflügel mit Luft gefüllt wird.

Beim Ausatmen wird die Bauchwand stark eingezogen, wodurch die Luft durch die Nasenlöcher aus der Lunge heraus gepresst wird.
Pause in der Leere so lange, bis Atmungsbedürfnis wieder vorhanden ist. Beim Bauchatmen füllt sich nur der untere Flügel der Lunge mit Luft, nur der Bauch vollführt also eine Wellenbewegung während der Brustkorb unbeweglich bleibt.
Diese Bauchatmung soll täglich vor den anderen Übungen und am Abend ca. 20x durchgeführt werden.
Eine lose, lockere Kleidung ist für diese Übung Voraussetzung.

8.2.6 Mentales Training

Unter mentalem Training versteht man das Erlernen oder Verbessern eines Bewegungsablaufes durch intensives Vorstellen ohne gleichzeitiges tatsächliches Üben.

Es ist erwiesen, daß abwechselnd praktisch und mental trainierte Fertigkeiten besser behalten werden als nur praktisch geübte. Ein gewisses Maß an Vertrautsein mit der trainierten Fertigkeit ist jedoch erforderlich, damit mentales Training effektiv ist. Die beste Wirkung wird man dann erreichen, wenn der praktisch geübte Bewegungsablauf der Idealvorstellung sehr nahe ist.

8.2.7 Das Streßtraining

Das Streßtraining soll den Schützen in die Lage versetzen, beim Wettkampf genau so entspannt zu schießen wie beim Training.

Dies geschieht am besten dadurch, daß im Training eine Wettkampfsituation simuliert wird, die den Schützen unter Leistungsdruck setzt.

Hierbei spielt der Adrenalin-Ausstoß eine große Rolle. Unter Streß gibt das zentrale Nervensystem den Befehl zum Ausstoß von Adrenalin. Andererseits setzt der Körper des Sportlers bei Muskeltätigkeiten Noradrenalin frei, welches die Muskeltätigkeiten unterstützt.

Entscheidend hierbei ist das Verhältnis von Adrenalin zu Noradrenalin, um einerseits eine Hilfe für die Muskeltätigkeit zu gewährleisten und andererseits den Streß nicht zu groß werden zu lassen. ***Ein gewisser „Streß", also eine Anspannung ist förderlich für eine gute Leistung.***

Erfahrungen von Sportmedizinern haben ergeben, daß das Verhältnis von Adrenalin zu Noradrenalin etwa zwischen 1:3 bis 1: 6 liegend sollte um höchste Leistungen zu erbringen.

Bei einem höheren Verhältnis als 1:6 fehlt eine ausreichende Spannung und bei einem geringeren Verhältnis als 1:3 können Streßsituationen mit blockiertem Bewegungsablauf auftreten.

Der dosierte, geregelte Adrenalinausstoß ist antrainierbar durch entsprechendes Training. Dies bedeutet, daß der Schütze Trainingseinheiten unter Leistungsstreß absolvieren und üben muß.

8.2.8 Die psychologische Selbstmotivation

Werde die Persönlichkeit, von der du weißt, daß du sie werden kannst und werden sollst!

Selbstmotivation ist, was du dir selbst sagst und zumutest. Sagst du zum Beispiel: „ich kann dies realisieren“ oder sagst du: „das ist zu schwierig, ich glaube nicht, daß dies möglich ist“. In diesem Augenblick wählst du zwischen Erfolg und Mißerfolg. Du produzierst eine psychologische Einstellung in Form von positivem oder negativem Denken durch das, was du selber sagst! Bilde dir eine Grundstruktur des positiven Denkens heran. Forme diese zu einer positiven Reaktion, gefolgt von einer positiven Aktion!

Dein Erfolg oder Mißerfolg hängst davon ab, was du dir selber sagst!

8.3 Die Superkompensation

Schon seit Jahrzehnten kennt man im Leistungssport den Begriff „Superkompensation“.

Die Superkompensation ist die Fähigkeit des Organismus, bzw. im besonderen der Muskulatur, nach einer erfolgten Belastung und einer nachfolgenden Erholungsphase mehr Energie als vor der Belastung bereit zu stellen. Dies wird praktisch in fast allen Sportarten ausgenützt und ist auch für den Leistungsbogenschützen von Vorteil.

Wenn wir im Training eine bestimmte Menge Energie von unserer Muskulatur abverlangen, erfolgt danach in der Erholungsphase eine Erneuerung der abgebauten Energie, jedoch über das ursprüngliche Niveau hinaus. Dies bedeutet, daß wir nach einem Training im Körper ein vergrößertes Reservoir an Kraft aufbauen. Dadurch wird unsere Leistungsfähigkeit für das nachfolgende Training gesteigert.

Dieser Zyklus wiederholt sich immer wieder und die benötigte Zeit bis zur Verfügungstehung der Kraft wird immer kürzer, je durchtrainierter wir sind.

Dies können wir uns zum einen dahingehend ausnutzen, indem wir generell unsere Leistungsfähigkeit erhöhen aber zugleich auch im Hinblick auf spezielle Zeitpunkte unser Training abstimmen, so daß wir z.B. zu Turnieren oder Meisterschaften unser „Hoch“ haben. Fortgeschrittenen Sportler kommen bereits mit Erholungsphasen von 24 Stunden aus. ***Hierbei ist zu beachten, daß das jeweils erhöhte Leistungsreservoir gegen dem vorherigen sich etwa nach drei Tagen abgebaut hat.***

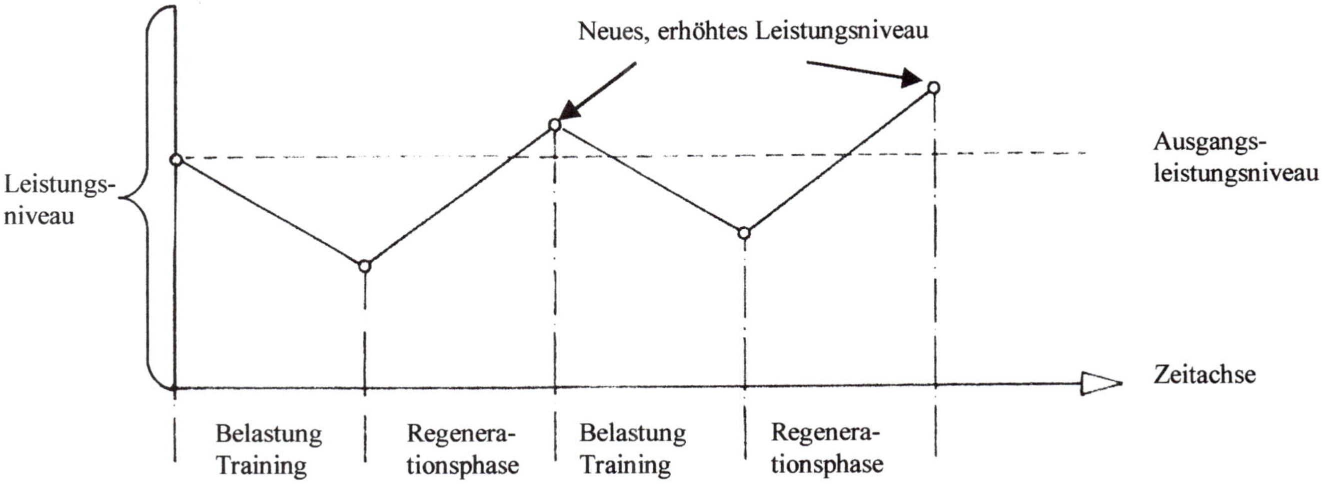

Abbildung: Leistungsniveausteigerung durch Superkompensation

8.4 Das konkrete Trainingsprogramm

Die Grundlage der modernen Vorbereitung und des modernen Trainings ist eine Erhöhung der allgemeinen physischen Leistungsfähigkeit, welche den Bogenschützen bei der Vorbereitung eine große Hilfe ist.

Die Mehrzahl unserer Schützen beschränkt ihr Training nur auf das Schießen. Die physische Ertüchtigung wird nicht genügend beachtet. Das Hindernis liegt hauptsächlich in der persönlichen Bequemlichkeit des einzelnen Schützen, manchmal auch am Fehlen der Voraussetzung, gemeinsame Übungen in einer Turnhalle oder einem Fitnesszentrum durchführen zu können.

Es gibt zwei Arten der Leistungssteigerung, die am häufigsten angewendet werden.

Die erste ist die **isotonische** (dynamische) Methode, bei welcher die Muskelspannung bleibt, die Länge des Muskels sich jedoch ändert. Es geht hier zum Beispiel um die Bewegung der Arme, der Beine und anderer Körperteile im beschränkten Bereich der Beweglichkeit eines Gelenks (z.B. Hantel heben und ähnliches).

Das zweite ist die **isometrische** (statische) Methode, bei der die Länge der Muskeln bleibt, ihre Spannung sich jedoch ändert. Dazu gehört z.B. das Heben oder Wegschieben eines schweren Gegenstandes, der sich aber unseren Bewegungen widersetzt.

Aus dieser kurzen Charakteristik ist zu erkennen, daß das dynamische Training sich durchführen läßt mit allen Arten von Hanteln, Zugfedern, Gummiseilen, Medizinbällen sowie durch Krümmen, Beugen, Aufspringen und dergleichen. Beim statischen Training wenden wir dagegen einen Druck oder Zug an Gegenständen an, die sich unseren Anstrengungen widersetzen.

Die statische Methode macht sich besonders deshalb bezahlt, da sie nur bescheidene Ansprüche in Bezug auf die Ausstattung stellt und man sie mit etwas Erfindungskraft unabhängig von Ort und Zeit anwenden kann. Sie spart Zeit, die man dann besser für das technische Training und weitere Übungen verwenden kann, die der Vervollkommnung dienen.

Das Bogenschießen gehört zu den Sportarten, bei denen innerhalb weniger Sekunden die maximale und optimale, für die Durchführung der Übung bzw. für die Überwindung des Widerstandes nötige Kraft aufgewendet werden muß. Theoretisch arbeiten der linke Arm und der Rücken statisch und werden deshalb isometrisch gestärkt. Der rechte Arm arbeitet dynamisch bis zum völligen Spannen der Sehne, dann arbeitet auch er statisch, obwohl man auch hier von einer isotonischen und isometrischen Ertüchtigung sprechen könnte. Praktisch ist es also nötig, die Übungen der verschiedenen Gruppen zu kombinieren und dadurch die Muskeln zu stärken, sonst besteht die Gefahr, die einzelnen Muskeln asymetrisch auszubilden. Es ist erforderlich, das Training planvoll nach allen methodischen Grundsätzen durchzuführen.

Wenn auch die Kraft für den Bogenschützen eine sehr wichtige physische Eigenschaft darstellt, wäre es falsch, den Weg zu höheren Leistung nur in dieser Ertüchtigung zu suchen. Der Bogenschütze muß auch eine Reihe von weiteren Eigenschaften und Fähigkeiten haben, ohne welche er seinen Sport nie erfolgreich ausführen kann. Deshalb ist in der körperlichen Ertüchtigung nur eines der wichtigsten Trainingsmittel zu sehen.

In den folgenden Ausführungen sind viermal sechs Übungen verschiedener Art abgebildet und beschrieben, die zwar nicht den ganzen Umfang der notwendigen Übungen für den Bogenschützen darstellen, die jedoch aber wegen ihrer Einfachheit und der Möglichkeit, sie zu Hause auszuüben, ausgewählt wurden.

Es sind dies sechs Freiübungen, sechs isotonische Übungen mit der Nutzung leichter Hanteln, sechs isometrische Übungen und sechs besonders förderliche Übungen ohne Geräte. Es sind hier keine Lockerungsübungen aufgeführt, wie z.B. das Gliederausschütteln, Schwingschritte und ähnliches, welche man entweder als Übungen für die Beweglichkeit oder auch für eine schnellere Beseitigung von Ermüdungserscheinungen nützt. Weiterhin sollte man auch noch spezielle Übungen mit der Ausrüstung vornehmen, wie es das wiederholte Spannen des Bogens sowie das längere Halten des gespannten Bogens in regelmäßigen Intervallen über eine bestimmte Zeit darstellt.

Wäge ab, wie weit du gehen kannst und stimme die Härte des Trainings auf die Kondition ab. Auf keinen Fall beginne mit großen Anstrengungen, sondern erhöhe diese lieber stufenweise.

Besondere Aufmerksamkeit widme den isometrischen Ertüchtigungen.

Ein unbedingt einzuhaltender Grundsatz für das Planen des Trainings ist:

> ***Lieber kleine Einheiten, dafür aber öfter, d.h., nicht zweimal in der Woche zwei Stunden, sondern lieber täglich eine dreiviertel Stunde. Befreie dich von der Bequemlichkeit, stehe eine Stunde früher auf.***

Zu den einzelnen Übungen:

8.4.1 Freiübungen

Verlege diese stets an den Beginn des Trainings, also vor die eigentlichen Ertüchtigungen. Es genügen zwei bis drei Minuten. Versuche die Beweglichkeit zu erhöhen mit stets größeren Bewegungen bei den folgenden Übungen:

1. Kreisen des Körpers mit gestreckten Armen bis in die tiefe Beuge, nach beiden Seiten viermal.

2. Stemmen der Hände in die Seiten. Tiefes Vorbeugen mit Strecken der Arme, Hände bis hinter die Fersen. Aufrichten bis zum Rückbeugen, Hände in die Seite. (8x).

3. Abwechselnd den linken und rechten Fuß heben bis an die Arme in Vorhalte. Jeder Fuß 4x.

4. Halten des Ellbogens mit der gegenüberliegenden Hand, über den Kopf hinweg. Beugen abwechselnd nach links und rechts. Auf jede Seite 4x.

5. Drehen des Rumpfes mit gespreizten Armen, Handflächen nach oben. Nach jeder Seite 4x.

6. Aus der Vorhalte über die Seithalte in die Rückhalte, mit Schwung. (8x).

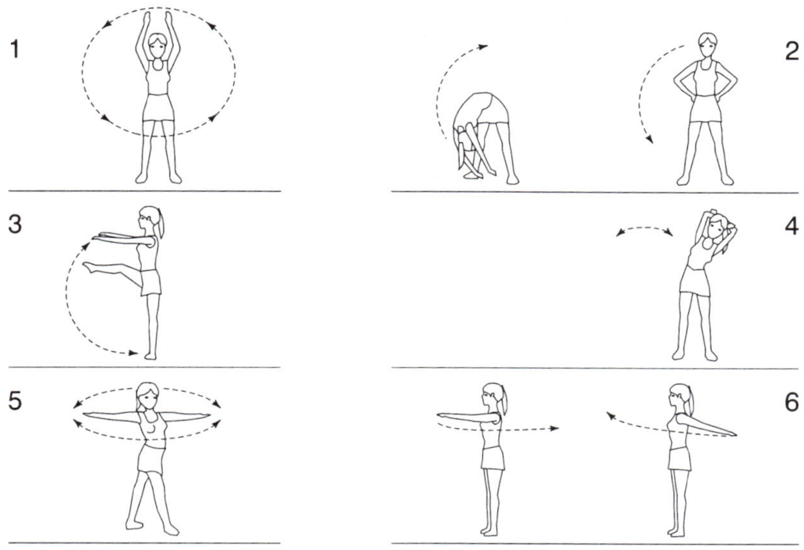

Abbildungen: Freiübungen

8.4.2 Isotonische Ertüchtigung mit leichten Hanteln

Leichte Hanteln sind ein typisches Gerät für die Entwicklung dynamisch ausdauernder Kraft. Das Gewicht der Hanteln für Damen und Jugendliche etwa zwei Kilo, für die Herren drei Kilo. Etwa nach dem sechsten Monat eines intensiven Übens können die Herren das Gewicht auf fünf Kilogramm erhöhen. Wir üben mit energischen Bewegungen und wiederholen eine Übung sehr oft (20x, 50x, 100x).

Wir üben bis zur leichten Ermüdung, es zeigt sich Schweiß, dann folgt eine ¾ Minute Pause und wir wiederholen die Übungen von neuem.

1. Arme in Vorhalte. Hantel bei einer Kugel so fassen, daß sie in Verlängerung der Arme zeigt, in Vorhalte abwechselnd nach oben und nach unten schwingen. Das gleiche auch in der Seitenhalte.

2. Beine gespreizt, Arme seitlich gespreizt, Anziehen des rechten Unterarms über die Schulter. Beim Ausstrecken des linken Armes diesen über die Schulter anschließend anheben. Abwechselnd wiederholen.

3. Beine gespreizt, Arme seitlich am Körper hängend, Beugen nach links mit Beugen des rechten Unterarmes, Hand bis unter die Schulter. Das gleiche nach der anderen Seite. Abwechselnd wiederholen.

4. Beine leicht gespreizt, Vorbeugen, Arme in Vorhalte. Nun in einem Zug Arme so hoch wie möglich nach hinten, dabei Arme nicht spreizen.

5. Beine leicht gespreizt, Arme in Vorhalte, vorbeugen. In einem Zug (bis in die äußerste Lage) mit erhobenem Kopf, Arme zur Seite und zurück in die Vorhalte, Arme dabei nicht spreizen. Beim anschließenden Spreizen der Arme gehen diese leicht nach vorne (bis man die Hantel gerade sehen kann).

6. Rückenlage, Arme strecken. Über die Vorhalte die Arme an den Körper legen und zurück.

Abbildungen: Isotonische Übungen

8.4.3 Isometrische Ertüchtigung

Bei dieser Art wirkt gegen einen festen Gegenstand entweder ein einzelner Muskel oder das ganze Muskelsystem. Die Kraftanstrengung gegen das Gerät soll etwa vier bis acht Sekunden dauern. Beginne mit den geringsten Werten und nach einigen Wochen regelmäßigen Übens verlängere auf das Maximum. Die Pausen zwischen den einzelnen Wiederholungen sollen etwa so lange dauern, wie die Kraftanstrengung selbst, höchstens aber doppelt so lang. Es gilt der Grundsatz, daß wir den Muskel niemals ganz ausruhen lassen dürfen, aber es wichtig ist, daran zu denken, daß sich die Muskeln niemals völlig erschöpfen dürfen. Bei dem isometrischen System kommt es zu beachtlichen Beanspruchungen des Herzgefäß-Systems, und deshalb ist es nur jenen Sportlern zu empfehlen, welche regelmäßig trainieren .

Auch vor der isometrischen Ertüchtigung sind kurze Freiübungen nötig.

1. Rückenlage. Stemmen eines befestigten Stockes in die Höhe, dabei versuchen, die Schultern auf dem Boden zu halten. Zweimal sechs Sekunden.

2. Einen befestigten Stock mit Kammgriff festhalten und dabei versuchen, in der Handwurzel den Stock nach innen und außen zu drehen. Abwechselnd nach jeder Seite zweimal sechs Sekunden.

3. Wie die vorgenannte Übung, jedoch mit Ristgriff.

4. Ziehen einer befestigten Kette in den drei abgebildeten Stellungen. In jeder Stellung zweimal sechs Sekunden (längere Pause).

5. Halte einen befestigten Stock mit Ristgriff in der Höhe der Handflächen und versuche, den Körper dabei abwechselnd nach beiden Seiten zu drehen. Nach jeder Seite zweimal sechs Sekunden.

6. Stellung eines Bogenschützen beim Spannen, ohne Gerät. Strenge alle Muskeln an. Sowohl die Rückenmuskeln als auch die beiden Hände. Zweimal sechs Sekunden.

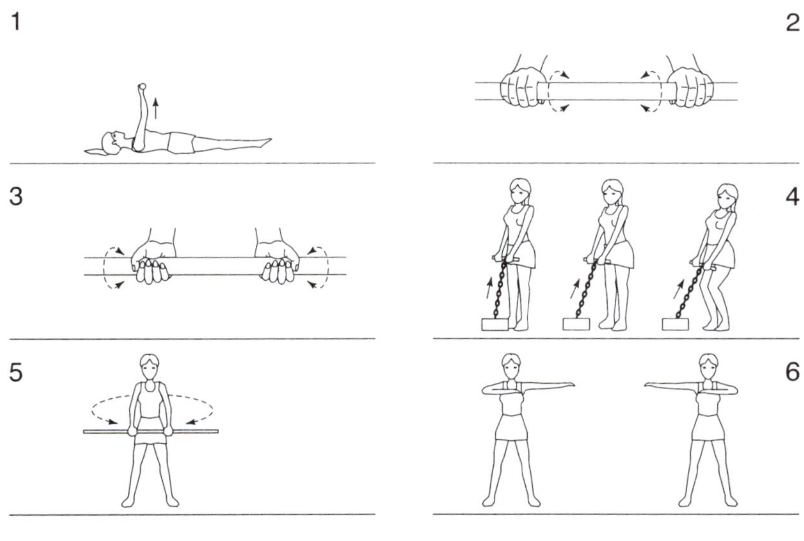

Abbildung: Isometrische Ertüchtigung

8.4.4 Besonders förderliche Übungen ohne Gerät

Die Anzahl der Wiederholungen der einzelnen Übungen ist beachtlich (10,30,50,100x und mehr). Allmählich werden sie bis zur Ermüdung erhöht.

Die vorteilhaftesten Pausen zwischen den Serien sind eine halbe bis eine dreiviertel Minute. Die Übungen müssen gewechselt werden. Achte auf ihre Mannigfaltigkeit.

1. Grundstellung. Ruckartig die linke Ferse anheben, mit Kraftanstrengung die linke Ferse gegen den Boden drücken und gleichzeitig die rechte Ferse anheben. Gleichmäßig fortsetzen. Durchführung in schnellem Tempo. Die Fußspitzen bleiben stets auf der Erde. Der Gegendruck liegt beim Anpressen der Beine gegen den Bogen.

2. Grundstellung. Laufen auf der Stelle, Unterschenkel ruckartig anheben. Durchführung in schnellem Tempo.

3. Grundstellung. Arme in Vorhalte. Abwechselnd die Finge spreizen und eine Faust bilden. Wiederholen bis zur Ermüdung.

4. Liegestütze seitlich links, rechte Hand in die Seite. Abwechselnd linken Arm beugen und strecken. Das gleiche entgegengesetzt.

5. Rückenlage. Arme strecken. Heben der Beine und des Rumpfes vom Boden. Mit den Händen die Fußspitzen erfassen und wieder zurücklegen.

6. Rückenlage. Arme in Seithalte. Handflächen gegen den Boden drücken. Beine senkrecht in die Höhe heben, das Becken bleibt auf dem Boden, die Beine bleiben geschlossen und werden angespannt, dabei nach links und rechts den Boden berühren. (Immer mit wiederholtem Anheben).

8.4.5 Anleitung für das Organtraining

<u>Übungsgerät:</u> Fit-Band (Gummiseil, Deuserband o.Ä.), Schaumgummiunterlage oder Teppich.

<u>Übung 1</u>

80 x Ziehen am Band im Sekundenrhytmus.
Die Ellbogen müssen seitlich bis in die Horizontale angehoben und beim Ziehen nach hinten geführt werden. Beine in leichter Spreizstellung, ca. Schulterbreite.

Übung 2

15 Doppelschritte auf der Stelle laufen gegen Widerstand des Bandes.
Tempo beliebig schnell. Je höher die Füße vom Boden abgehoben werden, desto wirkungsvoller ist die Übung. (Am besten barfuss auf einer Schaumgummiunterlage). Fordere dich so stark, daß durch Schweißbildung die Haut wenigstens feucht wird. Anschließend Beine ausschütteln und warten, bis die Atmung wieder ruhiger geworden ist.

Übung 3

In Rückenlage werden mit gestreckten Beinen zehn Achterfiguren ohne Berührung des Bodens beschrieben. Besonders zu empfehlen!
Diese Übung dient zur Kräftigung der Bauchmuskulatur.

Übung 4

8x ziehen am Band im Sekundenrhytmus wie bei Übung 1 (Damen nur 6x)

Übung 5

15 Doppelschritte auf der Stelle laufen wie Übung 2. Wenn du spätestens jetzt nicht intensiv schwitzt oder immer noch unter deinem Pulssoll liegst, hast du dich geschont!

Übung 6

Lockerungsübungen wie: den Rumpf kreisen lassen, Beine und Schultern ausschütteln, Körper beugen nach allen Seiten, vor allem der Wirbelsäulenbeweglichkeit dienende Übungen. Danach erhole dich erst wieder.

Übung 7

a) Für Männer: 20 Liegestützen, Körper gestreckt, Bauch- , Rücken- und Gesäßmuskulatur gespannt. Das Hochdrücken ist die Gegenbewegung zum Bandziehen bei Übung 1 und 4. Gekräftigt werden Schulter-, Arm- und Rückenmuskulatur, besonders der Halteapparat der Wirbelsäule.

b) Für Damen: In Knie-Handstand den Körper nach vorne schieben, so, wie eine Katze unter einem Zaun durchschlüpft. Während der Bewegung nach vorne den Körper wieder aufrichten und über einen Katzenbuckel in die Ausgangsstellung zurück. Diese Übung 2x wiederholen.

Bitte lasst euch nicht entmutigen, wenn ihr am Anfang nicht alle Liegestützen etc. schafft. Das Ziel ist für jeden erreichbar und lohnend.
Bedenkt bitte auch, daß allein dem täglichen „sich einmal überwinden“ schon ein großer Trainingswert zukommt, besonders wenn gerade die Lust zum Üben fehlt, und daß diese Willensschulung durch unerbittlichen Selbstzwang die körperliche Gymnastik in idealer Weise ergänzt.

Erfolg ist eine Reise, nicht eine Richtung.

8.4.6 Anleitung für Aufwärmübungen für Training und Wettkampf

Die Entspannungs- und Lockerungsübungen haben den Zweck, eine lockere, arbeitsfähige Muskulatur zu erzielen und die Muskeldehnung vorzubereiten, die beim Bogenschießen eintritt.

Übung 1

Arme fallenlassen. Zwanglose Hochhalte: Arme entspannt („wie leblos“) fallen und auspendeln lassen, dabei gleiten der Hände dicht an der Schulter vorbei. Bei richtiger Ausführung ist ein ziemlich kräftiger Ruck in den Gelenken zu spüren. Beim Fallenlassen ausatmen!

Übung 2

Bewegung der entspannt herabhängenden Arme durch:

a) Schütteln der Schultern
b) Heben und Fallenlassen der Schultern
c) Leichtes Vorstoßen der Schultern

Übung 3

Seitkreisen der Arme. Zwanglose enge Schrittstellung:
Je zwei Kreise vorwärts und fortgesetzt rechts und links herum durchführen. Achte auf gelöste, entspannte Finger!

Übung 4

Schulterblatt-Übung
a) Zwanglose Seithalte: Schulterblätter zusammenziehen (ausatmen) auseinanderstoßen (einatmen).

b) Kreisen mit einer Schulter und mit beiden gleichzeitig vorwärts und rückwärts, langsam und schnell.

Übung 5

Arm Kreuzschlag. Seithalte (Handflächen nach vorn):
Lockeres Vorschwingen der Arme mit kreuzen vor der Brust, so daß die Hände möglichst weit nach hinten gegen die Schulterblätter schlagen.

Übung 6

Schnelles schließen der Hand zur Faust und Wiederöffnen, ca. 5x hintereinander.

Übung 7

Abschußübungen. Wenn Möglichkeit vorhanden: Warmschießen mit dem Bogen auf einem Nebenplatz oder mit Gummiband und dergleichen Spannen und Lösen.

8.4.7 Die Oberkörpermuskulatur und die Schultergelenke

Bogenschießen belastet die Muskeln, die Gelenke, das Bindegewebe, die Blutversorgung, die Sinnesnerven und die mechanischen Fuktionsabläufe des ganzen Körpers. Das gilt natürlich in verstärktem Maße für den Bereich des Oberkörpers, besonders für den Schultergürtel und die Arme. Ohne Beanspruchung kommt es nicht zu einer physiologischen Reaktion bei der Entwicklung der Gewebefestigkeit sowie bei der Vervollkommung der kontrollierenden Faktoren, was ja Sinn des Trainings und der Arbeit mit dem Bogen ist.

Der Körper hat eine gewisse Leistungsreserve und funktioniert auch noch bei einer übermäßigen Beanspruchung. Das Training erhöht diese Leistungsreserven, so daß eine Überbeanspruchung im Rahmen des neuen, antrainierten Leistungsvermögens weniger empfunden wird. Wird aber die Beanspruchung unerwartet stark, schädigt sie die Leistungsreserve.

Was auch immer die Folgen einer schädigenden Überbeanspruchung sein mögen, z.B. ein gewissen Maß an Schmerz, eine Versteifung, der Verlust von Kraft oder Genauigkeit, diese Folgen werden die Leistung des Bogenschützen lange beeinträchtigen.

Deshalb muß es Ziel unseres Trainings sein, die entsprechenden Muskelpartien, die beim Bogensport Leistung erbringen müssen, durch gezieltes Training zu stärken.

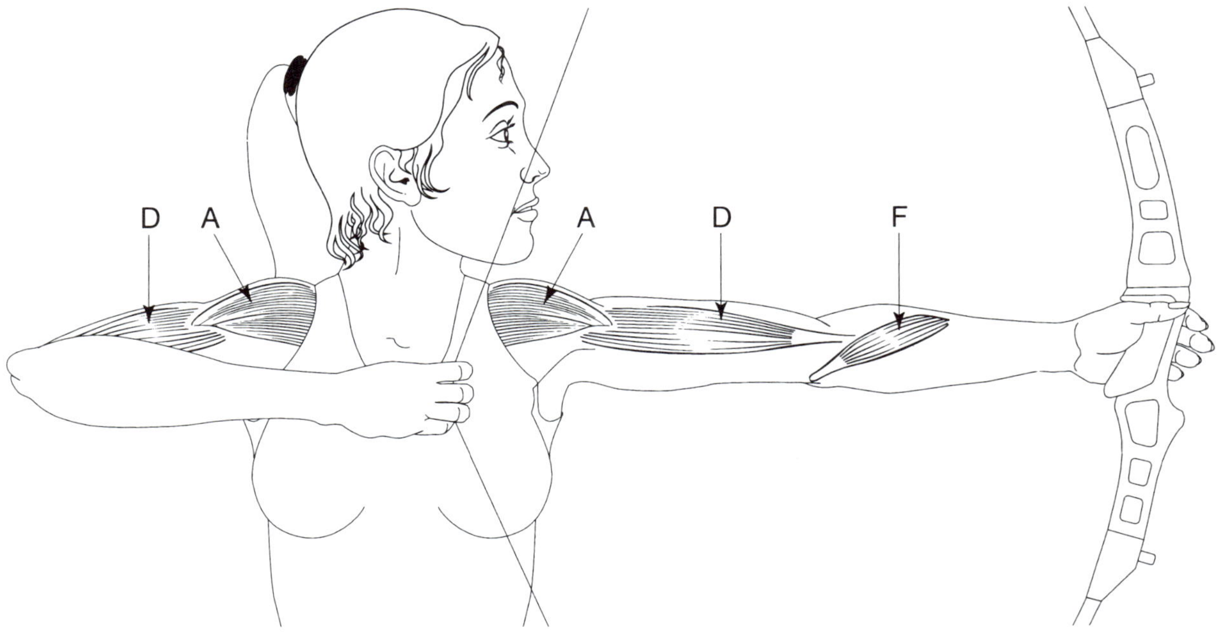

<u>Abbildung: Schulterbereich Vorderansicht</u>
A= Deltamuskel, D = Bizepsmuskel, F= Runder Armeinwärtsdreher (oberflächlicher Beugemuskel)

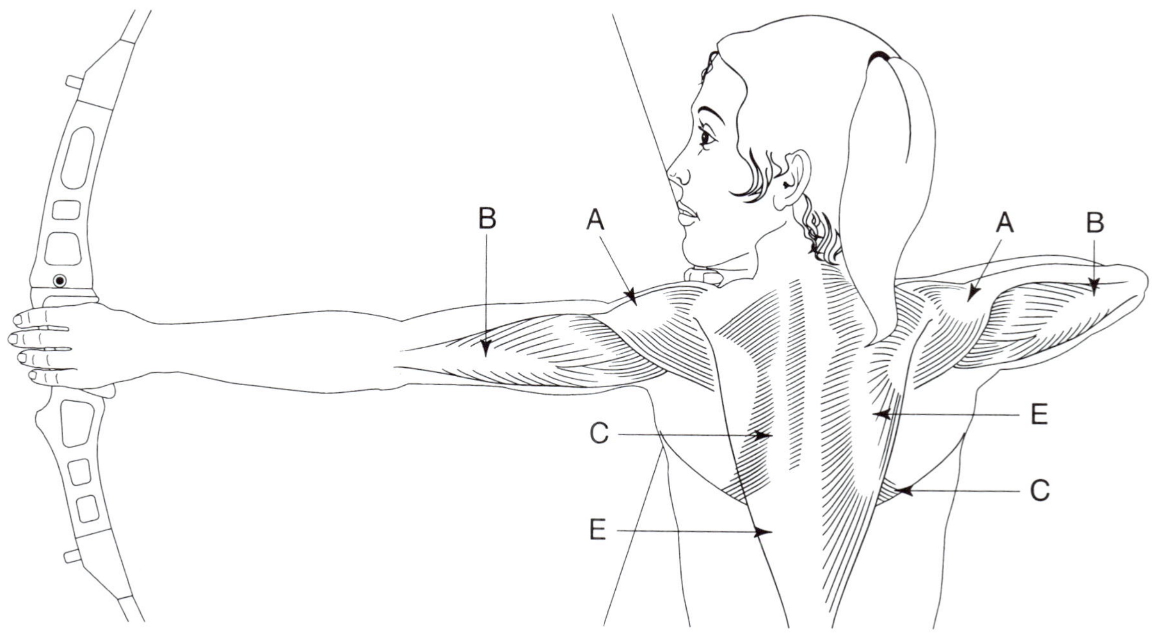

<u>Abbildung: Schulterberück Rückansicht</u>
A= Deltamuskel, B= Trizepsmuskel, C= Rautenmuskel, E= Trapezmuskel (Kapuzenmuskel)

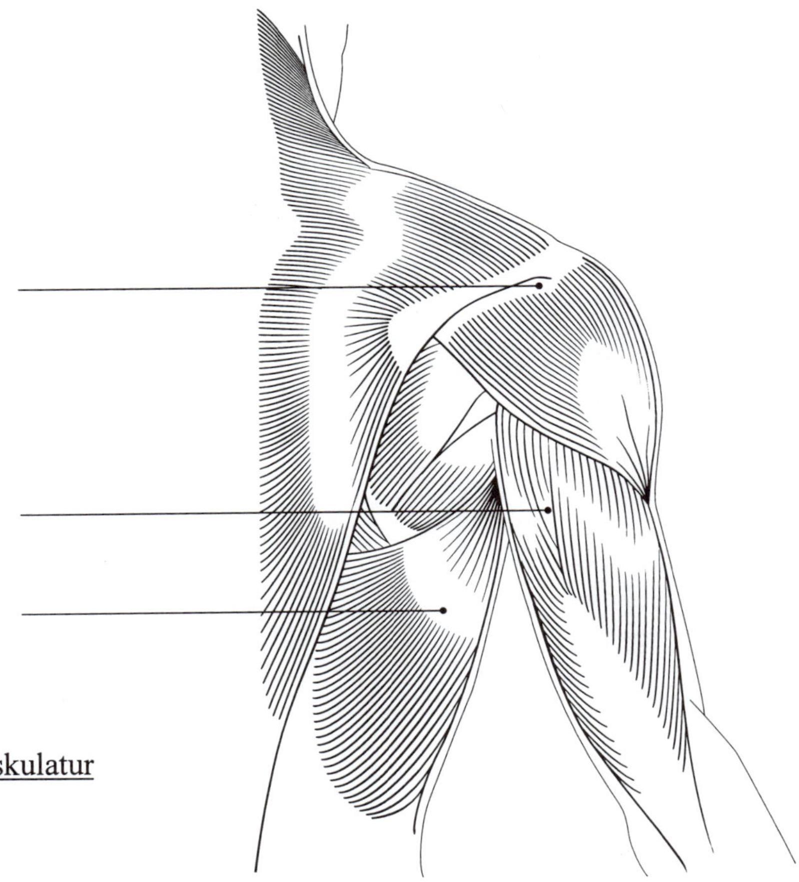

<u>Abbildung: Rückenmuskulatur</u>

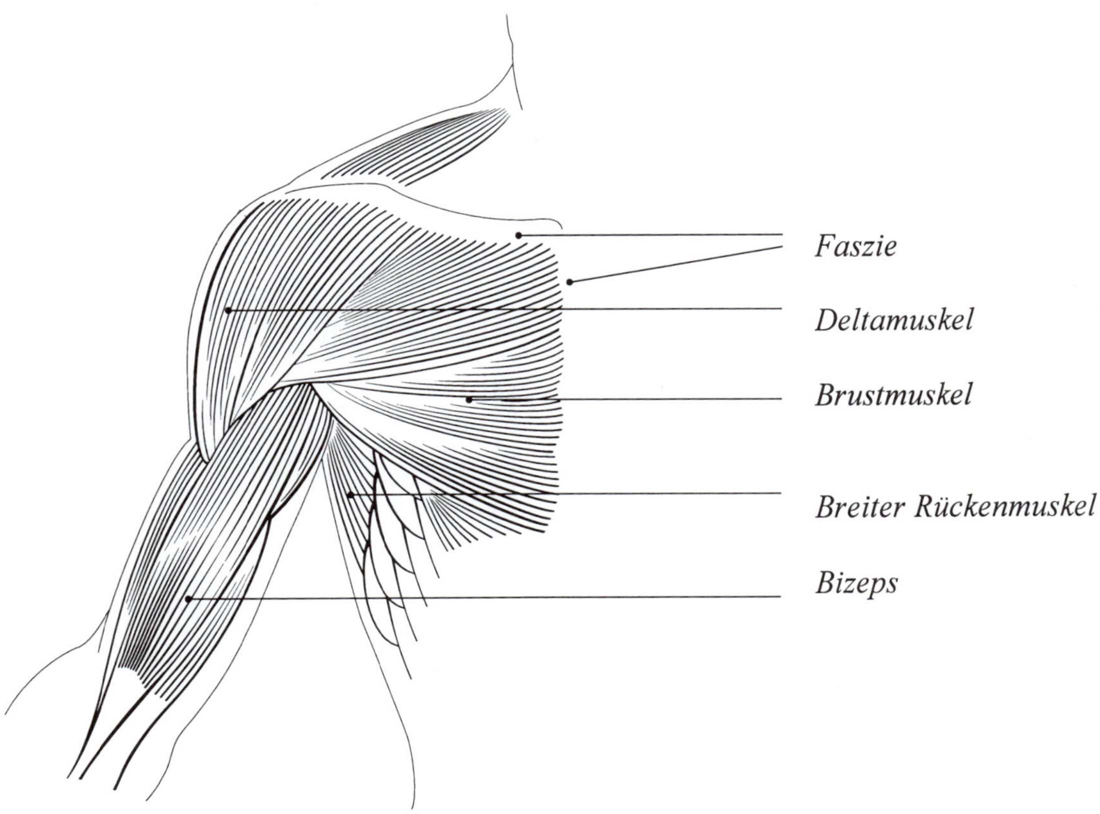

<u>Abbildungen: Oberarm-/Schultermuskulatur</u>

8.5 Das Jahrestrainingsprogramm

Wir müssen hierbei unterscheiden zwischen einem Ganzjahreszyklus und einem zweifachen Zyklus.

Um einen absoluten Leistungshöhepunkt zu erzielen (Olympiade, Weltmeisterschaft etc.) ist ein zweifacher Zyklus anzustreben. Dieser sieht wie folgt aus:

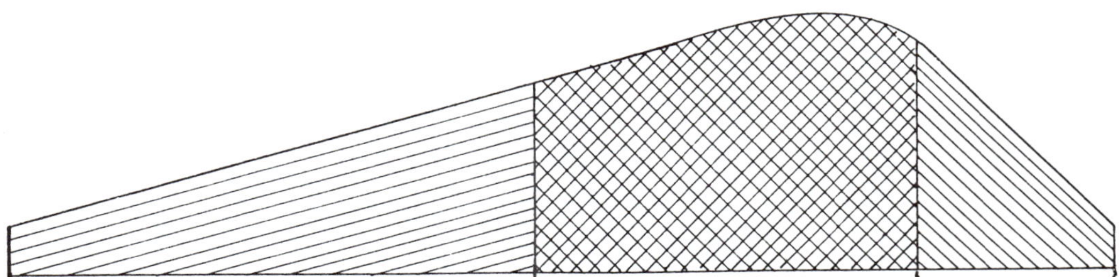

Dezember bis April	Mai bis September	Okt./Nov.
Vorbereitungsperiode	Wettkampfperiode	Übergangs-periode

Abbildung: Zweifacher Zyklus

Falls man jedoch sowohl in den Sommermonaten und in der Wintersaison erfolgreich an Meisterschaften teilnehmen will, ist man auf einen Ganzjahreszyklus angewiesen.

Selbstverständlich besteht auch die Möglichkeit beim zweifachen Zyklus Hallenmeisterschaften mitzuschießen, dann jedoch ohne sich hierauf speziell vorzubereiten, sondern diese Meisterschaften alleine als Vorbereitungsperiode für den Sommerhöhepunkt zu sehen.

Der Ganzjahreszyklus unter wettkampfmäßiger Erfolgseinbeziehung der Wintersaison sieht wie folgt aus:

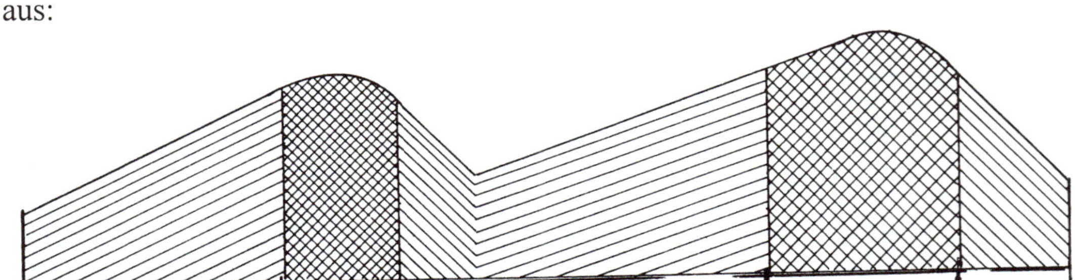

Nov. bis Jan.	Febr.	März bis Juni	Juli bis Sept.	Okt.
Vorbereitungsperiode	WKP	Vorbereitungsperiode	WKP	ÜGP

WKP= Wettkampferiode, ÜGP= Übergangsperiode

Abbildung: Ganzjahreszyklus

Überblick über die Trainingsperioden

Vorbereitsungsphase:	Die sportliche Form wird herangebildet.
Wettkampfperiode:	Die Voraussetzungen der sportlichen Form werden geschaffen und die erworbenen Möglichkeiten in den Wettkämpfen realisiert.
Übergangsperiode:	Bedeutet aktive Erholung, der Trainingszustand wird auf einem bestimmten Niveau gehalten.

Die Grenzen zwischen den Perioden darf man sich nicht als plötzlichen Wechsel von einer Periode zur anderen vorstellen. Sie sind beweglich, aber gleichzeitig auch Knotenpunkte, an denen sich Struktur und Inhalt des Trainings ändern.

Beispiel eines Ganzjahreszyklus

Das nachfolgende Beispiel für den Ganzjahreszyklus läßt sich entsprechend auf den zweifachen Zyklus übertragen unter Beachtung der hier aufgelisteten Trainingseinheiten für die einzelnen Perioden.

1. Vorbereitungsperiode

November

Täglich:	(20 Min.)	Atem- und Organtraining bei offenem Fenster oder im Freien.
Wöchentlich:	(30 Min.)	Allgemeines Konditionstraining, Gymnastik.
	(30 Min.)	Spezielles Konditionstraining nach Plan.
In der 4. Woche:		Technisches Training mit leichtem Bogen. Schwerpunkt: Ziehen aus der Rückenmuskulatur.

Dezember

Täglich:	(20 Min.)	Atem- und Organtraining.
	(20 Min.)	Autogenes Training, abends.
Wöchentlich:	(30 Min.)	Allgemeines Konditionstraining, Gymnastik.
	(2x 30 Min.)	Spezielles Konditionstraining nach Plan.
	(2x 60 Min.)	Technisches Training mit leichtem Bogen, Schwerpunkt : „Abschußtraining".
In der 4. Woche:		Pause.

Januar

Täglich:	(20 Min.)	Atem- und Organtraining.
Wöchentlich:	(30 Min.)	Allgemeines Konditionstraining, Gymnastik.
	(2x30 Min.)	Spezielles Konditionstraining nach Plan.
	(2x 90 Min.)	Technisches Training mit leichtem Bogen, Schwerpunkt: „technisch perfekter Bewegungsablauf," „ Trefferbild".
	(60 Min.)	Wettkampftraining.
In der 3.und 4. Woche	(2x 60 Min.)	Wettkampftraining.

2. Wettkampfperiode I

Februar

Täglich:	(20 Min.)	Atem und Organtraining.
	(20 Min.)	Autogenes Training, abends.
Wöchentlich:	(90 Min.)	Technisches Training mit mentalem Training, Schwerpunkt: „aufgetretene Fehler beim Wettkampf korrigieren und abstellen".
	(30 Min.)	Leistungskontrolle

3. Vorbereitungsperiode II

März

1. Woche:		Trainingspause.
Täglich:	(2 Min.)	Atem und Organtraining.
	(20 Min.)	Autogenes Training, abends.
Wöchentlich:	(30 Min.)	Allgemeines Konditionstraining, Gymnastik.
	(30 Min.)	Spezielles Konditionstraining nach Plan.
4. Woche zusätzlich:	(+60 Min.)	Technisches Training, nochmals mit leichtem Bogen, Schwerpunkt: „Ziehen aus der Rückenmuskulatur".

April

Täglich:	(20 Min.)	Atem und Organtraining, Laufen auf dem Trimmpfad.
	(20 Min.)	Autogenes Training, abends.
Wöchentlich:	(30 Min.)	Allgemeines Konditionstraining, Gymnastik.
	(2x 30 Min.)	Spezielles Konditionstraining nach Plan.
	(2x 60 Min.)	Technisches Training mit mentalem Training, nun mit dem Bogen, der im Sommer geschossen wird, Schwerpunkt: „Umstellen vom leichten auf stärkeren Bogen“, „Üben auf die langen Distanzen.“
Ab der 3. Woche Zusätzlich:	(+60 Min.)	Wettkampftraining.

Mai

Täglich:	(20 Min.)	Atem- und Organtraining.
	(20 Min.)	Autogenes Training, abends.
Wöchentlich:	(30 Min.)	Allgemeines Konditionstraining, Trimmpfad.
	(2 x 45 Min.)	Spezielles Konditionstraining nach Plan.
	(2x 90 Min.)	Technisches Training mit mentalem Training, Schwerpunkt „Abschusstraining“.
Ab der 3. Woche:		1x Wettkampftraining, 1 FITA-Runde in zwei Tagen.

Juni

1. und 2. Woche:		Trainingspause.
Danach:		
Täglich:	(20 Min.)	Atem- und Organtraining, Trimmpfad.
	(20 Min.)	Autogenes Training, abends.
Wöchentlich:	(30 Min.)	Spezielles Konditionstraining nach Plan.
	(2x 60 Min.)	Technisches Training mit mentalem Training, Schwerpunkt „Verfeinerung der Technik“.
	2x	Wettkampftraining, 1 FITA-Runde in zwei Tagen.

4. Wettkampfperiode II

Juli, August, September: Programm wie im Februar.

5. Übergangsperiode

<u>Oktober</u>

Erholung! Leichtes Organtraining je nach Lust, kein Konditions- und technisches Training, evtl. Besuch von Veranstaltungen.

Anmerkung:
Die in dem Trainingsprogramm angegebenen zeitlichen Begrenzungen können nach eigenen Planungen wie Urlaub, Turnierteilnahme, Ende der Wettkampferiode nach der Deutschen Meisterschaft usw. verschoben werden. Der Übergang von den einzelnen Trainingsperioden soll sich fließend vollziehen und kann bei jedem Einzelnen etwas unterschiedlich sein.

8.6 Haltungsüberprüfung durch den Trainer

Nachfolgend fünf Positionen, aus denen der Trainer die Haltung und die Bewegung des Schützen am optimalsten überprüfen kann.

Abbildung 1 — Diese Position ist am besten geeignet um die Körperhaltung, die Bogenschulter, den Bogenarm, die Bogenhand, den Anker , den Zugarm und die Zughand zu überprüfen.

Abbildung 2 — Bei geringem Bücken kann aus dieser Position die Innenseite der Zughand bei vollem Auszug überprüft werden sowie den Bogenarm, die Bogenschulter und die Bogenlage in der Hand.

Abbildung 3 — Bei normalen Stand kann aus dieser Position die Bogenhand und der Handrücken der Zughand beobachtet werden. Ferner, ob der Stabilisator in einer Linie zu einer Bezugslinie steht und wie der Bogen sich verkantet oder bewegt beim Schießen.

Abbildung 4 — Dies ist die günstigste Position, um die vertikale Körperhaltung zu überprüfen, eine evtl. Bogenverkantung, die Kopfposition und eine evtl. Kopfbewegung während des Follow Through.

Abbildung 5 — Von hinten kann die Körperposition und der Zugarmellbogen beobachten werden sowie das „Stehenlassen" des Bogenarms. Ferner (möglichst bei nacktem Oberkörper) der Einsatz der Rückenmuskulatur.

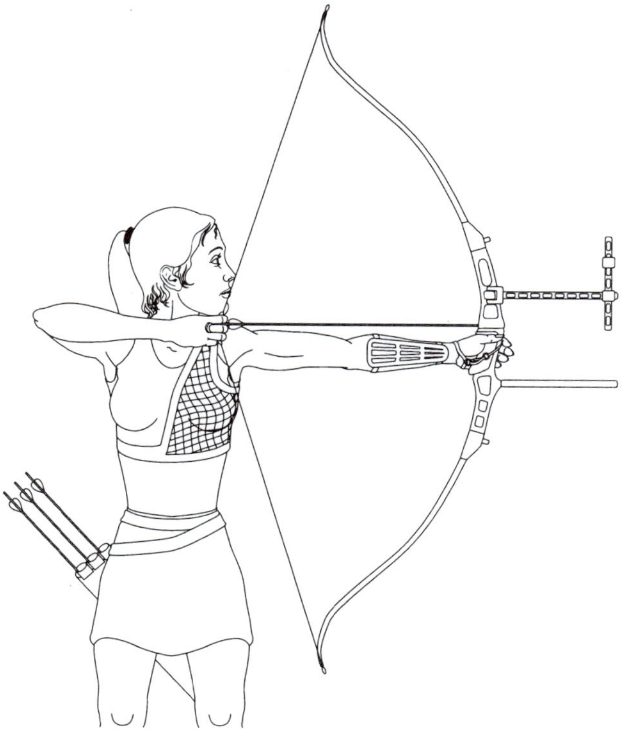

Abbildung 1

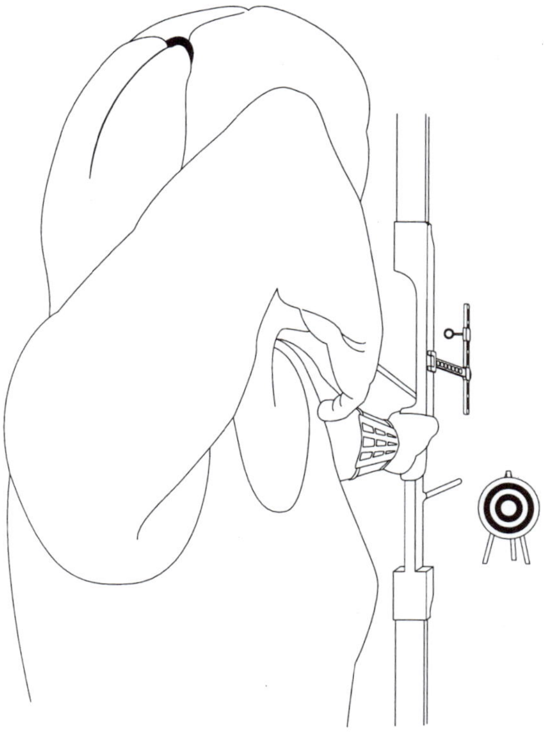

Abbildung 2

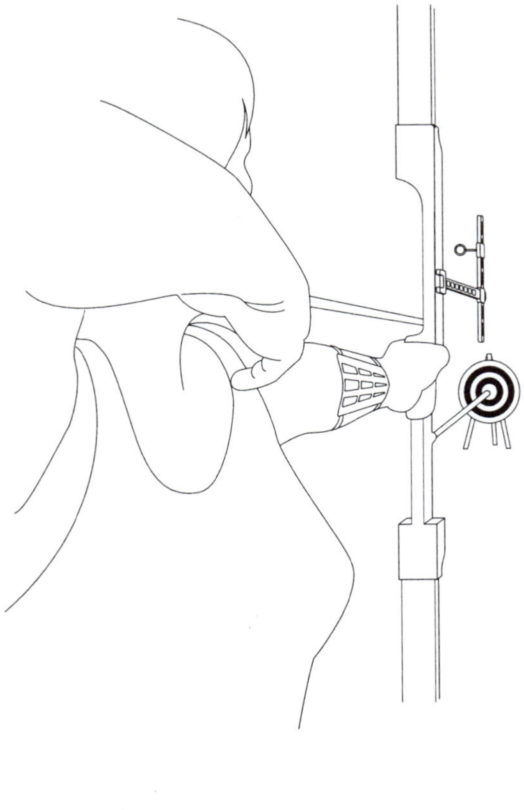

Abbildung 3

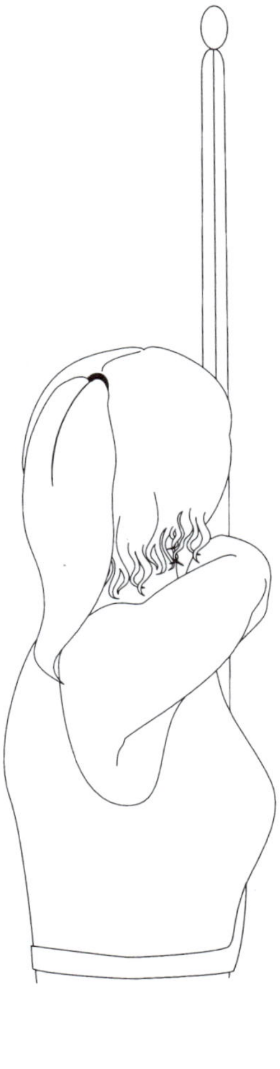

Abbildung 4

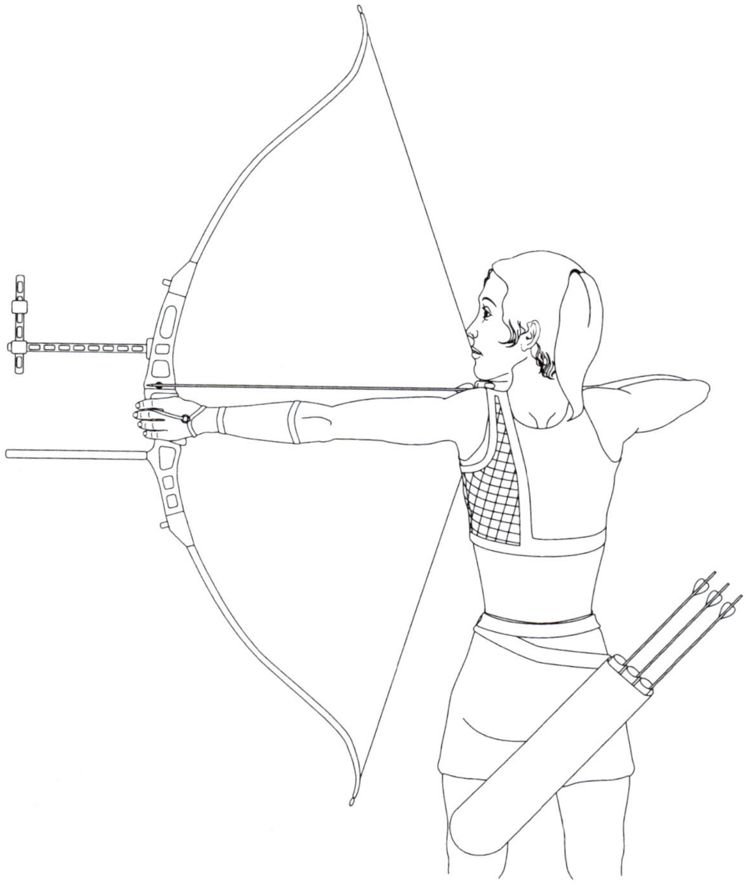

Abbildung 5

8.7 Datenblatt Formanalyse

Schütze: **Beurteiler:**

	Gut	Akzeptabel	Schlecht
Stand/Haltung			
Fußstellung			
Oberkörper parallel zur Schußachse			
Körperstellung senkrecht zur Zehen/Ferse-Achse			
Körperstellung senkrecht zur Schulterachse			
Bein-/Kniegelenke locker			
Kopf -/Nackenmuskulatur entspannt			
Kopf gerade			
Gute Gesamthaltung			
Bogenarm/ Bogenhand			
Bogenhand liegt im 45-Grad Winkel in der Griffschale			
Bogenhandfinger relaxt und Bogen liegt frei in der Hand			
Bogenarmschulter „verankert“ und „tief“			
Bogenarmellbogen eingedreht			
Bogenarmwinkel eng zur Kraftachse			
Auszug			
Sehne wird mit allen 3 Fingern tief gegriffen			
Zugarmellbogen auf oder über Schulterhöhe			
Zughand nicht abgewinkelt zum Unterarm			
Daumen und kleiner Finger relaxt abgeknickt			
Körperhaltung ändert sich nicht beim Auszug			
Nock wird nicht eingeklemmt			
Ankern			
Zeigefinger bzw. Ankerplatte liegt unterm Kinn an			
Sehne berührt Nase und Kinn			
Zähne zusammen, Mund geschlossen			
Gesicht entspannt			
Schultern verbleiben unten			
Halten/Zielen			
Zughand gerade			
Bogenhand locker			
Bogen steht vertikal, senkrecht			
Rückenmuskeln sind eingesetzt			
Atmung eingestellt und Brustkorb flach			
Keine Tremor-/Zitterbewegungen			
Pfeil „kriecht“ nicht zurück unterm Klicker			
Pfeil steht 1-3 mm vor der Klickerauslösung			

Seite –2- Formanalyse

<u>Release</u>

Zugarmellbogen steht auf Schulterhöhe ....
Zughand gleitet eng am Hals entlang nach hinten ....
Zugfinger „flattern“ locker hierbei ....
Bogenarm bleibt stehen ....
Bogenhand greift nicht zu, Bogen kippt in die Schlinge ....
Kein Spannungszusammenbruch ....

<u>Nachhalten</u>

Körperhaltung ändert sich nicht bis Pfeil eingeschlagen ist ....
Kopfposition bleibt unverändert, Nachzielen erfolgt. ....

Anmerkungen:...

Empfehlungen: (neue Pfeillänge, anderes Zuggewicht etc.)...

Persönliche Allgemeindaten:

Geb.-Datum: ....

Körpergröße: ....

Gewicht: ....

Schießart, RH/LH : ....

Zuggewicht: ....

Konditionstraing: Ja / Nein/Anmerkungen...

Tainingsstand: Sehr gut/ gut/mittel/schlecht..

Ruhepuls: ....

Puls nach Belastung: ....

Haltezeit in Sekunden:...

8.8 Datenblatt : Technische Ausrüstung

Name :..	Datum:..
Bogenfabrikat:.....................................	Klickerfabrikat:.....................................
Typ:.....................................	Härte:.....................................
RH / LH :............................	Armschutz, Typ:....................................
Länge:....................................	Streifschutz Ja/Nein:..............................
Zuggewicht lbs.:.....................	Pfeiltyp:..
Eigengewicht Kg.:..................	Pfeilspinewert:...........................
Tillerhöhe mm:.......................	Pfeillänge:................................
Nockpunkthöhe mm:.............	Spitze, Typ/Gewicht:.................
Griffschalentiefe:..................	Befiederung:...............................
	Größe:..............................
Sehnenmaterial:......................................	Nocktyp:....................................
Stränge:................................	Pfeilgesamtgewicht grain:..........
Sehnenlänge mm:...................	Stabilisatorsystem Fabrikat:..................
Nockpunkttyp:......................	
Lösekraft:...............................	Vorbau Ja/Nein-Länge:..............
Pfeilauflage:..	
	Monostab.- Länge:......................
Pfeilanlage:...	
	Spinnentyp:...............................
Visier, Typ:...	
	Konterstab.- Länge:...................
Schlinge: Bogen-/Hand-/Fingerschlinge	
	Monostab. -Dämpfer:.................
Tab, Typ:...	
Fell / Leder / Cordovan / Syntex	Konterstab. - Länge:.................
	Konterstab. - Dämpfer:.............
Sonstiges:...	Sonstige Stabis:.........................

8.9 Materialprüfliste

Periode	Material	Überprüfung
1	Sehnenführung	Auf zentrischen Verlauf prüfen, Abrollverhalten prüfen.
2	Tillerabstand	Abstand und Fixierung prüfen.
1	Wurfarmaufnahme	Sitz, Spiel, Anlage prüfen.
2	Pfeilanlage	Befestigung, Seitenversatz, Gangbarkeit prüfen. Knopf auf Abrieb prüfen.
1	Alle Schrauben	Nachziehen, prüfen.
2	Klicker	Befestigung, Einstellung, Funktion prüfen.
3	Visier	Befestigung, Spiel, Zustand, Gewinde prüfen. Korntunneleinsatz prüfen.
3	Stabilisation	Anzug und Zustand prüfen.
3	Standhöhe Sehne	Prüfen.
3	Nockpunktüberhöhung	Prüfen.
3	Nocksitz	Spiel auf der Sehne prüfen.
3	Pfeilschaft	Auf Rundlauf, Rundheit, Dellen, Risse prüfen.
3	Pfeilspitze	Auf Beschädigung, Sitz prüfen.
3	Befiederung	Auf Risse und Beschädigung überprüfen. Klebezustand und ggf. Klebeband prüfen.
2	Armschutz	Befestigungsband und Zustand prüfen.
2	Streifschutz	Befestigungsbänder und Zustand prüfen.
3	Tab	Gummi, Trenner, Leder auf Beschädigungen und Sitz prüfen.

Legende: 1 = Wöchentlich
2 = Vor- und nach einem Turnier oder Training
3 = Während des Turniers / Trainings.

8.10

TRAININGSPROTOKOLL / SCHUSSZETTEL

Name: ______ **Datum** ______ **Ort** ______

Temperatur: ______ **Wetter:** ______ **Wind:** ______

Licht: ______ **Tageszeit:** ______ **Sonstiges:** ______

Visiereinstellung: ______

Immer 6er Passen eintragen

	1	2	3		Gesamt
6					
12					
18					
24					
30					
36					
Total					

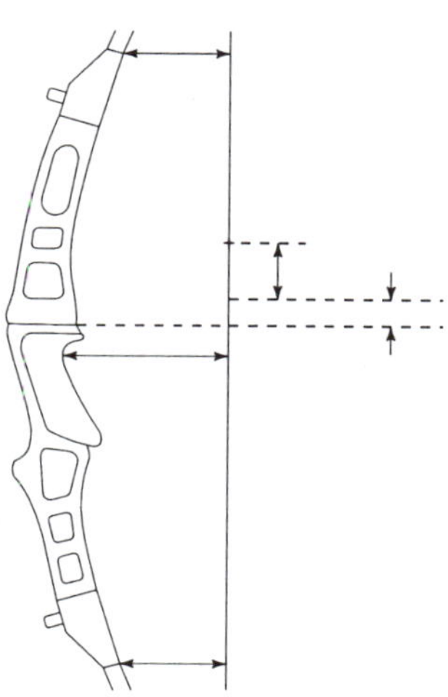

Standhöhe,Tillermaße Nockpunktüberhöhung Und Mundkmarkenmaße eintragen

Kapitel IX Herstellung der Bogensehne

Es gibt viele Arten von Sehnen. Hierzu gehören z.B. die traditionell gefertigten Sehnen nach der „flämischen Spleiß"-Methode sowie die „Radnor"-Sehne. Vor zwanzig Jahren haben wir diese Sehnen noch gefertigt .

Diese Sehnen bestehen aus Einzelsträngen, die komplett um den Wurfarmtip herumgeführt werden und somit dort die doppelte Strangzahl gegenüber den heute üblichen Sehnen haben. Die einzelnen Stränge werden dann in einem „Zopf" verknotet. Diese Sehnen sind extrem lange haltbar, passen sicherlich noch zu Blankbögen und Langbögen, sind jedoch für den ambitionierten Leistungs-Scheibenschüzen heute nicht mehr empfehlenswert. Die Nachteile dieser Sehnen liegen zum einen im hohen Gewicht und zum anderen im hohen Dehnungskoiffizienten, da sich die Sehne im „Zopf" immer nachstreckt. Diese Sehnen sind sehr bogen- und wurfarmfreundlich, ergeben aber geringere Wurfkraft.

Für einen Leistungsschützen sollte die Sehne möglichst wurfstark sein.

Die nachfolgende Anleitung bezieht sich auf die Fertigung einer modernen leistungsstarken Sehne für den ambitionierten FITA-Scheibenschützen.

Zur Herstellung einer solchen Sehne ist ein „Sehnengalgen" notwendig, den man fertig kaufen kann oder auch bei handwerklichem Geschick selber aus Metall oder Holz fertigen kann.Ich selber habe mir meinen Sehnengalgen aus einer Stahl-„C"-Schiene gefertigt und als Pfosten 12mm Rundstahl genommen, der unten M 10er Gewinde eingeschnitten bekommen hat und oben auf der Drehbank eine 10mm hohe Sehnenführungsnut mit 10mm Durchmesser eingefräst bekommen hat.

Nachstehend eine Abbildung mit Details zur Selberfertigung eines Sehnengalgens, auf dem Sehnen für Bogen bis 70" Länge gefertigt werden können.

Um moderne Sehnen mit offenen oder teiloffenen Öhrchen zu fertigen, ist es nicht notwendig mit 4 drehbaren Pfosten zu operieren, da die Ohren-Endwicklung in „Querstellung" entfällt. Deshalb reicht ein reine Längsverstellungsmöglichkeit. Nur um die Sehne abzunehmen und ggf. wieder aufzulegen, ohne die Längeneinstellung zu verändern, sollte ein Pfosten drehbar sein. Ferner reichen drei Pfosten statt den herkömmlichen 4 Pfosten aus.

Neben dem Sehnengalgen sind noch folgende weitere Utensilien und Materialien erforderlich:

- Eine Spule Sehnengarn, wobei ich hier ASB-Dyneema (Normal- oder „Sensitive") oder Fast-Flight empfehle.

- Ein Wickelgerät für das Enden- und Mittenwicklungsgarn. Ggf. zwei Wickelgeräte, falls mit zwei unterschiedlichen Garnen gewickelt werden soll. Das beste derzeit erhältliche Gerät ist das BEITER-Wickelgerät.

- Wickelgarn in beliebiger Farbe, zu empfehlen sind die Garne von Brownell oder ASB, Fast-Flight geflochten oder ASB geflochten. Nylon-Garne sind nicht mehr zu empfehlen.

- Ein Maßstab („Zollstock“ oder „Bandmaß“).

- Ein scharfes Messer (Teppichmesser) oder Schere.
- Ein Feuerzeug zum „Verschweißen“.
- Kleber (üblicher Befiederungskleber).

- Falls mit eingewickelten Nockpunkten geschossen werden soll, die entsprechenden „Mononockpunkte“, „Kugelnockpunkte“. Bei den Mononockpunkten ist auf die richtige Größe passend zum Pfeilnock zu achten (z.B. ¼“ oder „0,98“ oder „Beiter Nr. 2“). Bei Mononockpunkten ist bei der Verwendung von BEITER-Nocks auf den Pfeilen darauf zu achten, daß die Nockpassung unterschiedlich ist. Der Beiter-Nock Nr. „2“, also z.B. 12/2 hat ein Nockbett zum nocken direkt auf der Sehne von 5/16“. Bei Kombination mit Mononockpunkten ist jedoch ein Mono-Nockpunkt Größe ¼“ zu verwenden. Dies kommt durch die asymetrische Nockform. Ansonsten hätte der Nock im 5/16“ Mononockpunkt vertikal zu viel Spiel.

  Beiter-Nockpunkte werden erst nach Fertigstellung der Sehne, vor Anbringung der Mittenwicklung auf der Sehne angebracht.

- Ein Filzstift (schwarz bei weißem Sehnenmaterial, weiß bei dunklem Sehnenmaterial)

- Sehnenwachs.

Die Verwendung von eingewickelten Nockpunkten hat m.E. einen großen Vorteil: man muß seine Sehne nicht den Nockgrößen anpassen bzw. die Nockgröße evtl. unterschiedlichen Sehnen. „Unterwicklungen“ oder notwendige „Doppelwicklungen von Mittenwicklungen entfallen. Störanfällige Klemmnockpunkte fallen weg, Verschleiß der Mittenwicklung an der Nockstelle entfällt, sich „verschiebende“ Klemmnockpunkte während eines Turniers kommen nicht vor.

Ich persönlich empfehle die PTFE-Mononockpunkte in Kombination mit Beiter-Nocken.

Diese Kombination kann sowohl für Carbon bzw. A/C Schäfte als auch für Aluminiumschäfte ohne Modifikationen verwendet werden, wenn z.B. die Beiter-Nockgröße „2“ verwendet wird.
Ansonsten verweise ich auf Kapitel V, wo zu Sehnen und Nockpunkte ausführliche Informationen stehen.

Zunächst muß der Sehnengalgen auf die gewünschte Sehnenlänge eingestellt werden, durch Verschieben des variablen Endes. Wenn eine Mustersehne da ist, kann diese als vorläufiges Muster dienen. Hierbei ist zu berücksichtigen, daß diese bereits aufgedreht ist, andererseits aber, wenn sie gebraucht ist, sich schon gelängt hat. ***Deshalb kann man bei einer lange geschossenen Sehne in etwa davon ausgehen, daß der einzustellenden Galgenabstand in etwa dem Maß der aufgedrehten, gebrauchten Sehne entsprechen sollte.***

Das spätere „Längungsmaß“ unterschiedlicher Sehnenmaterialien kann ebenfalls im Kapitel V nachgelesen werden, ebenso die empfohlene Sehnenstrangzahl.

Erfahrungsgemäß ergibt dies bei „Fast Flight" und „Dyneema" eine Grundlänge, die nach Abnahme der Sehne vom Sehnengalgen sich ergibt, wenn zum Einschießen der Sehne diese 14 Umdrehungen aufgedreht werden muß, um die übliche Standhöhe des Bogens zu erreichen. Nach dem Einschießen tritt eine Längung ein, die in etwa der notwendigen Aufdrehung entspricht. Es dauert etwa -je nach Zuggewicht des Bogens- 200 bis 300 Schuß bis eine Sehne sich auf ein sich nicht mehr veränderndes Endmaß gelängt hat.

Eine wurfstarke Sehne für einen 66" langen Bogen sollte nach dem Einschießen etwa 20 - 22 Aufdrehungen haben. Allgemein kann man sagen, daß pro 7 cm Sehnenlänge je eine Sehnenaufdrehung erreicht werden sollte bei einer fertig eingeschossenen Sehne. (In der herkömmlichen Fachliteratur wird eine Aufdrehung je 3cm Sehne empfohlen. Dies führt nach meinen Erfahrungen zu starken Wurfkraftverlusten und ist beim heutigen Material nicht erforderlich).

Wenn sich nach Fertigung der Sehne herausstellt, daß diese zu kurz ist, hilft nur Wegwerfen und eine neue, längere Sehne zu fertigen. Etwas zu lange Sehnen können ggf. Verwendung finden.

Ein Sehnengalgen-Abstandsmaß von:

1593 mm für 66" Bögen
1645 mm für 68" Bögen
1690 mm für 70" Bögen

kann als Richtmaß angenommen werden bei der Verwendung von FF-Sehnenmaterial.
Bei sich weniger dehnendem Material ist ein Zuschlag zu verwenden und bei sich stark dehnendem Material (z.B. DRACON) ist ein Abschlag einzukalkulieren.

Da Hochleistungssehnen mit „offenen Öhrchen" oder „teiloffenen Öhrchen" versehen sind, kann auf den 2. Sehnengalgenpfosten an einem Ende des Galgens grundsätzlich verzichtet werden. Deshalb ist dieser auch in den Abbildungen bei mir nicht dargestellt.

Sehnen mit traditionellen Endenwicklungen mit Wickelgarn um die Öhrchen herum sind zu schwer und benötigen auch eine längere Einschießzeit. Hierauf sollte man verzichten.

Ganz offene Öhrchen, wo die einzelnen Sehnenstränge (Kardelen) direkt im Wurfarmtip anliegen, bergen evtl. Beschädigungsgefahr. Deshalb plädiere ich für die sogenannten „Teiloffenen Öhrchen", wo Sehnengarn zum losen Umwickeln verwendet wird. Entsprechend sind die nachfolgenden Anleitungen aufgebaut. Dadurch erübrigt sich auch ein „Querstellen" der Galgenendköpfe zur Endenwicklung.

Die Mittenwicklung sollte, unabhängig davon, ob eingewickelte Nockpunkte oder Klemmnockpunkte oder aufgewickelte Nockpunkte verwendet werden , erst nach dem groben Einschießen der Sehne (ca. 40 Schuß) bei auf dem Bogen aufgespannter Sehne angebracht werden. Dies hat den Vorteil, daß die Sehne auch unterhalb der Mittenwicklung etwa gleich stark aufgedreht ist und sie sich dort homogen längen kann.

Die Schritte zur Herstellung der Sehne

1.) Stelle den Sehnengalgen so ein, daß der Abstand des Pfostens A zum Pfosten C genau der gewünschten Sehnenlänge entspricht. Messe außen .
Siehe Abbildung 1

2.) Klemme den Anfang des Sehnengarns entweder unter den Pfosten C oder unter die Befestigungsschraube der Pfostenhalterung B/C. und führe das Garn um den Pfosten B und C herum zum Pfosten A.
Siehe Abbildung 2

3.) Nun wickle die gewünschte Anzahl Stränge um die Pfosten A und C. (z.B. 16 Stränge). Achte hierbei darauf, daß die Stränge stramm sitzen und übereinander die Pfosten umwickeln, also ***nicht übereinanderlappen***.
Bei 16 Strängen sind also jeweils 8 Stränge auf jeder Seite der Pfosten gespannt.
Siehe Abbildung 3

4.) Das Ende des Garns wickle um Pfosten B und klemme es dann zusammen mit dem Anfang entweder unter Pfosten C oder der Halteschraube. Schneide es dann ab.
Siehe Abbildung 4

5.) a) Bei vollkommen offenen Öhrchen:
Ziehe nun ein ca. 5 cm langes Stück Sehnengarn seitlich von Pfosten C symetrisch um die Sehne und ziehe es zentrisch bis mittig Pfosten durch, mache 2 Knoten in das Garn und schneide bis auf ca. 1-2 cm den Rest ab. Dadurch wird das offene Öhrchen fixiert und kann später leichter über den Wurfarmtip geführt werden.
Siehe Abbildung 5

b) Bei „teiloffenen Öhrchen":
Ziehe hier ein ca. 25 cm langen Stück Sehnengarn seitlich vom Pfosten C symetrisch um die Sehnen und ziehe es zentrisch bis mittig Pfosten durch. Dann wickele ohne große Spannung von der Mitte aus über einen Teilstrang der Sehne das Sehnengarn (am Anfang kräftig zwischen Sehnen und Pfosten durchziehen) bis eine Wicklung von 40mm erreicht ist. Stecke das Ende des Garns zwischen die Sehnenstränge, damit es sich nicht abwickeln kann. Dann wickle die andere Seite genau so, achte hierbei aber darauf, daß die Drehrichtung anders herum sein muß, sonst wickelst du die vorherige Wicklung wieder ab!
Siehe Abbildung 6

6.) Dieses Öhrchen an Pfosten C soll das spätere obere Sehnenöhrchen werden. Messe nun 32 mm vom Ende der Sehne am Außenpfosten C ab und markiere diesen Abstand mit einem Filzstift auf der Sehne. Dies ist der spätere Radius des oberen Sehnenöhrchens.
Nimm nun das Wickelgerät , ziehe etwa 10cm Garn raus, lege es an der Markierung um die Sehne und wickele entgegen dem Uhrzeigersinn mit dem Wickelgerät über das Ende des Wickelgarns. Um den Beginn der Wicklung zu Vereinfachen, kann man die ersten 10cm Sehnengarn durch die Sehnenstränge durchführen und erst dann umlegen. So ist es einfacher an der korrekten Stelle ohne Verrutschen des Anfangs die Wicklung zu beginnen. Die ersten Umdrehungen frei von Hand, dann mit dem gespannten Wickelgerät. Du umwickelst also jetzt die beiden Sehnenstränge, die beiden Sehnenenden, bei teiloffenen Öhrchen die Öhrchenwicklung sowie den Anfang des Wickelgarns. Wickele nun etwa 10 Umdrehungen. Dann schneide das übrige Stück Wickelgarn ab, schneide die beiden Enden der Öhrchenwicklung ab, wickele nun weiter bis zu einem Abstand von 90mm vom Pfosten C. Nun löse den Sehnenanfang und das Sehnenende, schneide es an der Wicklung ab und wickele nun weitere 10mm bis die Endenwicklung 100 mm vom Pfosten C weg ist, d.h., 32mm Öhrchen plus 68mm eigentliche Wicklung.
Siehe Abbildungen 7 und 8

7.) Wickele jetzt etwa 25 cm Wickelgarn vom Wickelgerät ab und schneide dann am Wickelgerät ab. Wickele nun gemäß Abbildung 8 entgegengesetzt in einem Abstand von etwa 5cm 10x das Garn um die Sehne, lege dann den Rest längs der Sehne bis über die Wicklung und drehe nun den aufgewickelten Teil so ab, daß er das Rest-Stück überwickelt. Dann ziehe das Reststück ganz fest durch, so daß diese Wicklung homogen mit der Hauptwicklung ist. Schneide den Rest bis auf etwa 3mm ab.
Nimm ein Feuerzeug und brenne diese 3mm ab und „verschweiße“ es mit der Wicklung. Hierbei nach dem „abflämmen“ mit dem Finger das noch weiche Garn fest andrücken. Diese „Schweißstelle“ kann ggf. noch zusätzlich mit Kleber bestrichen werden.
Siehe Abbildungen 9 und 10.

8.) Verfahre nun genau so mit der Wicklung am Pfosten A wie vorstehend unter Punkt 5 bis 7 beschrieben, wenn keine Einwickelnockpunkte (Mononockpunkt oder Kugel-Nockpunkt) verwendet werden sollen. Achte hier jedoch darauf, daß das Wickelgarn hier im Uhrzeigersinn aufgebracht werden sollte. Bei diesem späteren unterem Öhrchen ist das Wickelgarn **jedoch in einem Abstand von 28mm** (statt 32mm) anzusetzen. Hieraus ergibt sich ein längerer Wicklungsbereich von 72 mm (statt 68mm).

Wenn ein Nockpunkt auf die Sehne aufgezogen werden soll, ist zunächst ein 25 cm langes Sehnengarnstück wie unter Punkt 5b beschrieben aufzuziehen, jedoch bevor die Öhrchenwicklung beginnt sind die beiden Garnenden zusammenzulegen und durch den aufzuziehenden Nockpunkt durchzuziehen. Dann ist der Pfosten A um 90° zu schwenken, die Garnenden mit einer Hand festzuhalten und mit der anderen Hand der Nockpunkt auf die Sehne aufzuziehen. Schiebe ihn etwa bis mittig Sehne. Nun muß das Sehnenende, wo das Öhrchengarn ist „entwirrt“ werden und wieder um den Pfosten in der vorherigen Form gelegt werden.

Dann ist der Pfosten A wieder in seine ursprüngliche Stellung zu bringen.
Es kann dieses „Aufziehgarn“ im Falle es ganz offenen Öhrchens nun wie unter 5a beschrieben verknotet und abgeschnitten werden oder wie unter 5b zur Öhrchenwicklung verwendet werden.
Anmerkung: Wenn du den Galgen mit einem feststehenden Pfosten „A“ hergestellt hast, musst du statt Pfosten „A“ die Pfosten B/C schwenken, um die Sehne mit den bereits eingelegtem Einführungsgarnstrang vom Pfosten „A“ lösen zu können. Nach dem Aufziehen des Einwickelnockpunktes ist dann das Öhrchen wieder auf dem Pfosten „A“ zu plazieren und die Pfosten B/C wieder in ursprüngliche Stellung zu bringen.

9.) Die Sehne ist nun im Prinzip bis auf die Mittenwicklung fertig. Wenn FF-Sehnengarn verwendet wurde, löse den Pfosten C durch 90° Drehen des Bockes, um die Sehne abzunehmen. Drehe die Sehne 12 mal im Uhrzeigersinn dort auf, lege sich nochmals in den Galgen ein und glätte die Windungen mit einem kleinen Leder. ***Achtung, nicht zu intensiv reiben, damit die Sehne nicht über 35°C warm wird, sonst kann das Material schmelzen!*** Nimm sie nun ab, ziehe die Öhrchen gegeneinander durch , um ein Abwickeln zu vermeiden. Wenn ASB-DYNEEMA als Sehnengarn verwendet wurde, welches nicht gewachst ist, mußt du Sehnenwachs vor dem Abnehmen der Sehne auftragen. Mit dem Sehnenwachsstift wachse die Sehne durch langsames Rauf- und Runtergleiten mit dem Wachsstift an zwei Seiten der Sehne ein. Dann nimm ein kleines Lederläppchen und reibe den Wachs in die Sehne ein. Auch hier auf nicht zu große Hitzeentwicklung achten!
Bei DYNEEMA reicht eine relativ geringe Wachsung aus. Der Rest ist mit dem Lederlappen zu entfernen.

10.) Schieße die Sehne mit etwa 40 Schuß ein. Markiere vorher mit einem Filzstift nach dem Aufspannen auf dem Bogen die grobe Nockpunkthöhe und nocke dort den Pfeil ein. Bei aufgezogenem Einwickelnockpunkt schiebe diesen an diese Stelle und nocke dort ein.

11.) Nach dem Einschießen ist bei einer Sehne ohne Einwickelnockpunkt abermals die Standhöhe zu korrigieren und dann die Mittenwicklung aufzubringen. Hierzu ist von der Nockpunktmarkierung aus nach oben ein Maß von 50mm zu markieren und nach unten ein Maß von 75mm. Dies reicht aus, um die Sehne im Bereich, wo der Tab greift, zu schützen. Längere Wicklungen bringen nur unnützes Gewicht auf die Sehne. Durch Unterlegen der Mittenwicklung kann der Wickelbereich ggf. verdickt werden, um ihn auf das notwendige Nockmaß anzupassen. Es kann aber auch mit unterschiedlich dicken Wickelgarnen gearbeitet werden, um die Wicklung anzupassen. Von einem späteren Überwickeln mit „Zahnseide“ oder Ähnlichem, halte ich nichts, da dies erfahrungsgemäß Störungen vorprogrammiert.

Es ist egal, ob oben oder unten mit der Mittenwicklung begonnen wird, sie muß nur in gleicher Drehrichtung wie die Sehnenwicklung verlaufen.

Die Mittenwicklung erfolgt analog den Endenwicklungen wie unter Punkt 6 und 7 beschrieben, einschließlich dem anschließenden Verschweißen.

12.) Bei Einwickelnockpunkten markiere, nachdem du den Nockpunkt beim Einschießen der Sehne auf eine Entfernung von 30m genau justiert hast, den Sitz mit einem Filzstift auf der Sehne und beginne nun am Nockpunkt mit der oberen Wicklung im Uhrzeigersinn. Anschließend unterhalb des Nockpunktes gegen den Uhrzeigersinn. Verfahre wie unter Punkt 6 und 7 beschrieben. Je nachdem wie fest du am Einwickel-Nockpunkt beginnst, kann nach einem späteren Einschießen der Sehne sich ergeben, daß der Nockpunkt nicht 100%ig fest eingewickelt ist. Dies ist nicht tragisch, im Gegenteil, man kann dann z.B. auf einer Entfernung von 70m noch eine Nockpunkt-feinjustierung vornehmen durch „gewaltsames" Verschieben des Nockpunktes und dann mit einem Einknoten eines Stück Wickelgarns zwischen der Mittenwicklung und dem Nockpunkt noch eine Feinverschiebung vornehmen. Hierzu das Wickelgarn fest einklemmen und mit doppeltem Knoten verknoten und anschließend verschweißen. Es kann aber auch statt eines vollen „Stranges" Wickelgarn dieses Multigarn in einzelne Fasersträngen aufgesplissen werden und diese Einknotung mit einem einzelnem Faserstrang vorgenommen werden, um die Knoten kleiner zu halten. Diese Verknotung kann zusätzlich zum Verschweißen noch mit Kleber bestrichen werden.

13.) Bei Sehnen ohne eingewickelten Nockpunkt kann nun der Klemmnockpunkt auf die Mittenwicklung aufgebracht werden oder ein gewickelter Nockpunkt aufgeknotet werden. Geknotete Nockpunkte werden auf jeder Seite der Sehnen mit Knoten bei jedem einzelnen Umlegen versehen und am Schluß mit einem Doppelknoten versehen, der dann verklebt und verschweißt wird. Hierzu empfielt es sich ebenfalls aufgesplissenes Sehnengarn als Monofinament zu verwenden und kein dickes mehrfach geflochtenes Garn.

Siehe Abbildungen 11: geknoteter Nockpunkt und Fixierung Mundmarke

Allgemeine Anmerkungen: Von der alleinigen Verwendung von Klebern bei der Herstellung einer Sehne rate ich ab. Die „Schweißmethode" hat sich als wirkungsvoller herausgestellt. Manche Kleber greifen die Sehnen an.

Eventuell aus den Endenwicklungen oder der Mittenwicklung herausstehende Garnenden sowohl vom Wickelgarn als auch von dem Öhrchengarn oder vom Hauptstranggarn kann ebenfalls abgeflämmt und verschweißt werden. Beim Verschweißen ist allgemein darauf zu achten, **daß nur das rausstehende Garn angebrannt wird und nicht die eigentliche Wicklung,** sonst besteht die Gefahr, daß die Wicklung beschädigt wird und später an dieser Stelle aufgeht! **Also**: ***das rausstehende Garn anbrennen, beibrennen lassen und dann mit kräftigem Fingerdruck mit der Wicklung „verschweißen" und gleichzeitig „löschen".*** Anbringungen auf der Mittenwicklung (geknotete Nockpunkte, Einwicklungen von Mundmarken etc.) sollten jedoch geklebt und verschweißt werden. Hier kommt der Kleber ja nicht mit dem Sehnengarn direkt zusammen, sondern klebt nur Wickelgarn auf Wickelgarn.

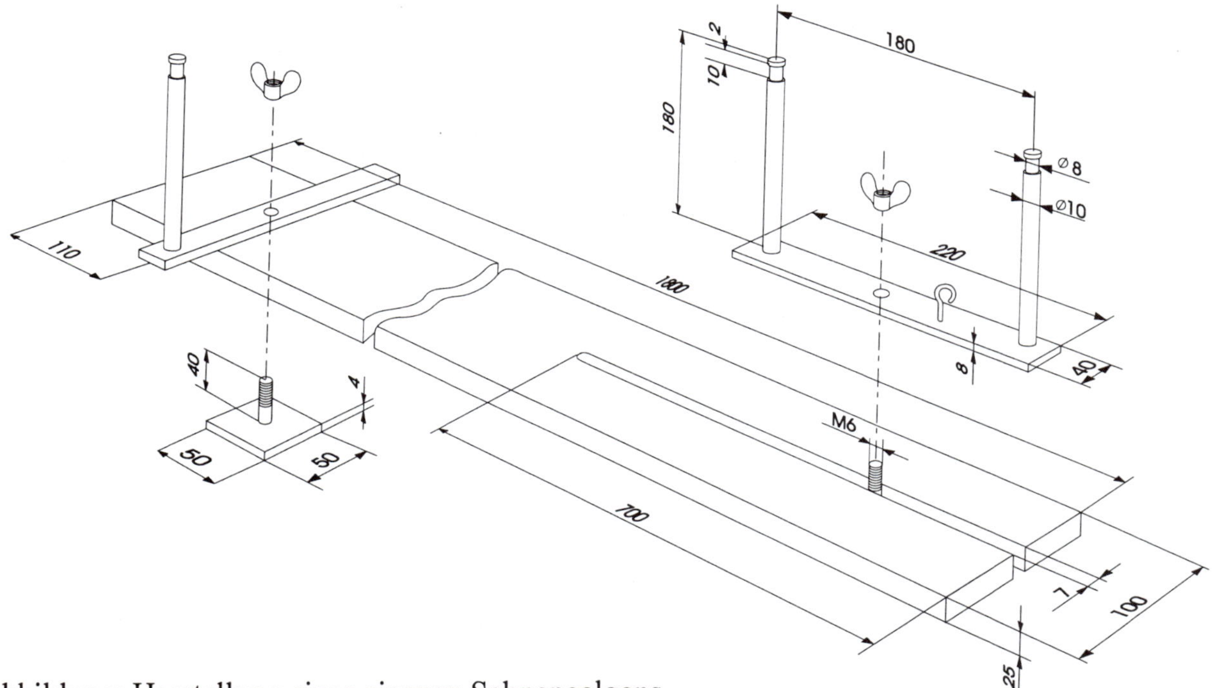

Abbildung: Herstellung eines eigenen Sehnengalgens

Sehnenlänge

Abbildung 1

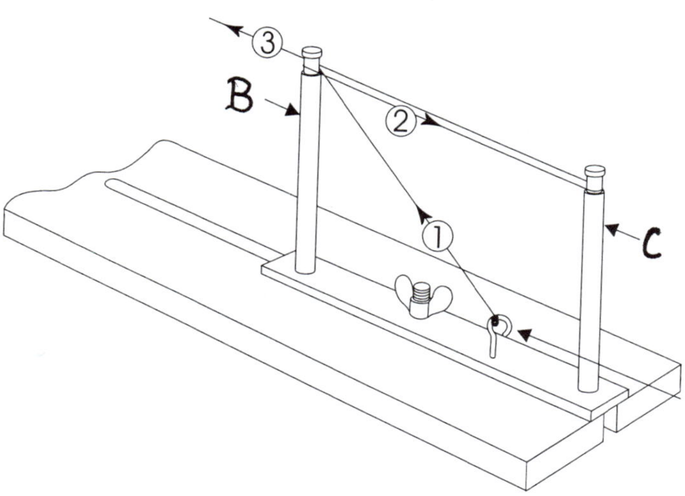

Abbildung 2

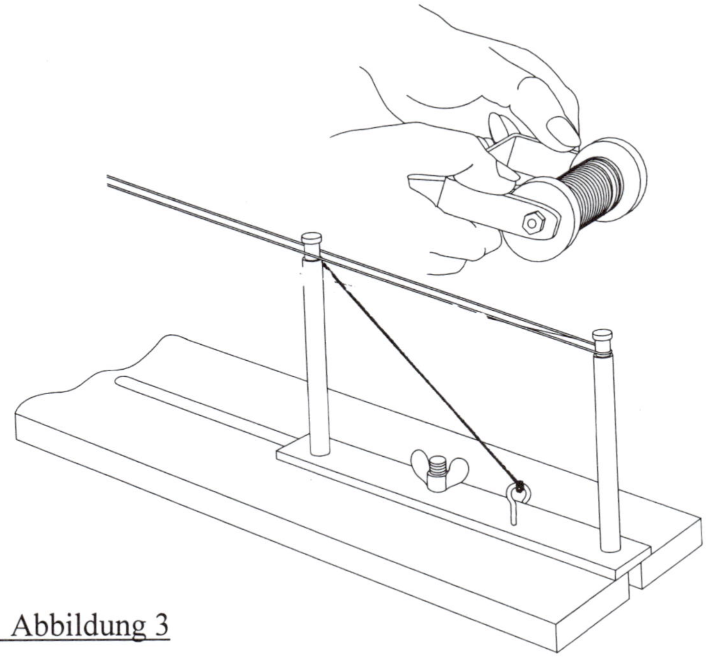

Abbildung 3

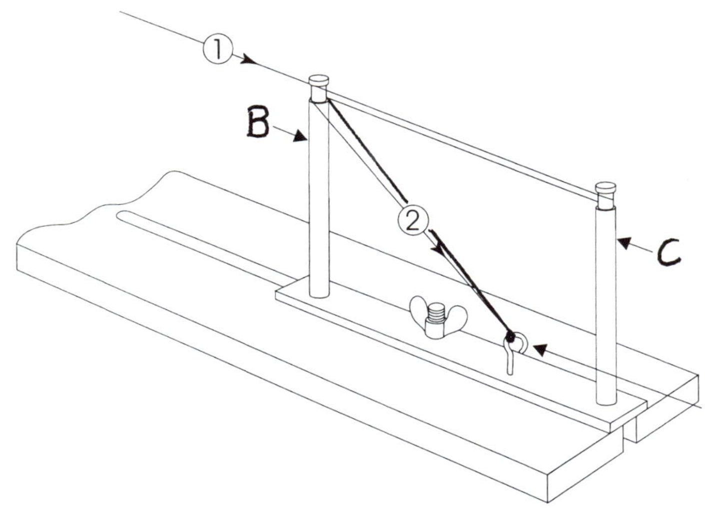

Abbildung 4

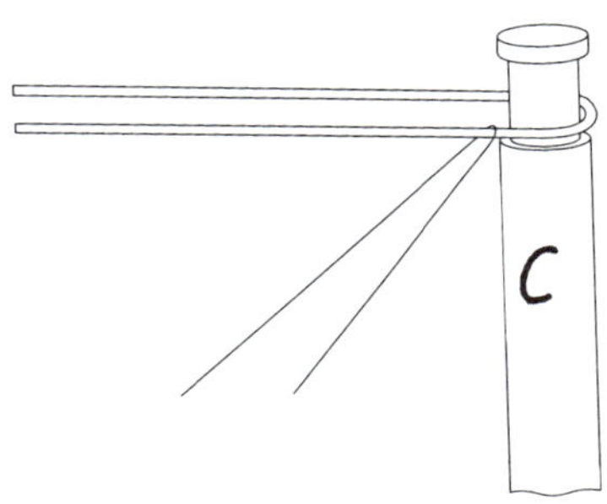

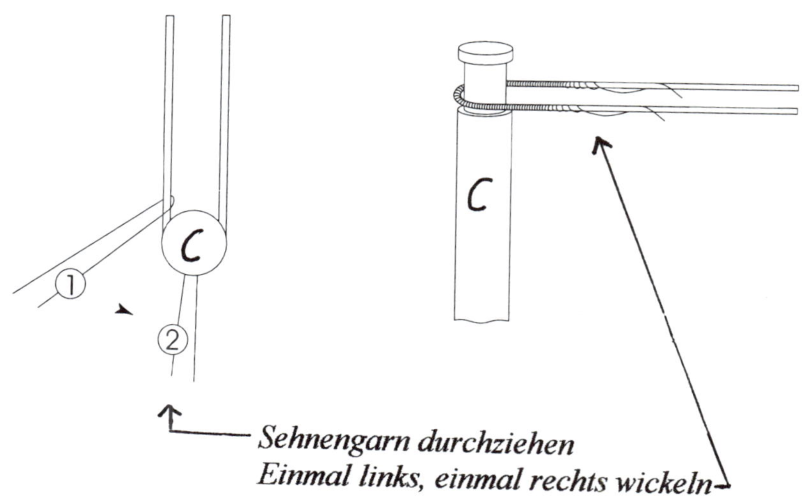

Abbildungen 5, 5a, 6

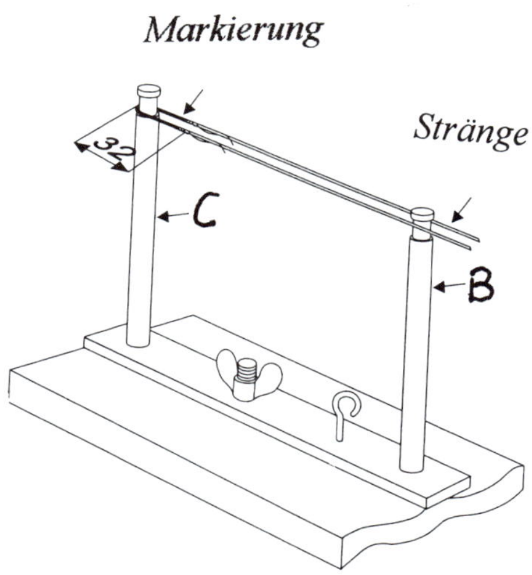

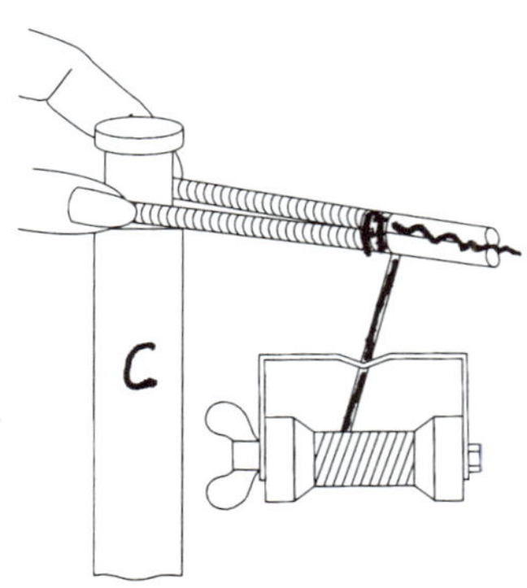

Abbildungen: 7A und 7B

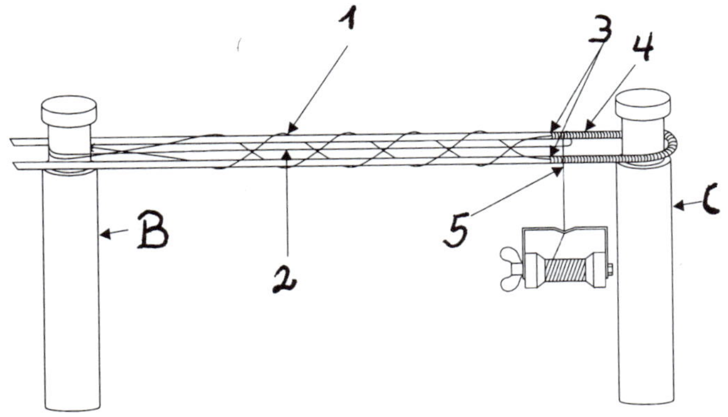

1 = Sehnenenden
2 = Stränge
3 = Ende der Öhrchenwicklung
4 = Öhrchenwicklung (Sehnenmaterial)
5 = Ansatz Wickelgarn

Abbildung 8

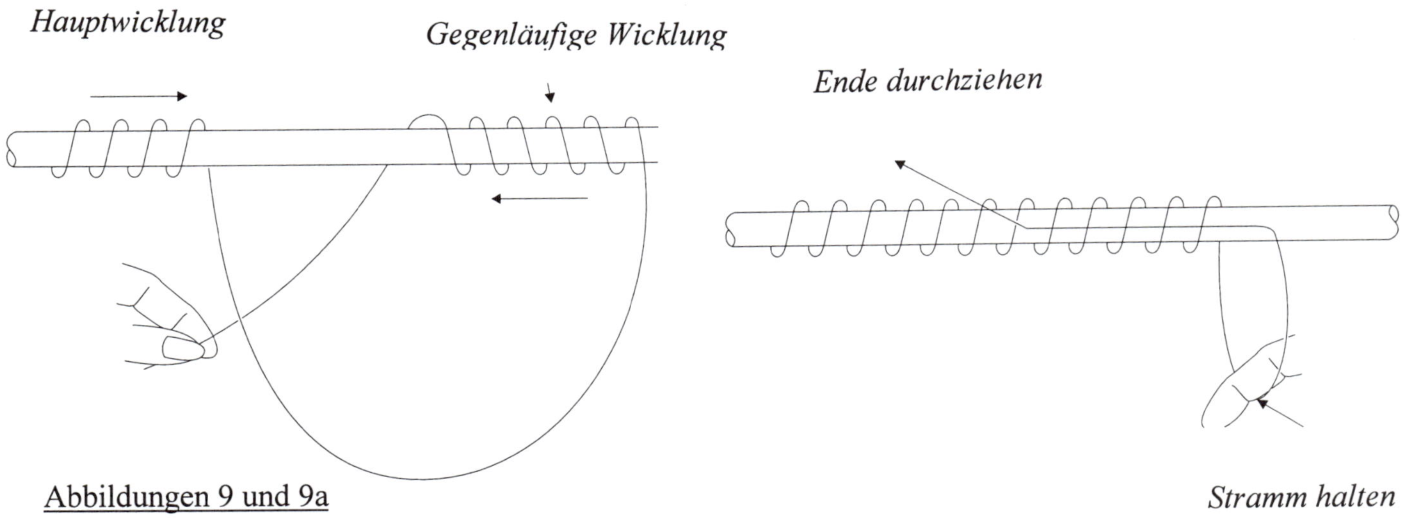

Abbildungen 9 und 9a

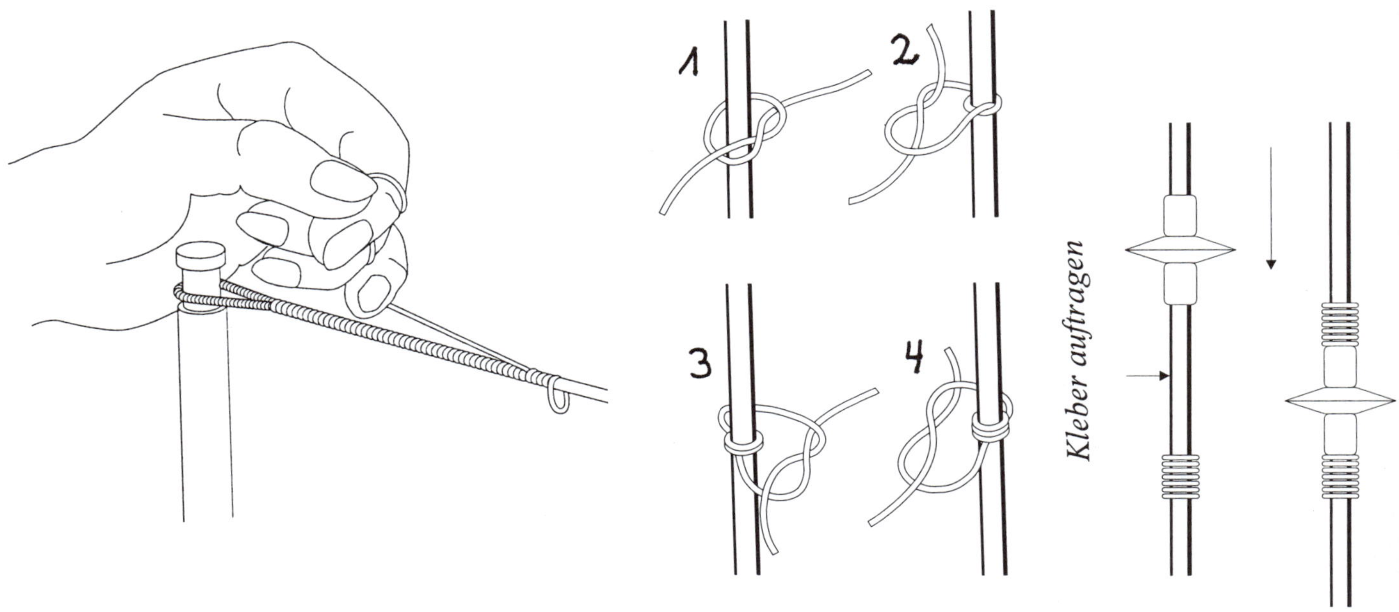

Abbildungen: 10 und 11

Kapitel X Begriffserklärungen

Analyse	:	Beim Bogensport: mentales nachvollziehen und überprüfen des Schußablaufes.
Ankern	:	Anschlag der Zughand beim Bogenschießen.
Ankerpunkt	:	Stelle, wo die Sehne am Kopf, der Kieferpartie oder dem Kinn plaziert wird. Üblicherweise mittig unterm Kinn. (=Mittenanker). Bei Jagdschützen wird der „Seitenanker" meistens verwendet, hier liegt die Zughand mit der Sehne seitlich vom Kieferknochen.
Armschutz	:	Wird am Bogenarm in Höhe des Unterarmes /Elle befestigt. Dient dazu bei einem unsauberen Schuß Verletzungen (Blutergüsse) durch das Streifen der Sehne am Arm zu verhindern.
Auflage	:	Zielscheibe, beim FITA-Scheibenschießen mit 10-er Ringeinteilung in 5 Farben (Gold, Rot, Blau, Schwarz, Weiß) Je nach Entfernung mit verschiedenen Durchmessern.
Auslassen	:	Lösen der Zugfinger an der Sehne = Abschuß.
Auszug	:	Spannen, Ausziehen des Bogens.
Auszugskontrolle	:	Akustisch oder optisch wahrnehmbare Vorrichtung am Bogen, die eine bestimmte Auszugslänge anzeigt.
Auszugslänge	:	Länge vom Nockpunkt des Pfeils beim Vollauszug bis zur Pfeilanlagenmitte, oder auch: der Abstand vom Bogennullpunkt bis zum Erreichen der Endauszugslänge (Klickerauslösung).
AMO	:	Archery Manufacturers Organisation. Organisation der Bogen-Hersteller.
AMO-Standard	:	Von der AMO-Organisation vereinbarte Material- und Abmessungsstandards.
Befiederungsgerät	:	Gerät zum Ankleben von Federn an Sportpfeilen.
Bewegungsablauf	:	Das Zusammenspiel von Einzelbewegungen in einer zeitlichen Reihenfolge.
Bogenarm	:	Arm, der den Bogen haltenden Hand.
Bogenfenster	:	Aussparung am Bogen von unterhalb der Pfeilauflage bis etwa in Augenhöhe des Schießenden. Zur Zentrierung der Energie-Linie mit der Pfeilachse und zur Visierkornfreigabe.

Bogenkraftlinie	:	Theoretische Kraftmitte des Bogens, Kraftsymetrie zwischen oberem und unterem Wurfarm.
Bogenlänge	:	Die gemessene Länge vom Ende des oberen Wurfarmes bis Ende des unteren Wurfarmes in entspanntem Zustand. Wird in Zoll nach AMO-Standard angegeben. (z.B. 68“).
Bogenschlinge	:	Fangriemen für das Schießen mit offener, den Bogen nicht festhaltender Hand.
Bogenständer	:	Ständer in verschiedenen Ausführungen, als Ablage des Bogens während Schießpausen.
Brustschutz	:	Siehe Streifschutz.
Checker	:	Vorrichtung zur Überprüfung der Nockpunktüberhöhung und der Sehnenstandhöhe. Ggf. auch zur Überprüfung der Mundmarkenposition.
Codenummer	:	Pfeil-Code, gibt Auskunft über Steifigkeit, Aufbau, Abmessung des Pfeils.
Codetabelle	:	Pfeilauswahltabelle bezogen auf Auszugslänge und Zuggewicht.
Creeping:		„Kriechen“, internationale Bezeichnung für das Vorwärtsschleichen der Zughand vor oder während des Lösens.
d.h.	:	Abkürzung für „das heißt“.
Dead Release	:	Spannungszusammenbruch beim Loslassen der Sehne, indem man die Sehnenhaltefinger entspannt, ohne die Zughand zurück zu bewegen.
Distanz	:	Entfernung zwischen Schützen und Zielscheibe.
Drei-D-Schießen	:	(3-D-Schießen) Schießen auf dreidimensionale Tierkörper.
DBSV	:	Deutscher Bogensport-Verband.
DSB	:	Deutscher Schützenbund.
DOINKERS	:	US-Produkt. = Gummischwingungsdämpfer zur entkoppelten Montage von Stabilisatorengewichten.
Druckpunkt	:	Kontaktfläche zwischen Handinnenfläche (Daumenballen, auch „Maus“ genannt) und der Griffschale.
Druckpunktlinie	:	Linie zwischen Druckpunkt und Handgelenk.

Einnocken	:	„Einstecken“ des Pfeils auf der Sehne. (Pfeilnock unter bzw. im Nockpunkt der Sehne).
Endgewichte	:	Abschlußgewichte am Kopf der Bogenstabilisatoren.
Endumwicklung	:	Umwicklung der Sehnenenden, die u.a. die Sehnenschlaufen bilden.
Etc.	:	et cetera (lateinisch) = usw. = und so weiter.
Fangriemen	:	Siehe Bogenschlinge.
Feet	:	(Abkürzung = ft.), Amerik.-/ britisches Längenmaß. = 304,8 mm. Singular = foot.
Federn	:	Siehe Pfeilfedern.
Feldschießen	:	Schießen auf sogenanntem Feldkurs (Feldturnier).
Fenster:		Siehe Bogenfenster
Fingerschlinge	:	Fangschlinge zwischen Daumen und Zeige- oder Mittelfinger der Bogenhand für das Schießen mit offener, den Bogen nicht festhaltender Hand.
Fletches	:	Siehe Pfeilfedern.
Fingerschutz	:	Siehe Tab
FITA	:	Weltverband der Bogenschützen. = Fédération de Tir à l'Arc.
FITA-Regeln	:	Regeln der FITA, nach denen nationale und internationale Meisterschaften und Turniere, Scheiben- wie Feldturniere durch geführt werden.
FITA-Stern	:	Internationales Leistungsabzeichen in Sternform mit farbiger Scheibe als Mittelpunkt. Bei FITA-Turnieren für die Ring-zahlen : 1000,1100,1200,1300,1400 verfügbar.
Follow Through	:	Internationaler Begriff für den gesamten Lösevorgang ein-schließlich dem Nachhalten. Also das Lösen, das Nachhinten-gleiten der Zughand, das Nachhalten und das Nachzielen. Beim Follow-Through wird die Körperspannung beibehalten.
FOREMASTER	:	Nützliches U.-S.-Übungsgerät zum Erlernen des Einsatzes der Rückenmuskulatur und des Nachhaltens.
f.p.m.	:	feet per minute. = 30,48 cm/min. = 18,288 m/h
f.p.s.	:	feet per second. = 30,48 cm/ Sekunde = 1,097 km/h

Freezing	:	Internationale Bezeichnung für eine Art Scheibenpanik (siehe „Goldangst"). Der Schütze „friert" außerhalb des Goldes ein.
Fußabstand	:	Abstand vom rechten zum linken Fuß, bezogen auf die Fußmitte.
Fußanstellwinkel	:	Verdrehwinkel des Fußes zur Schießlinie.
Fußbelastung	:	Die Lastverteilung des Körpergewichtes auf der Fußfläche, Fußballen und Fußaußenkanten.
Fußöffnungswinkel	:	Winkel zwischen Schußlinie und Fußachse.
Fußstellung	:	Bezeichnung für die Positionierung der Füße im Verhältnis zur Schießlinie, Schußlinie und zueinander.
Gewichte	:	Stabilisatorenköpfe (Kopfgewichte, Stabilisatorengewichte).
Gewichtsverlagerung	:	Verlagerung des Oberkörpers und des Körperschwerpunktes nach allen Seiten.
Gewichtsverteilung	:	Körpergewichtsverteilung auf linkem und rechtem Fuß.
Gold	:	Scheibenzentrum der FITA-Bogensportscheibe.
Goldangst	:	Psychisch bedingtes Hemmniss eines Bogenschützen, der mit dem Visierkorn „nicht ins Gold gehen kann".
Grain	:	Amerikanisch-/ britische Gewichtseinheit. Im Bogensport für Pfeilspitzen, Pfeilschäfte etc. verwendet. 1 grain = 0,0648g.
Griffschale	:	Plazierungsstelle für die bogenhaltende Hand. Für verschiedene Handhaltungen auch als Wechselgriff erhältlich.
Griffstück	:	Mittelteil des Bogens ohne Wurfarme.
Gruppierung	:	Die Lage der geschossenen Pfeile einer Passe auf der Scheibe. Ziel ist eine „enge" Gruppierung zu erreichen, d.h., daß alle Pfeile eng zusammen sitzen.
Handschlinge	:	Kordel oder Riemen die um das Bogenarmhandgelenk gelegt wird, um den Bogen herumgeführt wird und den Bogen beim Schießen mit offener Hand auffängt.
Inch	:	Amerikanisch-/ britische Maßeinheit für Zoll .= 25,4 mm.

INDEX-Feder	:	Siehe Leitfeder.
Insert	:	Einsatz für Pfeilspitzen oder Nockenbefestigung im Pfeilschaft.
Jagdrunde	:	Meist eine 14-Scheiben Runde mit für den Schützen unbekannten Entfernungen. Auch als 3-D-Runde ausgetragen.
Kinetische Energie	:	Kraft, die eine beschleunigte Masse inne hat. Beim Bogen die Energie, die die Wurfarme beim Abschuß auf den Pfeil übertragen. Diese kinetische Energie ist ein Produkt aus Zuggewicht und Wirkungsgrad des Bogens sowie Pfeilgewicht.
Kisser	:	Siehe Mundmarke.
Klemmnockpunkt	:	Auf der Mittenwicklung der Sehne aufgeklemmte Metall- oder Kunststoffarretierung für die Pfeilpositionierung.
Klicker	:	Akustische Auszugskontrolleinrichtung am Bogen. Meist in Form einer Federstahllasche, hinter der der Pfeil durchgezogen wird.
Konterstabilisatoren	:	In Richtung Schützen laufende Stabilisatoren als teilweisen Gewichtsausgleich zum Monostabilisator.
Köcher	:	Pfeilaufnahmetasche mittels Gürtel oder Klammer seitlich an der Hüfte des Schützen befindlich. (bei Feld- oder Jagd-Schützen auch als „Rückenköcher“ oder „Bogenköcher“ angebracht).
Kraftverlaufslinie	:	Theoretische Linie zwischen Druckpunkt der Bogenhand und Mitte der Zugfinger (Mittelfinger).
Kugelnockpunkt	:	In die Mittenwicklung der Sehne eingewickelte Nock-Aufnahme in Kugelform, nur zu verwenden mit Kugelnocken.
Laminate	:	Verleimung mehrerer Materialien, um so die Vorzüge jedes einzelnen Materials gebündelt nutzen zu können. Die meisten Wurfarme bestehen aus Laminaten. (z.B. Holz/ Fiberglas/ Carbonfaser- Laminate).
Langbogen	:	Bogen ohne Recurveausbildung.
Lbs	:	Britisch/amerikanische Gewichtsmaßeinheit. 1 lbs = 1 pound= 453,59 Gramm. Wird im Bogensport als Maßeinheit für das Auszugsgewicht verwendet.

Leitfeder	:	(INDEX-Feder) , meist andersfarbige Feder von den drei Federn, die im 120° Winkel aufgeklebt sind. Die Leitfeder zeigt jeweils nach außen. Damit wird ein richtiges Einnocken des Pfeiles erleichtert und verhütet, daß durch verkehrtes (um 180° verdrehtes) Einnocken die Federn am Bogen streifen.
Legierung	:	Mischmetalle (z.B. Aluminium-Magnesiumlegierung). Wird im Bogensport bei den Griffstücken verwendet.
LH	:	Abkürzung im Bogensport für „Linkshand". Linkshandschützen halten den Bogen mit der rechten Hand und ziehen mit der linken Hand aus.
Lösen	:	Loslassen, Freigeben der Sehne, auch Auslassen genannt. = Das Öffnen der Zugfinger. Im speziellen Sinne: Das Entspannen der Fingerbeugemuskeln und das automatische Öffnen der Finger sowie das widerstandsarme Herausgleiten der Sehne.
m.E.	:	Abkürzung für „meines Erachtens".
Mittenwicklung	:	Umwicklung der Sehnenmitte als Schutz vor Abnutzung durch Einnocken des Pfeils sowie dem Greifen der Zugfinger. Dient gleichzeitig als Gleitschutz für das Tab-Leder beim Lösen.
Mononockpunkt	:	In die Mittenwicklung der Sehne eingewickelte Nockaufnahme.
Monostabilisator	:	Frontstabilisator . Meist Bestandteil eines Stabilisatorensystems.
Mundmarke	:	Kunststoffmarke, die auf der Sehne zur Lokalisierung derselben beim Ankern/Zielvorgang dient. Wird in Mundhöhe befestigt. Auch international als „Kisser" bezeichnet.
N.A.A.	:	National Archery Association. = U.S.-Bogensportverband für das olympische Schießen. Der FITA angeschlossen.
Nationaler Stern	:	Sternförmiges Leistungsabzeichen für „ungerade" Ringzahlen, bei FITA-Turnieren für 950, 1050, 1150, 1250, 1350 Ringe. Bei Hallenturnieren für 550 und 650 Ringe.
Nachzielen	:	Das Aufrechterhalten von Oberkörper, Bogengarm- und Zugarmposition sowie das bewußte Nachzielen. Zielauge bleibt auf Ziel gerichtet, folgt nicht dem Pfeilflug.
NIBB	:	„New Improoved Balance Bullet". = Spitze mit neuer, verbesserter Schwerpunktlage.

Nocke	:	Mit Nockschlitz versehenes, aufklebbares oder einsteckbares Kunststoffende des Pfeils. Dient zum Festklemmen des Pfeils auf der Sehne.
Nockpunkt	:	Er dient zur konstanten Führung und Positionierung des Pfeils auf der Sehne.
Nockpunkthöhe	:	Die exakte Nockpunkthöhe muß ausgeschossen werden. Die Nockpunkthöhe liegt meist zwischen 3 und 9 mm oberhalb des rechten Winkels von Pfeilauflage zur Sehne.
Nockpunktzange	:	Spezialzange zum Festklemmen des Klemmnockpunktes.
Öhrchen	:	Siehe Sehnenöhrchen.
P.A.A.	:	Professional Archery Association. = U.S.-Profi-Bogenschützen-Verband .
Passe	:	Anzahl der Pfeile einer Serie (z.B. auf 70m Entfernung= 6 Pfeile, auf 30m Entfernung = 3 Pfeile) die hintereinander geschossen werden.
Pfeil	:	Pfeilschaft mit Spitze, Nocke, Befiederung.
Pfeilanlage	:	(Button, Plunger). Verstellbare, federnde Pfeilanlage zur Aufnahme der Seitenkräfte des Pfeils beim Abschuß.
Pfeilauflage	:	Auflagekörper aus verschiedenen Materialien. Die Pfeilauflage wird meist im oder am Bogenfenster befestigt. Beim Abschuß des Pfeils federt der Auflagefinger weg.
Pfeilfedern	:	Flugstabilisierende, in zweckmäßiger Form geschnittene oder hergestellte „Federn". Als Naturfedern (Truthahn- oder Putenfedern) oder als Kunststoff-Fahnen erhältlich. Werden am hinteren Ende des Pfeils aufgeklebt.
Pfeilflug	:	Flugbahn des Pfeils nach dem Abschuß.
Pfeilflugbahn	:	Die tatsächliche Bahn, die der Pfeil während des Schusses bestreicht.
Pfeilköcher	:	Siehe Köcher.
Pfeillänge	:	Länge des Pfeils vom Boden des Nocks bis zum Ende des Schafts. (ohne Spitze).
Pfeilnocken	:	Siehe Nocke.

Pfeilrichtgerät	:	Vorrichtung zur Überprüfung verzogener/verbogener Pfeile. Dient gleichzeitig zum Geraderichten.
Pfeilschaft	:	Pfeil ohne Nocke, Spitze und ohne Befiederung.
Pfeilsorte	:	z.B. Aluminiumpfeile, Carbonpfeile.
Pfeilspitze	:	Spitze des vorderen Endes des Pfeils. Meist aus Stahl. Die Spitze beeinflußt durch ihr Gewicht den Schwerpunkt des Pfeils, wirkt flugstabilisierend und dient dem Schutz des Pfeils beim Einschlagen.
Physiologisch	:	Komplex körperlich.
Physikalisch	:	Naturgesetzmäßig wirksame Eigenschaften der Materie.
Physisch	:	Körperlich.
Pivot-Point	:	Internationale Bezeichnung für tiefsten Punkt in der Griffschale, die auf einer Vertikalachse mit der Mitte der Pfeilanlage liegen sollte. Zugleich auch Bezugspunkt für Sehnenstandshöhe, Auszugslänge etc.
Puder	:	Tabpuder/Gleitpuder. Zur Gleitfähigmachung der Tab-Oberfläche. (Siehe Tab).
Pudertasche	:	Am Gürtel zu tragender Puderspender.
Psyche	:	Griechisch: „Seele“.
Psychisch	:	Seelisch.
Qualifikation	:	Eignung/ Zulassung. Bei Qualifikationskämpfen müssen die Teilnehmer die geforderte Mindestleistung erbringen, sonst scheiden sie aus.
Recurve	:	der „Kurve“ entgegengesetzt. = entgegengesetzt gekrümmte Enden der Wurfarme zur Energiesteigerung .
Reflexbewegungen	:	Zwangsbedingte Bewegungen von Körper, Körperbereichen und Material.
Reglement	:	Französische -/ internationale Bezeichnung für Regeln.
Release	:	a) Englischsprachige Bezeichung für den Lösevorgang. b) Mechanische Lösevorrichtung bei Compoundschützen zur Freigabe der Sehne.

RH	:	Bezeichnung für Rechtshand. Rechtshandschützen halten den Bogen mit der linken Hand und ziehen den Bogen mit der rechten Hand aus.
Restspannung	:	Das Aufrechterhalten einer gezielten, bewussten Rückenspannung nach dem Lösen.
Ringzahl	:	Punktzahl. Durch ein oder mehre in die Wertungszone der Scheibe geschossene Pfeile ermittelte Summe der Treffer.
Rohschaft	:	Pfeil mit Spitze und Nocke, jedoch ohne Befiederung. Dient dem „Rohschafttest“.
Rohschafttest	:	Methode zur Ermittlung des zum Bogen/Schützen passenden Pfeils. Befiederter und unbefiederter Pfeil werden zusammen geschossen und sollten identische Gruppierung ergeben.
Rückenspannung	:	Das konsequente und stete Öffnen des Brustbereiches unter Einsatz der richtigen Schultergürtel- und Schultergelenksmuskulatur.
Rückenzug	:	Bogenauszug mit Einsatz der Rückenmuskulatur.
Schaft	:	Siehe Pfeilschaft.
Schießlinie	:	Grundlinie, parallel zur Zielscheibe, von der aus geschossen wird und die die Bezugslinie für die Entfernung ist.
Schießtechnik	:	Methodik der Handhabung des Schießens. Die Umsetzung des idealen Bewegungsablaufes in einem sich wiederholenden Muster.
Schußkorridor	:	Die vertikale Schnittfläche bzw. der Bereich, den der Pfeil während des Fluges bestreicht.
Schußlinie	:	Die geometrische Verbindungslinie in Schußrichtung zwischen Schütze und Scheibe.
Schwingungsdämpfer	:	Meistens aus Gummi. Zur Entkopplung der angebrachten Gewichte und zur Verminderung der Eigenschwingungen. (Siehe auch TFC).
Sehnengarn	:	Synthetisches Garn zur Bogensehnenherstellung.
Sehnenhöhe	:	Siehe Standhöhe.
Sehnenöhrchen	:	Gewickelte Schlaufen an den Sehnenenden, die in die Nuten der Wurfarm-Tips eingelegt werden.

Sehnenschatten	:	Verschwommener Umriß der Sehne beim Vollauszug. Eine immer identische Plazierung dient dazu, gleichbleibende Schußergebnisse bzgl. der Seitenabweichung zu erreichen. Üblicherweise wird der Sehnenschatten an die Innenkante des Bogenfensters gelegt.
Sehnenwachs	:	Siehe Wachs.
Set-Up	:	Anordnung/Abstimmung. Die richtige Anordnung und Abstimmung der Ausrüstung.
Spannungsaufbau	:	Kontinuierliches und gleichmäßiges Ausziehen des Bogens unter Beachtung der richtigen Hebelverhältnisse und Einsatz der richtigen Muskulatur.
Spine	:	Internationaler Begriff für Pfeilsteifigkeit.
Spinne	:	(Auch V-bar genannt). Teil der Stabilisation woran üblicherweise der Monostabilisator und die Konterstabilisatoren angeschraubt werden.
Spitzen	:	Siehe Pfeilspitzen.
Stabilisation	:	Dient zur Reduzierung der Eigenbewegung des Bogens und zur Schwingungsdämpfung. Kann aus einem oder mehreren Stabilisatoren nebst Gewichten und TFC's bestehen.
Standebene:	:	Die Kontaktfläche Füße zum Boden.
Standhöhe	:	Abstand zwischen Sehne und tiefsten Punkt der Griffschale oder Pfeilanlagenmitte.
Streifschutz	:	Verhindert den Kontakt der Sehne mit der Kleidung. Auch Brustschutz genannt.
Streuung	:	Umfang der auf der Scheibe befindlichen Pfeile einer Passe.
Tab	:	Fingerschutz, der z.B. aus Leder besteht. Vermeidet den direkten Kontakt der Finger mit der Sehne und ermöglicht ein gleichmäßiges Lösen.
T..D.	:	„Take Down". Internationale Bezeichnung für zerlegbare Bögen, bestehend aus Griffstück und separaten Wurfarmen.

TFC	:	„Torque Flight Compensator“. Spezielle Schwingungsdämpfer, die zum Entkoppeln von Stabilisatorengewichten oder auch Stabilisatorenstangen (Monostabilisator, Konterstabilisatoren) verwendet werden. In verschiedenen Ausführungen im Handel. Als Gummischläuche, als Gummischwingungs-elemente (Siehe DOINKERS), als in der Härte einstellbare Systeme.
Tiller	:	Differenzmaß im 90 Grad Winkel von Sehne bis zur Wurf-armwurzel beim oberen und unteren Wurfarm gemessen. Tillermaß beträgt zwischen 3 und 9 mm.
Tillerung	:	Änderung des Tillerwertes.(Sollte nur zur Einstellung des Tillerwertes vorgenommen werden und nicht zur Zuggewichts-erhöhung.)
Tips	:	Bezeichnung für die Wurfarmenden mit den Sehnennuten.
Tuning	:	Perfekte Abstimmung der einzelnen Bogenteile zur Erreichung einer besseren Schußleistung.
Turnier	:	Wettkampf mit Wertung.
Üben	:	Trainieren.
Übung	:	Trainingsabschnitt.
usw.	:	Abkürzung für „ und so weiter“.
V-bar	:	U.S.-Bezeichnung für Spinne (Siehe dort).
Verreißen	:	a) „Sehne verreißen“, durch Verkrampfung der Abschußhand = unsauberes Lösen b) „Bogen verreißen“, beim/nach dem Lösen Bewegung des Bogenarms.
Visier	:	Bogenvisier, Zieleinrichtung am Sportbogen mit Korn o.ä., jedoch ohne Kimme.
Visieren	:	Zielen.
Visierpunkt	:	Gedachter Punkt auf der Scheibe oder das Scheibenzentrum.
Vorbereitung	:	(Positionieren), Die Zeitspanne zum Einrichten auf der Schießlinie, zum Positionieren des Körpers inklusive Bogen – und Zughand.

Vorspannen : Spannen des Bogens während des Anhebens und Ausrichtens des Körpers sowie zum Vorzielen, Aufbau des Muskelgefühls.

Vorzielen : (Prävisualisieren) Ausrichten des Bogens auf das Scheibenzentrum oder dem individuellen Vorziel- bzw. Anhaltepunkt.

Wachs : Sehnenwachs. Zur Geschmeidighaltung und Formbeständigkeit der Sehne.

Wickelgarn : Synthetisches Garn zur Herstellung der Mittenwicklung und der Endenwicklung von Sehnen.

Wickelgerät : Gerät zur End- und Mittelumwicklung von Sehnen.

Wurfarme : die flexiblen Teile des Bogens ober- und unterhalb des Griffstücks, die die Energie beim Auszug aufbauen und auf den Pfeil beim Abschuß übertragen.

Wurfkraft : Die durch den Widerstand der Wurfarme und der aufgebauten Auszugslänge sich ergebende Energie, abzüglich des Wirkungsgradverlustes.

z.B. : Abkürzung für „zum Beispiel“.

Zentrum : Scheibenmittelpunkt. Bei fünffarbigen Scheiben durch ein Pluszeichen + gekennzeichnet. Das Zentrum mit den Ring-Bereichen: „10“ und „9“ ist das „Gold“. Das + Zeichen ist der Mittelpunkt der 10. Bei Trefferaufnahmen wird der innere 10er-Ringbereich mit dem + auch als „X“ notiert.

Ziel : Der Punkt, welcher anvisiert wird.

Zielauge : Das Auge, welches die dominierende Sehkraft besitzt.

Zielbereich : Bereich bzw. Fläche, welcher die Ziellinie bzw. der Zielpunkt während des Zielvorganges auf der Scheibe bestreicht.

Zielfläche : Der Bereich, den der Zielpunkt während des Zielvorganges bestreicht.

Zielpunkt : Der tatsächliche Punkt, der die Ziellinie anvisiert.

Zoll : Britisch- / amerikanische Maßeinheit. = Inch = 25,4 mm. Für Bogenlängen und Pfeillängenangaben eine übliche Maßeinheit.

: Abkürzung für „zum Teil“.

Zug : Auszug. Der Zug, das Ziehen der Zughand zum Spannen des Bogens.

Zugarm : Der Arm, der die Sehne auszieht.

Zugebene : Höhe, auf der sich der Zugarm befindet bzw. während des Release bewegt.

Zugfinger : Zeige-, Mittel- und Ringfinger der Zughand, die die Sehne umfassen.

Zuggewicht : a) Nominalgewicht nach AMO-Standard für die erforderliche Auszugskraft des Bogens , üblicherweise bezogen auf eine Auszugslänge von 28“.

b) Die effektive individuelle Auszugskraft, hängt von der Auszugslänge des einzelnen Schützen ab.

Zughand : Sehnenhand. Hand, die die Sehne fasst. Beim Rechtshandschützen die rechte Hand, beim Linkshandschützen die linke Hand.

Zuglänge : Das Maß, Vorderkante Bogen bis Nockboden des Pfeils am Kinn. Die Länge wird nach AMO-Standard so festgelegt.
Die Länge hängt u.a. von der Armlänge und der Schulterbreite des Schützen ab. Die Pfeillänge ist üblicherweise etwa 25mm kürzer als die Zuglänge.
Zuglänge ist nicht identisch mit der Auszugslänge. (siehe dort).

Zuglastverteilung : Die Verteilung der Last während des Auszugvorgangs auf die einzelnen Zugfinger.

Zugphase : Der Teil des Schußablaufes, in dem die Auszugasarbeit erbracht wird. (Vorspannen bis Lösen).

.